누리과정에 따른

유아동작교육

이경희 저

학지사

머리말

몸은 면역력과 항상성을 가지고 있기에 자기다움의 온전한 의식과 기쁨, 불쾌한 감정 등의 다양한 정서를 지니고 있다. 생애발달에 있어 영・유아기는 신체, 언어, 인지, 정서, 사회성 영역 등의 기초능력이 집중되는 시기이며, 후기학습에 크게 영향을 미치는 시기이다. 신체활동은 유아가 일생 동안 건강한 삶을 살 수 있는 초석을 마련해 주는 것은 물론, 발달적으로도 모든 측면의 성장을 도모한다. 요즘 유아들은 생활습관 및 놀이 형태의 변화 등으로 체력이 저하되는 경향을 보이며, 이는 사회문제이기도 하다. 현시대는 유아들이 뛰놀 수 있는 놀이공간은 부족한 반면, 컴퓨터, 오락게임 등이 유아들의 놀이를 대신하고 있고, 더구나 부모들의 높은 교육열로 인한 과중한 학업과 각종 교통수단 및 편의시설의 발달로 유아들의 신체활동 기회는 더욱 줄어들고 있다. 교사 역시 과다한 업무로 인해 아이들에게 활동적인 놀이보다는 조용한 놀이를 권장하고 있다. 이는 유아의 체력이나 운동기술 발달의 중요성에 대한 정보가 부족하고 신체활동을 하루 일과에 어떤 방법으로 포함시켜야 할지 잘 모르기 때문으로 사료된다.

이에 이 책에서는 예비유아교사들의 직무능력 향상을 위하여 현장중심 교육과정에 따라 교과목 프로파일, 강의계획서, 평가계획서를 제시함으로써 현장에서 적용 가능한 동작교육의 다양한 활동을 경험하게 하고 교사들의 효능감과 자신감을 높이고자 하였다. 어릴 때부터 부지런히 몸을 움직이고 다양한 신체활동에 참여하여 건강한 생활습관을 길러 주어야 하는 것도 교사의 몫이기 때문이다.

더불어 예비유아교사들의 적극적인 신체활동 참여를 위해 현장실습과 개념적인 이론학습을 통한 새로운 교육방법으로 의사결정력과 문제해결력을 높일 수 있는 팀 기반 학습을 제안하고자 하였다. 이는 팀 구성원 간 상호작용을 통해 개인과 팀의 성과를 극대화할 수 있는 장점이 있으며, 예비유아교사들로 하여금 상호작용을 통한 사고를 공유할 수 있는 의사소통의 기회를 부여하고, 주체적으로 학습을 구성하게 할 수 있다. 팀 기반 학습 교수법으로 수업을 진행하면서 저널 쓰기를 통해 학생들이 새롭게 발전하는 모습을 볼 수 있었는데 그 내용은 다음과 같다.

팀 학습 시 교수가 한 가지 문제를 제시해 주면서 "어떻게 하면 좋을까?" 하는 자기 생각을 물으면 어떻게 말을 해야 할지 뻘쭘하고 당황스러웠다. 팀별 활동을 통해 남의 의견을 잘 듣는 방법을 알게 되었고 팀원과 함께해서 더 수월했으며 팀원을 믿게 되어서 좋았다. 팀별 활동을 하면서 나만 먼저 생각하고 나 혼자 잘하면 된다고 생각했는데 그보다는 팀 구성원들과 함께 잘하는 것이 중요하다는 것을 느꼈다.

팀별 활동을 하면서 팀에 친한 친구가 없어 처음에는 불편했지만, 역할을 부여하여 각자 자기 역할을 할 때 협력하면서 책임 의식이 높아진 것 같았고, 협동이 이루어져 좋은 결과물이 생겼다. 팀별 활동을 통해 친구들을 더 많이 알 수 있었고 책임감을 갖게 되었으며 팀워크를 확인할 수 있어서 좋았다.

노래에 맞는 동작, 인사방법, 다양한 도구를 이용한 활동들을 배울 수 있어서 좋았다. 처음엔 어색했지만 수업을 접할수록 재미있었고, 율동에 대한 거부감이 없어지면서 자신감이 생겨 좋았다. 동작의 여러 가지 활용법 중 스카프를 이용해 아래에서 위로 접는 놀이를 배웠는데, 이 놀이를 이용해 유아들이 이불도 개고 빨래도 갤 수 있는 것이 신기했다.

팀별 활동이 많아서 친구들과의 협동심을 배운 것 같다. 교실에 앉아서 하는 이론

중심의 수업 후에 이루어지는 동작교육 수업은 활력소처럼 느껴졌다. 동작교육이 현장에서 더 필요할 것 같다. 실제로 율동을 경험해 봄으로써 친구와 더 가깝게 또 하루를 즐겁게 마무리할 수 있었다. 율동은 쉬운 것만 하고 음악에 맞춰 춤만 추면 되는 것이라고 생각했었는데 그 속에 많은 것이 담겨 있어 신기했다. 처음에는 많이 쑥스러웠는데 계속 하다 보니 즐겁고 재미있었으며, 많은 동작을 배웠고 자신감이 생긴 것 같다. 몸을 이용하다 보니 오래 기억에 남아 현장에서 활용할 수 있다는 점이 가장 좋았다. 어떤 수업보다도 유익했으며 이 수업시간이 계속 기다려졌다.

예비유아교사들은 주어진 문제를 해결해 가면서 수업을 잘 들을 수 있게 되었고, 책임감을 느끼게 되었으며, 협동심을 배웠고, 혼자 하는 활동보다 함께하는 활동이 훨씬 재미있다고 하였다. 이처럼 실제 신체활동을 경험하고 나니 교육 경험과 가치를 인정하게 되어 좋았을 뿐만 아니라, 팀 기반 학습에 참여함으로써 적극적인 참여를 유도할 수 있게 되어 더욱 좋았을 것이다.

이에 이 책에 수록된 내용은 다음과 같은 몇 가지 점에 유의하여 집필되었다.

첫째, 기본 동작을 이론적 설명과 그림으로 제시하여 쉽게 익히도록 하였으며, 내용 측면에서는 교수를 위한 유아동작 관련 전문지식을 제공하였다.

둘째, 유아교육현장에서 유아가 경험할 유아 동작과 관련된 다양한 지식, 기능, 태도를 교사가 직접 경험해 보도록 유도하였다.

셋째, 교사가 경험하는 유아 동작은 국가수준 3~5세 연령별 누리과정에 준하여 생활주제 속에서 경험할 수 있는 내용으로 선정하였으며, 활동목표, 활동자료, 활동방법, 활동평가에 대한 내용을 함께 제시하였다. 교사가 쉽게 이해할 수 있도록 각 활동마다 누리과정 관련 요소, 창의 · 인성 관련 요소, 초등교육과정 관련 내용 등도 제시하였다.

넷째, 이 책에 수록된 사진은 직접 유아들과 활동하면서 촬영한 것을 중심으로 구성하였다.

다섯째, 팀 기반 학습을 토대로 한 자율적인 상호작용을 통해 유아의 관심과 흥미를 반영한 동작으로 구성하였고, 매 주차 시 활동의 실제를 적용할 수 있도록 손유희나 율동을 주제별로 제시하였다.

여섯째, 그림책을 활용한 창의적 유아 동작 수업계획안을 제시하여, 통합적 접근방법으로 계획 · 실시 · 평가를 할 수 있도록 하였다.

일곱째, 유치원 현장에서 바로 사용할 수 있도록 교사들의 활용을 용이하게 하기 위해 필요한 악보와 동작을 그림으로 제시하여 수록하였다.

마지막으로, 다양한 유아동작교육을 통해 예비교사가 직접 경험하면서 익힌 학습활동에 대해 동료평가를 실시하여 유아동작교육 교과목을 평가할 수 있도록 제시하였다.

끝으로, 이 책을 낼 수 있도록 도와주시고 격려해 주신 여러 교수님과 동부산유치원, 해오름어린이집 원장님께 감사드린다. 저를 믿고 물심양면으로 지원해 주는 가족에게도 깊은 감사를 드리며, 지속적으로 더욱 노력하는 저자가 되겠다.

2017년

이경희

차례

제1부
유아동작교육의 이론

제 **1** 장

유아동작교육의 이해

1. 유아동작교육의 개념

유아동작교육은 신체활동, 신체표현활동, 유아체육, 유아음률활동, 무용교육 등의 다양한 용어로 사용되어 오던 유아교육과 및 유사학과의 교과명칭이 유아동작교육이라는 명칭으로 변경되는 추세를 보이며 동작교육 관련 연구의 다양성 및 체계화라는 결과를 낳는 데 기여하였다(김은심, 2009). 그러면 동작이란 무엇일까? 동작의 사전적 의미는 '몸이나 손 · 발 따위를 움직임'이다. 유아들의 동작교육은 '움직임교육' '유아동작교육' '신체활동' '신체운동 활동'이라는 용어와 함께 쓰이기도 하였는데, 동작교육의 모태가 되었던 체육은 신체를 통한 교육으로 발전되고, 다시 라반(Laban)에 의해 움직임교육으로 발전되었다. 그 후 2007년 개정 유치원교육과정에서는 하위 내용 용어를 보다 통일성 있게 정리하면서 '동작'이라는 용어를 '움직임과 춤'으로 수정하여 사용하였다(교육과학기술부, 2008). 또한 교육과학기술부와 보건복지부는 2013년 3월부터 전국의 모든 유치원과 어린이집에서 '3~5세 연령별 누리과정'을 전면 시행하면서 신체운동 · 건강, 의사소통, 사회관계, 예술경험, 자연탐구의 다섯 개 영역을 중심으로 구성하였으며, 그중 유아동작 관련 영역은 신체운동 · 건강에서 신체활동에 즐겁게 참여함으로써 유아기에 필요한 기본운동능력과 기초체력을 기르기 위한 영역으로 언급하였다.

동작에 대한 개념에서 사용되는 용어를 살펴보면 움직임, 동작활동, 신체운동, 신체활동 등 다양한 용어가 사용되고 있다. 이 책에서는 동작교육의 하위 내용으로 신체활동도 포함하는 것으로 정의하고자 한다. 유아가 긍정적인 신체인식 능력을 형성하기 위해서는 발달 수준이나 흥미에 적절한 신체운동활동을 제공해 주는 것이 중요하다. 유아기 기초 체력은 신체 조절능력과 이동 운동, 비이동 운동을 통해 형성하는 근력, 근지구력, 민첩성, 유연성, 협응력 등을 포함하는 개념으로, 이후 아동기나 청소년기의 체력과 운동능력에 영향을 미친다는 내용을 볼 수 있다(교육과학기술부, 보건복지부, 2013c).

동작교육의 개념을 정립하기 위해 여러 학자는 동작교육에 대한 정의를 다음과 같이 제시하고 있다. 벤틀리(Bentley)는 유아가 자신의 신체를 어떻게(how), 어디로

(where) 움직일 수 있는가 하는 기본 움직임과 자신의 신체능력이 어느 정도인가를 탐색하도록 하는 활동이 동작교육이라 하였다. 데마리아(DeMaria)는 신체의 움직임에 대한 기본 원리를 이해하여 운동 발달과 운동능력을 효율적으로 발달시킬 수 있는 문제해결의 한 방법이라 하였다. 겔라휴(Gallahue)는 '동작을 위한 교육' '동작을 통한 교육'으로 구분하였으며, 전자는 가르치는 교육으로서 자신의 신체 움직임에 대한 발견을 강조하는 체육교육의 일부이고, 후자는 신체를 움직임으로써 인간의 전반적인 발달을 추구하고자 하는 목적을 가지고 다양한 움직임을 시도하고 경험하게 하는 교육이라 구분하였다. 라반(Laban)은 1930년대 초기 움직임 연구에 혁신을 불러일으켰다. 동작은 신체라는 도구를 통해 움직이는 것이며, 자기 나름의 자연스러운 움직임을 통해 동작에 관련된 지식을 발견하는 것이고, 의미를 포함하고 있는 다양한 움직임을 이용하여 전반적인 발달을 도모하는 것이라 하였다.

따라서 여러 학자의 정의를 정리하여 유아동작교육의 개념을 다음과 같이 설명할 수 있다. 동작교육은 자신의 신체라는 도구를 이용하여 어떻게(how), 어디로(where) 움직일 수 있는가 하는 기본 움직임을 탐색하는 활동이며, 움직임에 대한 기본 원리를 이해하여 운동 능력을 발달시키고, 자신의 감정의 표현과 신체적 운동 기능을 발달시키며, 유아의 전인적인 발달을 도모하는 교육이라 볼 수 있다.

2. 유아동작교육의 중요성

유아는 태어나면서 신체를 움직이는 능력을 갖고 태어나며, 움직임을 통해 발달해 간다. 유아에게 움직임은 세상을 탐색하고 자신의 모습을 인식하게 해 주며, 움직이고자 하는 욕구를 충족해 주는 도구가 된다. 움직임은 다양한 활동 속에서 정서적 만족을 주며, 학습경험의 기회를 제공한다(Pica, 2004). 무엇보다 움직임은 유아-유아, 유아-성인, 유아-환경과의 상호작용을 능동적으로 할 수 있게 함으로써 유아를 위한 전인적 발달의 역할을 한다(Ulrich, 2000).

출생 이후 약 6세까지는 기본 운동능력 발달의 적기로, 유아기에서 아동기를 거치며 급속히 이루어지는 발달 형태 중 하나가 신체근육을 조절할 수 있는 운동기능의 발달이다(이영자, 이기숙, 이정욱, 1999). 특히 겔라휴(Gallahue, 1995)는 유아의 민첩성, 균형감, 협응력 그리고 물리적 환경에 대한 신체적 반응과 관련 판단능력은 유아기부터 운동을 경험함으로써 효과적으로 발달할 수 있다고 지적한다. 하지만 오늘날 유아는 신장 · 체중과 같은 체격은 과거보다 커졌으나 체력이나 운동능력은 떨어졌으며, 불균형적인 식습관으로 체중이 증가하였다. 반면, 움직임은 적어 운동량이 부족하여 체력 저하 현상이(교육과학기술부, 2008) 나타나고 있다. 유아가 뛰놀 수 있는 놀이 공간은 부족한 반면, 활동이 적은 TV, 비디오, 컴퓨터, 오락게임 등이 유아의 놀이를 대신하고 있고, 더구나 부모들의 높은 교육열로 인한 과중한 학업과 각종 교통수단 및 편의시설의 발달로 유아의 신체활동 기회는 더욱 줄어들게 되었다. 또한 식생활은 서구화되어 동물성 지방, 패스트푸드 같은 고열량 음식 위주의 섭취가 증가하였다. 이와 같은 활동량의 감소와 에너지 섭취 과잉으로 유아의 체중과 비만은 날로 증가하고 있는 것이다.

유아기에 익힌 기본운동능력, 예컨대 걷기(walk), 달리기(run), 뛰기(jump), 돌기(turn) 등의 발달은 후의 복잡한 운동기능 학습에 많은 영향을 미친다. 유아기와 아동기, 청소년기에 형성된 신체활동 습관이 성인기의 신체활동에 영향을 미치는 주요 요인이라는 연구 결과들은 이러한 유아기 신체활동의 중요성을 확인시켜 주고 있다(오연주, 2001). 유아기의 운동능력은 평생 건강의 기초가 되며(교육과학기술부, 2008), 신체적 동작능력에 대한 자신감은 자기만족, 자기존중과 같은 유아 자신의 개인적 가치를 긍정적으로 평가하는 역할을 한다(윤은영, 2008; 이은희, 2009). 루소(Rousseau)는 '신체활동이 유아의 교육과 성숙에 필수적'이라 하였으며, 프뢰벨(Froebel)은 '신체활동과 운동표현이 학습의 기초가 된다.'라고 신체활동의 중요성을 강조하였다.

NASPE(National Association for Sport and Physical Education, 2004)는 유아는 하루에 최소 30분가량의 구조화된 신체활동을 해야 하고, 1시간 이상의 비구조화된 신체활동에 참여해야 한다고 주장하며, 유치원 시기 구조화된 신체활동 참여시간이 하루 최소 60분이어야 하고 어떠한 집단도 잠자는 시간을 제외하고 앉아서 하는 활동이 60분을 초과해서는 안 된다고 하였다(윤정진, 이경희, 2008). 특히 유아기에는 신체가 계속 성장한다는점에 유의하여 특정 신체부위만 자극하는 운동은 피하고 몸 전체의 종합적인 운동능력을 개발하는 것이 중요한데, 6~7세까지 민첩성, 협응성, 평형성 등의 기본적인 운동능력 구성요인의 60%가 완성된다는 측면에서 유아의 움직임과 춤 활동은 현장에서 매우 중요하다 할 수 있다(이경희, 2013).

이처럼 동작교육은 매우 중요한 의미를 가지며, 유아는 또래와 함께 놀이하면서 끊임없이 움직이고 싶은 기본적 욕구를 충족시키기 위해 대 · 소 근육을 사용한다. 따라서 서로의 움직임을 관찰하고 모방하면서 유아는 자연스럽게 자신의 생각과 느낌을 전달하며, 그 감정표현으로 자신감과 만족감을 얻게 되는 것이 동작교육의 중요성이라 할 수 있다.

3. 유아동작교육의 목적

유아는 동작을 통해 세상을 이해하고 상호작용하며 자신의 경험, 상상, 정서, 생각을 표현하고 자신의 신체적 능력을 실험해 보게 된다. 이러한 경험들은 신체 발달, 언어 발달, 사회성 발달, 인지 발달, 정서 발달은 물론, 창의성 발달 등 유아기 발달의 기초를 이루어 유아가 환경과 능동적으로 상호작용하는 기회를 제공함으로써 전인적 발달기제로서의 역할을 한다(Gallahue & Ozmun, 2002; Pica, 2004).

유아동작교육은 유아가 신체활동에 즐겁게 참여하고 즐길 수 있는 흥미로운 것이어야 한다. 마예스키(Mayesky, 1995)는 동작교육의 목적을 신체적 · 지적 · 사회적 · 정서적 성장과 발달을 이루어 전인적인 교육을 하는 것이라 하였으며, 겔라휴(Gallahue, 1976)는 자기 신체에 대한 지식을 터득하고 신체의 잠재 운동능력을 발휘하도록 하는 것이라 하였다. 그라함(Graham, 2001)은 자신과 타인에 대한 느낌과 태도를 표현하기 위해 자신의 신체를 사용하는 능력을 증진시키는 것, 표현의 도구로서 자신의 신체를 효과적으로 사용하여 자기만족감을 증진시키는 것, 움직이는 것에 대한 즐거움을 인식하는 것, 참여자와 관람자에게 가치로운 움직임으로 인식하는 것, 다양한 리듬에 따라 움직이고 이해하는 능력을 증진하는 것 등을 동작교육의 목적이라고 제시하였다.

이상과 같이 여러 연구자의 연구를 정리해 보면, 동작교육의 목적은 신체활동을 통하여 전인적 발달을 추구하는 통합적 교육이라는 것임을 알 수 있으며 구체적 목표를 정리하면 다음과 같다.

1) 신체 발달

유아기는 운동능력이 급격하게 발달하는 시기이며, 이 시기에 기본적 운동능력과 대 · 소근육, 눈과 손의 협응력 등의 신체적 기술이 발달된다. 신체 발달은 발육과 동작경험을 통한 학습의 결과라 할 수 있으며, 골격과 근육을 보호할 수 있는 근력, 근지구력, 심폐지구력, 유연성, 순발력, 평형성과 같은 건강 관련 체력을 발달시킨다. 또한 유아는 [그림 1-1]과 같이 점프운동과 같은 신체활동을 함으로써 신체의 발육과 발달을 촉진하며 건강한 생활의 기초체력과 운동기능을 향상시킨다.

[그림 1-1] 점프운동하는 유아

2) 언어 발달

유아는 신체활동 시 교사의 지시나 설명, 대화 등을 통해 다양한 어휘를 획득할 수 있으며, 이는 쓰기를 위한 준비교육이 된다. 특히 영 · 유아는 자신의 생각이나 감정을 충분히 표현할 수 있는 언어능력이 제한되므로 몸짓으로 의사 전달을 한다. 따라서 신체활동을 통해 의사소통을 하며 움직임 관련 어휘력이 증진되어 언어 발달을 도모한다. 예를 들어, 스카프를 가지고 '살랑살랑' '펄럭펄럭' '휙, 던져보자.' '꼬물꼬물' 등의 의사소통을 하며 자연스럽게 언어 발달을 한다.

3) 사회성 발달

친구와 함께 활동을 하면서 차례 기다리기, 공유하기 및 협동하는 방법을 배워 대인관계를 원만하게 유지하게 된다. 또래와의 신체활동은 스스로 매우 소중하고 가치 있는 존재임을 알게 하며, 사회적 의사소통이 활발하게 일어나 낯섦을 이해하고 적응하면서 사회성 발달을 획득하게 한다. 예를 들어, '인사하기' 활동을 하면서 다음 [그림 1-2]와 같이 눈을 마주치면서 공을 전달하는 활동은 나의 소중함과 낯섦을 해결할 수 있으며, 또한 다른 유아와 충돌하지 않고 움직임을 시도하면서 친구들과의 유대관계를 증진시킬 수 있다. 더불어 친구와 함께 손잡고 원을 만들어 춤을 추는 것을 시도하면서도 서로 협력하는 사회성을 향상시킬 수 있다. 또한 유아들이 자유롭게 움직일 수 있는 시간을 조금 더 준다면 유아들은 더 집중을 하게 되며 협력하는 분위기에서 공동체의식을 저절로 키울 것이다.

[그림 1-2] 친구와 함께하는 유아

4) 정서 발달

유아의 감정표현은 표정이나 행동으로 나타난다. 불안이나 긴장은 부정적 영향을 주기 때문에 유아는 불쾌한 감정을 억눌러서는 안 되며 사회적으로 인정할 수 있는 방법으로 해소하는 방법을 터득해야 한다(Mathew & Burnett, 1989).

유아는 신체활동을 통하여 슬픔, 분노, 좌절, 무서움, 욕구불만 등의 감정을 자연스럽게 표출함으로써 긴장을 완화시켜 정서를 순화시킬 수 있다(이영심, 2009). 이러한 신체활동은 정신건강을 유지하고 정서장애를 관리하는 데 중요한 수단이 될 수 있으며, 신체를 자유로이 조절하면서 만족감, 성취감, 즐거움을 느끼게 하여 긍정적인 자아개념을 형성하게 한다. 만일 실패만 반복한다면 긍정적인 자아개념 형성은 어려울 것이다. 따라서 유아발달에 적합한 신체활동은 자신감과 만족감을 느끼며 자기표현의 기회를 통하여 정서적 안정감과 풍부한 감성을 지닐 수 있도록 해야 한다. 예를 들어, 다음 [그림 1-3]과 같이 표정놀이를 통하여 화남, 놀람, 슬픔, 행복을 표정으로 표현할 기회를 주면 유아들은 상대방과 같은 감정을 공유하고 있다는 것을 깨닫게 된다. 이와 같이 동작활동에 참여하는 과정이 긍정적이고 성공적일 때 유아의 자아존중감이 길러진다.

[그림 1-3] 감정을 표현하는 유아

5) 인지 발달

신체를 이용한 다양한 활동은 인지 발달을 촉진한다. 최근 동작활동이 인지 발달에 중요한 역할을 한다는 뇌 연구 결과가 많이 있다. 동작활동에 참여해 봄으로써 탐색해 보고 조작하면서 여러 가지 현상에 대한 개념뿐만 아니라 공간, 시간, 어휘, 수, 속도, 색깔 등 기본적인 인지 개념을 학습하게 되며, 조금, 많이, 크다, 작다와 같은 양적인 개념과 위, 아래, 안에, 밖에와 같은 공간적인 개념을 발견한다. 예를 들어, 나비의 움직임을 통해 나비의 특징, 공간 개념, 색깔 등을 파악할 수 있으며, '쥐가 열 마리'와 같은 주의집중할 수 있는 손유희를 반복하면서 수 세기의 의미를 학습할 수 있고, 리본 막대로 여러 가지 세모, 네모, 동그라미 등의 형태 모양을 인식하면서 유아의 인지적 발달을 도모할 수도 있다. 다음 [그림 1-4]와 같이 줄을 이용하여 기차놀이를 하면 힘 조절의 정교화 기술을 학습할 수 있으며, 이는 다른 교과목과 통합될 때 다른 교과 영역의 학습에 도움을 받을 수 있다.

[그림 1-4] 긴 줄을 이용한 기차놀이

6) 창의성 발달

다양한 움직임을 시도해 봄으로써 상상력, 융통성, 독창성, 유창성, 개방성 등 창의성 발달을 이루게 된다. 유아는 움직임의 여러 상황에 직면하면서 해결할 수 있는 기회를 통해 창의성 발달을 습득한다. '~처럼 되어 보자' '~인 척해 보자' 등의 표현을 통해 상상력과 융통성 있는 사고력을 키울 수 있으며, 새로운 움직임을 제시해 보는 경험을 통해 독창성과 유창성을 발달시키는 기회를 갖기도 한다. 유아의 창의적 사고와 표현을 도울 수 있는 음악과 동작, 조형 활동, 극 활동 등 다양한 소재를 활용하여 다음 [그림 1-5]와 같이 통합적으로 경험할 수 있도록 하는 것이 창의성 발달에 도움을 줄 수 있다.

[그림 1-5] 동극 활동하는 유아

제 2 장

영 · 유아 발달특성과 동작능력의 발달

1. 영아기

1) 영아기 신체 발달의 원리

영아기는 일생 중에서 신체 발달이 제일 급속하게 이루어지는 시기이며, 성장비율의 속도는 초기 6개월 동안이 가장 빠르다. 영아기의 급성장을 '성장급등현상'이라고 부르며, 일생 동안 영아기와 사춘기에 두 번 나타나기 때문에 영아기를 제1성장 급등기, 사춘기를 제2성장 급등기라고 한다. 성숙 관점으로 볼 때 영아는 100일을 기점으로 발달의 전환점을 맞게 된다. 이 무렵이 되면 영아에게 신생아의 모습은 사라지고 얼굴과 신체가 변화하면서 귀여운 아기의 모습이 나타난다. 영아기의 신체 발달은 먼저 머리에서 발끝으로 발달하는 두미의 원리와 몸의 중심부에서 말초부로 발달하는 근원의 원리에 따라 성장한다. 따라서 신체 조절능력은 [그림 2-1]과 같이 두뇌와 몸통이 먼저 성장하고, 그다음에는 팔다리, 그리고 손발의 순서로 발달이 진행된다. 다시 말해서, 아동의 신체 기능 발달은 다음 세 가지 원리에 의해 진행된다(정옥분, 2011).

[그림 2-1] 신체 조절능력(Pica, 2004)

(1) 상부에서 하부로의 발달(top-to-bottom development)

아기는 먼저 머리를 발달시킨다. 'cephslocaudal principle'(그리스-라틴어원에서 나온 것으로 '머리부터 발끝까지')은 발달이 머리에서 신체의 더 낮은 부분으로 진행된다는 것을 가리킨다. 아기는 자기 몸의 상체 부분을 사용하는 것을 배운 다음에 하체 부분의 사용을 배운다. 아기는 몸체를 조정할 수 있기 전에 사물을 볼 수 있다. 또한 손으로 무엇을 잡을 수 있게 된 후에야 걸을 수 있게 된다.

(2) 내부에서 외부로의 발달(inner-to-outer development)

아기는 손을 의도적으로 사용할 수 있기 전에 팔을 아주 능숙하게 움직일 수 있다. 이것은 자궁 내에서 이미 시작되었던 것으로 발달의 두 번째 원리다.

'proximodistal principle'(라틴어원 '가까이에서 멀리')에 따르면, 발달이란 신체의 중심 부분에서 바깥 부분으로 진행된다. 그래서 태아의 머리와 몸은 손이나 발보다 먼저 발달하며, 팔과 다리가 발달한 뒤에 손가락과 발가락이 발달한다. 아기들은 먼저 그들의 상박과 대퇴부를 사용하는 능력을 발달시킨다. 그런 다음에 하박과 정강이를, 그리고 손과 발을, 마지막으로 손가락과 발가락을 사용할 수 있게 된다.

(3) 단순한 발달에서 복잡한 발달(simple to complex development)

발달의 세 번째 법칙은 명백하지만 심오한 것이다. 신체적이든 다른 것이든 간에 실제로 모든 기술을 획득하는 데 있어서 우리는 단순한 것에서 복잡한 것으로 진행한다는 것이다. 성숙은 분명히 예정된 과정을 따른다. 거의 모든 아이는 보다 단순한 움직임과 활동에서 더 복잡한 활동이라는 일정한 순서로 발달을 진행한다. 그래서 발달은 우연하거나 특이한 것이 아니다. 오히려 모든 인간에게 유사한 어떤 논리적인 흐름에 따라 진행하는 것이다.

2) 영아기 신체 발달의 성장

(1) 키와 몸무게의 증가

① 신장

영아의 신장은 영아의 체중에 비해 성장 속도가 느리다. 영아는 첫 1년간 신장이 약 50% 증가하며 평균 25~30cm의 성장을 보인다. 4세가 되면 출생 시 약 두 배가 되는데 유전적으로 키가 작은 아이는 출생 시 키가 크다 하더라도 출생 후에 신장 증가율이 감소하는 편이며, 반면 출생 시에 키가 작았더라도 유전적으로 키가 큰 아이는 출생 후 신장 증가율이 오히려 증가한다. 이러한 변화는 주로 출생 후 36개월 사이에 나타나는데 연령에 따라 일정한 형태를 갖추기는 하지만 유전적 요인이 영향을 미쳐서 개인별 차이가 있기도 하고, 영양소나 독성물질의 공급에 의하여 개인차가 나타나기도 한다. 현재 우리나라 남아의 신장 평균은 52.0cm, 여아의 신장 평균은 51.0cm이다. 신장의 발육은 2세 안에 크게 나타나며, 특히 영아기일 때 성장 속도가 가장 급속하게 발달한다.

② 체중

출생 직후에는 아기의 체중이 감소하는데, 이는 체액의 손실과 아기 몸 안의 일부조직에서 이화작용이 일어나기 때문이다. 현재 우리나라에서 출생 시 남아의 평균 체중은 3.5kg이며, 여아의 평균 체중은 3.3kg이다. 따라서 남아가 여아보다 더 무겁다. 약 10일 정도가 지나면 출생 시 체중으로 다시 회복되고 빠른 체중 증가가 일어난다.

즉, 신체 발달의 결정적 시기인 생후 6개월을 포함한 영아기는 일생 중 가장 급속도로 신체 성장이 이루어지는 시기로, 생후 1년이 되면 체중은 출생 시의 3배가 되고 신장은 1.5배가 된다. 출생 시 신생아의 신장은 약 50cm이던 것이 1년이 되면 75cm가 되고, 2년이 되면 85cm 정도로 자라 성인 신장의 반이 된다. 4세가 되면 출생 시 두 배가 된다. 이것은 다른 부분이 급속도로 성장하기 때문이다. 출생 시 신장의 1/3이던 다리가 성인이 되면 1/2이 된다. 체중은 태어날 때에 약 3kg이 조금 넘지만 3~4개월이 되면 출생 시의 2배, 1년이 되면 3배, 2년이 되면 11~12kg으로 성인의 1/5 내지 1/6이 된다.

3) 생리적 기능

영아기 동안 수면시간이 극적으로 감소하고 수면 상태에서도 변화가 나타난다. 영아기에는 젖을 떼고 이유식을 시작해야 하며, 배변훈련도 이때 시작해야 한다(정옥분, 2011).

(1) 수면

신생아는 하루 중 대부분의 시간 동안 잠을 자지만, 수면 양상이 밤에 자고 낮에 깨어 있는 성인과는 달리 하루 24시간을 밤낮의 구별 없이 일정한 간격으로 자고 깨고 한다. 그러다가 생후 6개월이 되면 대부분의 영아는 점차 밤에는 자고 낮에는 깨어 있는 성인의 수면 양상을 보인다. 그래도 하루에 3~4회 정도는 낮잠을 잔다. 영아기 동안 수면시간도 극적으로 감소하는데, 생후 1개월간에는 하루 18시간의 수면을 하지만, 2세가 되면 12시간으로 감소한다. 이와 같은 수면시간의 감소는 출생 시 미성숙했던 뇌가 출생 후 첫 1~2년간 빠른 속도로 성장한 결과다(Morelli, Oppenheim, Rogoff, & Goldsmith, 1992).

뇌가 성장한 결과는 수면 상태의 변화에서도 볼 수 있다. 뇌의 성숙으로 REM(Rapid Eye Movement) 수면의 비율이 감소한다. 신생아기 때 50%가 REM 수면이던 것이 3개월이 되면서 40%로 감소하고, 두 돌 무렵에는 30%로 감소하며, 성인이 되면 20% 정도가 된다. 많은 양의 REM 수면은 뇌의 발달을 촉진시킨다.

영아가 잠을 자지 않고 보챌 때에는 공복감, 복통, 질병, 기저귀가 젖었을 때와 같이 신체적으로 불편한 경우가 많으므로, 그 원인이 무엇인지 빨리 알아보고 대처해야 한다. 밤낮을 거꾸로 해서 낮에 자고 밤에 자지 않는 경우에는 낮에 잠을 자지 않도록 유도하고, 저녁에 잠자리에 들기 전에 목욕을 시키고 수유를 하거나 이야기를 들려주는 방법도 효과적이다.

(2) 수유와 이유

영아기의 빠른 신체적 성장은 영아가 섭취하는 영양소에 의한 것이다. 영양이 적절하지 않으면 영아의 신체 발달뿐만 아니라 인지적·사회적 발달 또한 순조롭게 진행

되지 못한다(Pollitt, 1994). 모유는 신생아와 영아의 성장과 발달에 가장 적합한 식품으로, 영아에게 가장 좋은 음식은 모유라고 한다. 모유를 먹는 영아는 감염성 질병에 대한 면역을 가지며, 비만을 예방하고, 알레르기에 대한 안전성을 갖는다. 또한 모유로 자란 아동은 건강한 치아를 가질 가능성이 더 높다.

생후 5~6개월이 되면 모유만으로는 아기의 발달에 충분한 영양을 공급해 줄 수 없으므로 젖 이외의 음식을 제공해 주는 것이 필요하다. 젖을 떼고 젖 이외의 반고형 음식을 먹이는 것을 '이유'라 한다. 이유를 시도하는 시기는 아기의 발육이나 건강상태 등을 고려해야 하며, 강제로 젖을 떼거나 조급하게 서둘러서는 안 된다. 아기가 질병에 걸려 있거나 식욕이 없는 여름철에는 시작하지 않는 것이 좋다. 이유식은 젖을 먹은 후보다는 젖을 먹기 전에 주도록 하며, 이유식의 양은 점차 늘려 가고 젖은 줄여 나간다. 이때 주의해야 할 점은 영아의 소화기관에 부담을 주는 이유식을 피하고, 영양소가 골고루 함유된 음식을 주어 영양실조가 되지 않도록 해야 한다는 것이다.

(3) 배설과 배변훈련

검고 끈적끈적한 신생아의 태변은 3~4일이 지나면 누런색의 보통 변으로 변한다. 대변과 소변을 통제할 수 있는 근육과 신경의 미성숙으로 인해 생후 6~7개월 이전에는 직장이나 방광이 꽉 차면 반사적으로 대소변을 배설하게 된다.

6~7개월이 지나 대소변을 통제하는 근육이나 신경이 발달하더라도 뇌에서 이를 통제할 수 있는 것은 아니다. 대변은 약 13~15개월경이면 가리게 되고, 소변은 20개월 정도가 되어야 가릴 수 있다. 대소변 가리기는 영아의 건강상태나 정서에 따라 차이가 나기 때문에 무리하게 강요하는 것은 좋지 않다. 아기가 혼자 일어서고, 앉고, 걸을 수 있을 때가 효과적이다. 얼굴 표정이나 행동을 세심하게 관찰하여, 대소변이 마려운 시점에 아기가 좋아하는 변기에 앉혀 주는 것이 효과적이다. 잘한 경우에 칭찬을 해 주는 것은 바람직하나, 실수를 했을 때 벌을 주는 것은 부작용을 유발할 수 있다. 특히 규칙적으로 대변을 보지 않거나 밤에만 대변을 보는 경우에는 일찍 배변훈련을 하는 것이 불가능하며, 2~3세경이 되어 말귀를 알아들을 수 있을 때까지 기다리는 것이 효과적이다.

비록 대소변을 가릴 수 있다 하더라도 4~5세까지는 실수를 하는 경우가 많다. 특히 소변의 경우 낮에 통제가 가능한 비율은 2세경에는 55%, 3세경에는 84%, 5세경에는 95% 정도이나, 밤에도 통제가 가능한 비율은 2세경에는 41%, 3세경에는 66% 정도로 낮으며, 7세경이 되어서야 90%까지 통제가 가능하다(Papalia & Olds, 1995). 피곤하거나 긴장하였을 때, 잠들기 전에 수분이 많은 과일이나 음료수를 마셨을 때는 실수를 하기 쉽다. 그러므로 잠들기 전에는 가능한 한 음료수를 자제하고 미리 용변을 보게 하여 편안한 마음으로 잠들 게 해 주어야 한다. 또한 동생을 보았을 때에는 퇴행 현상으로 대소변 가리기를 거부하는 경우도 있다. 이러한 퇴행 행동은 어머니가 미리 충분한 관심을 보여 줌으로써 해소할 수 있다.

4) 운동기능의 발달

영아는 신체가 성장함에 따라 환경을 조작하는 능력도 급속하게 성장한다. 신체 조작의 성숙과 감각 기능의 발달로 신생아기에 나타나던 단순한 반사운동이 사라지고 머리와 몸통의 통제, 손의 조절능력, 보행운동 능력이 발달한다. 영아기 운동기능의 발달은 영아가 자신의 움직임을 자발적으로 통제하는 것부터 시작한다. 원칙적으로 영아기 초기에 앉고, 서고, 기는 등 운동기능의 발달은 주로 중추신경, 골격 및 근육의 성숙과정에 의존하지만, 환경과 상호작용적 요인도 영향을 미친다. 영아가 특정 행동을 수행하기 위해서는 먼저 생리학적으로 그 행동을 해낼 수 있는 능력을 갖추어야 하며, 또 그 행동을 표현할 수 있는 환경이 필요하다. 운동기능의 발달은 주위 환경에 있는 여러 가지 사물을 접하고 탐색하며, 경험하는 세계를 통해 더욱 넓혀 나갈 수 있다. 그리고 다른 사람과 관계를 맺으며 사회생활을 전개시켜 가는 데 중요한 역할을 한다.

(1) 대근육 운동

영아기의 가장 주목할 만한 대근육 운동기능은 고개도 못 가눌 정도로 전적으로 의존적이던 인물에서 뒤집기, 기기, 서기, 걷기, 달리기 등을 할 수 있는 기동성 있는 인물로 영아를 바꿔 놓는다는 것이다. 출생 시 신생아는 고개도 못 가누지만 생후 1개월이면 엎드린 자세에서 고개를 들 수 있다. 2개월경에는 가슴을 들 수 있으며, 3~4개월경에는 뒤집기를 할 수 있다. 7개월경에는 혼자 앉을 수 있고, 12~14개월경에는 혼자

설 수 있다. 12개월경에는 붙잡고 걸을 수 있으며, 15개월경에는 혼자 걸을 수 있다. 18개월경에는 계단을 오를 수 있고 자전거 타기를 할 수 있다. 18~24개월경에는 달리기, 뒤로 걷기, 공차기, 공 던지기, 뜀뛰기를 할 수 있다(정옥분, 2011).

(2) 소근육 운동

소근육 운동은 쥐기, 조작하기, 손뼉 치기, 열기, 당기기, 끄적거리기와 같은 손의 조작과 관련되어 있다. 생후 4개월이면 자신의 의지에 따라 두 손을 맞잡을 수 있고, 딸랑이를 쥘 수 있다. 생후 8개월이면 물체를 손으로 쥐어 다른 사람에게 전해 줄 수 있을 만큼 발달한다. 생후 12개월이면 양말이나 모자를 벗고, 16개월에는 공을 던지며, 18개월에는 컵에 입을 대고 물을 마신다. 24개월이면 숟가락을 사용하고, 옷을 벗을 수 있으며, 대소변 통제가 가능하다. 생후 25개월이 되면 스스로 끄적거리기를 할 수 있을 만큼 분화된다.

(3) 운동기능의 발달에 관한 세 가지 관점

운동기능의 발달 시기와 순서를 설명하는 데 세 가지 견해가 있다. 첫째, 성숙론적 관점(Shirley, 1933)에 의하면, 신경계와 근육의 성숙이 이루어지면 운동기능의 발달은 유전적으로 프로그램된 순서대로 나타난다고 한다. 영아기의 초기 경험이 매우 다름에도 불구하고 모든 영아의 운동기능 발달이 비슷한 순서로 진행된다는 비교문화 연구 결과는 성숙이 운동기능의 발달에 매우 중요한 요인임을 뒷받침해 준다. 둘째, 운동기능의 발달에 있어서 성숙이 중요한 요인이라는 사실을 부정하지는 않지만, 학습론자들은 운동기술을 연습할 기회 또한 중요하다고 믿는다. 생후 2년간을 대부분 고아원 침대에서 누워 지낸 이란의 고아들을 대상으로 한 데니스(Dennis, 1960)의 연구에 의하면, 운동기능의 발달에서는 성숙이 필요조건이지만 충분조건은 아닌 것으로 보인다. 이 연구에서 고아들은 2세가 되어도 걷지 못했고, 3~4세가 되었을 때 15%만이 혼자서 걸을 수 있었다. 셋째, 성숙론이나 학습론의 설명보다 훨씬 더 흥미롭고 복잡한 목표지향적 체계이론에 의하면, 생후 2년간 운동기능의 발달은 단순히 성숙과 학습에 의해 자연의 웅장한 계획의 일부분으로서 전개되는 것이 아니라고 한다. 체계이론은 이것을 새로운 운동기술을 습득하고자 하는 영아의 의지에 의한 것이라고 본다. 즉, 특정한 목표를 염두에 두고 있는 호기심 많고 능동적인 유아가 그 목표를 달성하는 데 필요한 새로운 운동기술을 습득하기를 원한다는 것이다. 따라서 자신이 이미 가지고 있는 운동기술을 적극적이고도 복잡하게 재조직함으로써 새로운 운동기술을 창출하게 된다는 것이다.

5) 영아기 신체 발달의 특징

영아기란 출생에서부터 2세까지를 말한다.

① 신체적 특징

- 체중은 첫돌 무렵에는 출생 시에 비해 3배 정도 증가
- 키는 생후 1년이 되면 출생 시 키의 1.5배 정도 증가

② 감각기관 발달

- 4개월이 되면 물체에 초점을 맞출 수 있고, 색의 구분도 할 수 있음.
- 대상의 전체 윤곽을 볼 수 있는 능력 발달
- 생후 1년이 지나면 작은 소리에도 반응
- 미각, 후각, 촉각 등은 영아기를 지나는 동안 완전하게 발달

③ 신체기능 발달

- 생후 2개월: 머리 세우기
- 4개월: 구르기, 받쳐 주면 앉기
- 5개월: 배에서 등으로 뒤집기, 무릎에 앉고 물건 잡기
- 6~7개월: 혼자 앉기
- 8개월: 배밀이, 잡아 주면 서기
- 9~10개월: 팔다리 사용해 기어 다니기, 붙잡고 일어서기
- 12개월: 가구 잡고 일어서기
- 13개월: 계단 오르기

- 14개월: 혼자 서기
- 15개월: 혼자 걷기

2. 유아기

유아기란 36개월 이후부터 취학 전까지의 시기로 이 시기의 신체 성장 속도는 영아기에 비해 완만하나 꾸준한 성장을 보인다. 운동신경의 발달로 유아의 운동량이 증가하고, 활동반경의 확대와 근육 및 운동능력의 발달로 신체적 자기통제가 가능해진다. 유아기 초기에는 주로 대근육을 사용하는 운동이 지배적이나 후기로 갈수록 소근육의 발달로 정교하고 세밀한 신체 조절이 가능해져서 옷 입고 벗기, 신발 끈 매기, 글씨 쓰기, 젓가락 사용하기 등의 활동을 할 수 있게 된다. 뇌 역시 5세 말경에는 성인 뇌의 90% 정도까지 발달하며, 외모는 아기의 모습을 찾아볼 수 없고 팔다리가 길어져 신체 비율도 성인과 비슷하게 변화한다.

다음은 유아기의 신장과 체중의 발달, 뇌의 발달, 운동기능의 발달에 대해서 알아보도록 한다.

1) 신장과 체중의 발달

유아기의 신체 발달은 영아기와는 다르게 꾸준히 발달이 이루어지며 점차 균형 있는 외모를 형성한다. 신장은 4세에 출생 시 약 2배가 되며 유아기부터 아동기까지의 신장은 매년 5~8cm 정도 자란다. 체중은 출생 시의 5~6배가 되어 18~19kg이 된다.

유아기에는 특히 팔과 다리가 빠른 속도로 성장하는데, 2세에는 팔을 올리면 손이 머리 약간 위에 닿는 정도이며, 5세에는 손을 머리 위로 훨씬 높이 쳐들 수 있다. 반면, 머리 크기의 성장은 느린 속도로 이루어진다. 그 이유는 이미 2세에 두뇌 크기가 성인 크기의 75% 정도에 도달하였기 때문이다. 유아기에는 신체비율이 극적으로 변화하여 아기의 모습에서 살이 빠지고 다리가 길어져 성인의 신체비율과 매우 유사하게 변화한다. 그리하여 유아의 자세와 균형이 향상된다.

2) 뇌의 발달

뇌는 인간의 사고, 감정, 지각을 나타낸다. 2~5세 사이의 유아는 신체적 협응, 지각 주의, 기억, 언어, 논리적 사고와 상상을 획득하며 이는 모두 뇌의 발달에 의한 것이라 한다. 유아 뇌의 중량은 2세 말경에 성인 뇌의 75% 정도이고, 5세에는 성인 뇌의 90%로 약 1,250g 정도가 된다. 6세경 뇌와 두골 밑의 신경섬유도 거의 성숙된다. 즉, 정신조작이 가능할 수 있는 신경조직이 갖추어진다.

뇌의 가장 중요한 특성 중 하나는 두 개의 반구이다. 보통 좌반구는 신체 오른쪽의 근육운동을 하며 우반구는 신체 왼쪽의 근육운동을 통제한다. 일반적으로 좌반구는 언어, 과학, 수학, 논리에 관한 정보를 처리하는 반면, 우반구는 음악, 미술, 공간 지각, 창의력에 관한 정보를 처리한다. 우반구에 손상이 온다면 공간적 방향을 잡지 못하고 그림 그리기 능력이 저하되며 지도를 따라가는 것이 어려워진다. 우반구는 정서적 정보의 처리도 관장한다고 밝혀지고 있다. 좌반구는 언어의 이해를 통제한다. 좌반구의 손상은 친숙한 노래를 알거나 친구의 얼굴과 낯선 사람의 얼굴을 구별할 수는 있지만 들은 언어 내용을 이해할 수 없거나 말을 명료하게 할 수 없다. 정상적인 아동도 문자나 글을 왼쪽 눈에 제시할 때보다 오른쪽 눈에 제시할 때 더 잘 알아본다. 좌반구의 활동은 특히 3~6세에 활발한 반면, 우반구의 활동은 초기 아동기와 중기 아동기를 거쳐 꾸준히 증가한다. 이러한 사실은 인지발달과 관계가 있는데 언어기술은 유아기에 놀라운 속도로 발달한다.

3) 운동기능의 발달

유아는 눈만 뜨면 끊임없이 신체를 움직여 무엇인가를 하는 활동적인 특징을 가지고 있다. 즉, 유아기는 활발하게 신체를 움직여 생활하는 시기로 운동기능이 급속도로 발달한다. 영아기에는 보행기능과 파악기능을 획득하여 기본적 운동이 가능하게 되고 유아기는 운동에 속도가 증가하고 유연성이 점차 늘고 균형이 잡힌다. 유연성은 춤, 공놀이, 체조 등의 활동에서 매우 중요하며 연령의 증가에 따라 향상된다. 균형은 공간에서 몸을 일정한 자세로 유지하는 능력으로 게임이나 운동에서 중요한 요인이라 할 수 있다.

유아기에 성취해야 할 대근육 운동은 달리기, 뛰기, 균형 잡기, 기어오르기, 공 던지기 등이며 비교적 행동반경이 넓어지고 경험은 비약적으로 증대한다. 유아기는 일상생활에서 필요한 기본적인 기술을 혼자서 수행할 수 있는 자조기술을 획득하는 중요한 시기다. 이러한 자조기술이 획득되기 위해서는 유아가 먼저 사물을 인식해야 하고, 그다음 반복적인 감각경험을 쌓아야 한다. 유아가 서툰 숟가락질로 음식을 흘리고 단추를 잘못 끼워 옷 입는 것이 답답하더라도 그들이 스스로 할 수 있도록 기회를 마련해 주어야 미세운동이 점점 더 세련되게 발달할 수 있다. 또한 자조기술이 발달함에 따라 유아는 개인적 욕구 충족을 위한 행동을 보다 많이 수행할 수 있기 때문에 능력감과 자신감을 갖게 된다.

1세 이후 걸을 수 있게 된 유아는 점차 걸음걸이에 균형이 잡히고, 걷는 속도도 빨라진다. 2~3세의 유아는 뛰다가 멈추는 속도 조절도 가능하며, 두 발을 모아 동시에 뛸 수도 있다. 자기 신체의 균형을 잡을 수 있으므로 계단을 기어오를 수 있고, 공 같은 장난감을 던질 수도 있다. 넓은 보폭으로 잘 달리는 편이지만, 뛰다가 넘어지기도 잘한다.

3~4세가 되면 유아는 대근육 조절능력이 더욱 증진되어 뛰면서 속도를 조절할 수 있고, 멀리뛰기를 할 수 있으며, 발을 바꾸어 가며 계단을 오를 수 있고, 발끝이나 발꿈치로 걸을 수 있다. 미끄럼틀, 그네를 탈 수 있을 뿐 아니라 세발자전거 타기도 가능해진다. 깡충 뛰기와 깨금발을 할 수 있으며, 거의 실수 없이 공을 잡을 수 있고, 공을 머리 위로 던질 수 있다. 수영도 기회만 주어지면 배울 수 있다.

5~6세 된 유아는 출발, 회전, 멈추기를 효과적으로 해내며, 멀리뛰기를 할 수 있고, 공도 잘 던지고 잡으며, 줄넘기도 할 수 있다. 다이빙이 가능하고, 평형을 잘 유지하면서 롤러스케이트를 타며, 거의 완전히 균형을 잡고 평형대를 건널 수 있고, 6세경에는 두발자전거를 탈 수도 있다.

3. 영 · 유아 동작능력의 발달

유아는 출생 초기에 반사적이거나 미분화된 움직임으로 초보적 활동에 참여하고 약 2세가 되면 걷고, 달리고, 뛰는 기본 운동능력이 발달하며, 약 7세가 될 때까지 운동기능이 지속적으로 발달한다(Gallahue, 1993). 특히 울리히(Ulrich, 2002)에 의하면 신체적 반응과 판단능력은 유아기부터 운동을 경험함으로써 효과적으로 발달될 수 있다고 한다. 유아는 자신의 신체를 다양하게 움직이는 방법을 배움으로써 대 · 소근육을 발달시키고 신체의 균형 유지, 신체 부분 간의 협응력, 공간 지각 등의 기초적인 신체조정 능력을 기른다. 운동능력은 신생아기 이후 영아기와 유아기에 더욱 급속한 발달을 이루며, 계속 발육 · 발달하는 운동능력은 연령의 시기에 따라 두드러진 특성을 나타낸다. 이에 겔라휴는 동작능력의 발달단계를 연령에 따라 반사적 동작, 초보적 동작, 기본적 동작, 전문화된 동작의 단계로 구분하였다. 그 특징을 살펴보면 [그림 2-2]와 같다.

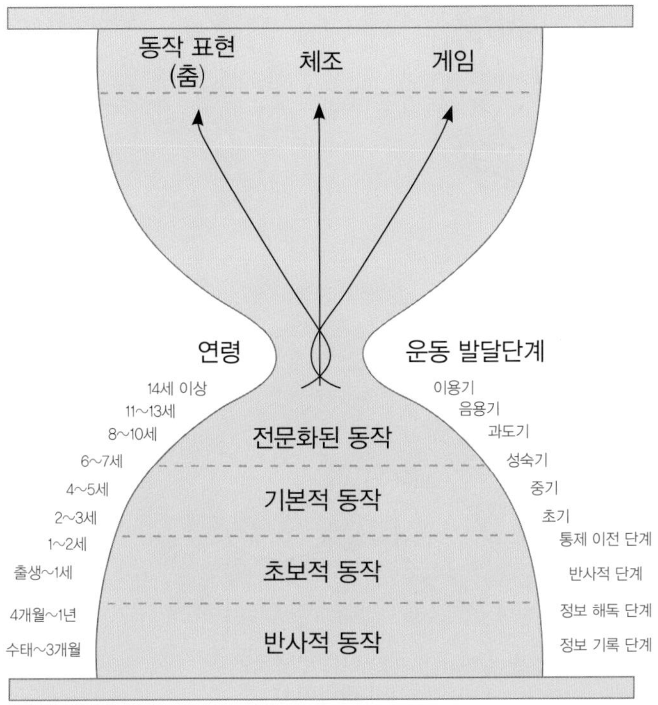

[그림 2-2] 동작 능력의 발달단계(Gallahue, 1993)

1) 반사적 동작

반사적 동작은 태아와 신생아에게 나타나는 최초의 동작을 말한다. 반사는 외적인 자극에 따라 무의식적으로 신체가 움직이는 것이며, [그림 2-3]에 나오는 대표적인 반

(A) 빨기반사

(B) 방향반사

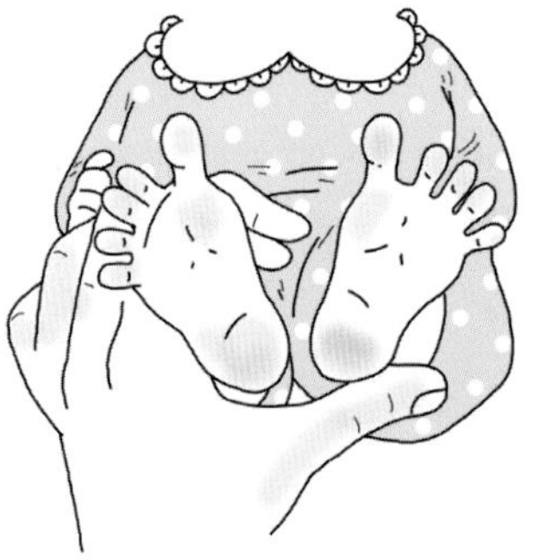

(C) 바빈스키반사

(D) 모로반사

(E) 파악반사

[그림 2-3] **대표적인 반사적 동작**

사적 동작에는, (A) 빨기반사(입술에 무언가 닿으면 빠는 반사작용), (B) 방향반사(뺨을 손에 대면 그쪽으로 머리를 돌리는 반사작용), (C) 바빈스키반사(발바닥에 자극을 주면 발가락을 쫙 폈다가 오므리는 반사작용), (D) 모로반사(소리에 깜짝 놀라 팔다리를 오므리는 반사작용), (E) 파악반사(손바닥의 자극에 손을 오므려 잡으려는 반사작용)가 있다.

2) 초보적 동작

초보적 동작은 출생 이후부터 2세까지를 말한다. 의도적인 신체운동이 시작되는 주요한 시점으로 목, 머리, 몸을 조절하면서 앉고 설 수가 있으며, 기는 동작과 걷기가 가능하고, 물건을 잡았다 놓기, 의도적으로 잡기 등의 동작이 가능하며, 그 발달수준은 생존을 위해 필요한 초보적인 단계다. 조작적 동작기능으로서 사물에 손을 뻗치거나 물건을 잡았다가 놓는 경험도 갖게 된다.

3) 기본적 동작

기본적 동작은 초보적 단계에서 다양한 기본 동작을 성숙하게 수행할 수 있는 단계를 말한다. 이동하며 움직이기와 제자리에서 움직이기, 도구 및 놀이시설을 활용하여 움직이기 등의 다양한 동작도 가능하지만, 세분화되고 정확한 기술적인 움직임의 발달은 미흡하다.

4) 전문화된 동작

전문화된 동작은 7세 이후 초등학교 아동기를 거쳐 청년기까지 지속적으로 발달한다. 일반적인 운동능력이 발달하며 동작을 정확하게 수행할 수 있다. 점점 성장하면서 세분화된 동작과 복합적 동작기술이 나타나며, 14세부터는 전문화된 운동기술이 발달한다. 이 시기는 경쟁적이고 오락적인 활동, 즉 스포츠나 레크리에이션을 즐길 수 있는 단계이다.

제 3 장

유아동작교육의 내용

동작교육의 내용은 학자나 교육과정에 따라 조금씩 다르게 제시되어 왔다. 라반(Laban, 1963)은 동작교육의 내용을 게임, 체조, 댄스 등으로 구성하여 움직임 능력의 향상을 위한 수단이라고 하였다. 겔라휴(Gallahue, 1976)는 동작교육의 내용을 기본적 운동기술과 동작 개념인 게임, 댄스, 자기 테스팅 활동으로 구분하였다. 게임은 기본적인 동작과 규칙이 단순한 놀이방법이며, 댄스는 리드미컬한 움직임으로 기본적인 리듬, 노래 리듬, 창의적 리듬활동을 포함시킨 것이다. 피카(Pica, 2004)는 동작교육의 내용으로 동작의 요소인 공간, 모양, 시간, 힘, 흐름, 리듬에 대한 인식활동, 이동 기술활동, 비이동 기술활동, 조작적 기술활동을 강조하고 있다. 가바드(Gabbard, 1988)는 동작교육의 내용을 기초 영역과 응용 영역으로 나누었으며, 기초 영역은 기본동작과 동작의 기본 요소로 구성하였고, 응용 영역은 창의적 동작, 게임활동, 체조활동 등으로 나누었으며, 유아가 더 복잡한 동작과제를 수행하기 전에 동작의 기초 영역인 동작의 기본 요소에 대한 인식과 기본동작을 반드시 학습하여야 한다고 했다.

그리고 동작활동의 접근방법에 따라 신체적 접근방법과 극적인 접근방법으로 구분하였다. 신체적 접근방법에서는 동작의 기본 요소 및 유아 자신의 신체능력 탐색으로, 극적인 접근방법은 창의적 동작활동과 자신의 느낌이나 생각을 표현하며 상상을 통한 극화활동 등으로 세분화하여 동작교육 내용을 제시하였다(김은심, 2015).

현재 유아동작 관련 저서들을 살펴보면 동작교육의 내용에 대해 김지혜(2015)와 송주승, 김민은(2013), 심성경, 이선경, 변길희, 김나림, 박주희(2015)는 기본동작과 표현동작, 동작감상 등으로 나누어 제시하였으며, 고영자(2015)는 동작의 기본 요소, 동작의 기본 영역, 동작의 응용 영역으로 분류하였고, 김은심(2015)은 동작의 기초 영역과 창의적 신체표현 활동으로 분류하였다. 오연주, 김혜옥, 이경실, 권명희(2015)는 동작교육의 기초 영역과 동작의 응용 영역으로 나누어 동작교육의 내용을 제시하였다. 이에 저자는 신체운동 · 건강 영역뿐만 아니라 예술경험 영역의 내용범주와 하위 내용인 감상하기 등의 내용을 포함하여 동작교육의 내용을 설명하고자 한다.

우리나라 국가수준 교육과정인 3~5세 연령별 누리과정에 포함된 동작교육과 관련된 내용은 신체운동 · 건강 영역과 예술경험 영역에서 다루고 있는데, 살펴보면 〈표

3-1〉과 같다.

표 3-1 동작교육과 관련된 3~5세 연령별 누리과정의 내용 체계

영역	내용범주	내용
신체운동 · 건강 영역	신체 인식하기	감각능력 기르고 활용하기
		신체를 인식하고 움직이기
	신체 조절과 기본 운동하기	신체 조절하기
		기본 운동하기
	신체활동에 참여하기	자발적으로 신체활동에 참여하기
		바깥에서 신체활동하기
		기구를 이용하여 신체활동하기
	건강하게 생활하기	몸과 주변을 깨끗이 하기
		바른 식생활하기
		건강한 일상 생활하기
		질병 예방하기
	안전하게 생활하기	안전하게 놀이하기
		교통안전 규칙 지키기
		비상시 적절히 대처하기
예술경험 영역	아름다움 찾아보기	음악적 요소 탐색하기
		움직임과 춤 요소 탐색하기
		미술적 요소 탐색하기
	예술적 표현하기	음악으로 표현하기
		움직임과 춤으로 표현하기
		미술활동으로 표현하기
		극놀이로 표현하기
		통합적으로 표현하기
	예술 감상하기	다양한 예술 감상하기
		전통예술 감상하기

3~5세 연령별 누리과정 중 예술경험 영역의 내용범주에서는 아름다움 찾아보기, 예술적 표현하기, 예술 감상하기로 분류하여 다루었으며, 하위 내용으로는 음악적 요소 탐색하기, 움직임과 춤 요소 탐색하기, 음악으로 표현하기, 움직임과 춤으로 표현

하기, 다양한 예술 감상하기, 전통예술 감상하기 등이 있다. 누리과정에서는 이를 탐색하고 창의적으로 표현하는 것과 감상을 위한 영역이라고 제시하고 있다. 이에 이 장에서는 실제 교육현장에서 활용하고 있는 동작 감상하기의 내용도 포함하여 동작교육의 내용을 설명하고자 한다.

따라서 앞서 언급한 여러 학자의 내용 분류에 기초하여 다음 [그림 3-1]과 같이 동작교육의 내용을 기초 영역과 응용 영역으로 나누었으며, 동작 감상하기도 더불어 살펴볼 것이다. 정리하면, 먼저 기초 영역에서는 동작의 기본 요소와 기본 동작으로 나누어 살펴보고, 그다음 응용 영역에서는 리듬 동작, 창의적 동작으로 나누어 살펴보며, 마지막으로 동작 감상하기 순으로 살펴보고자 한다.

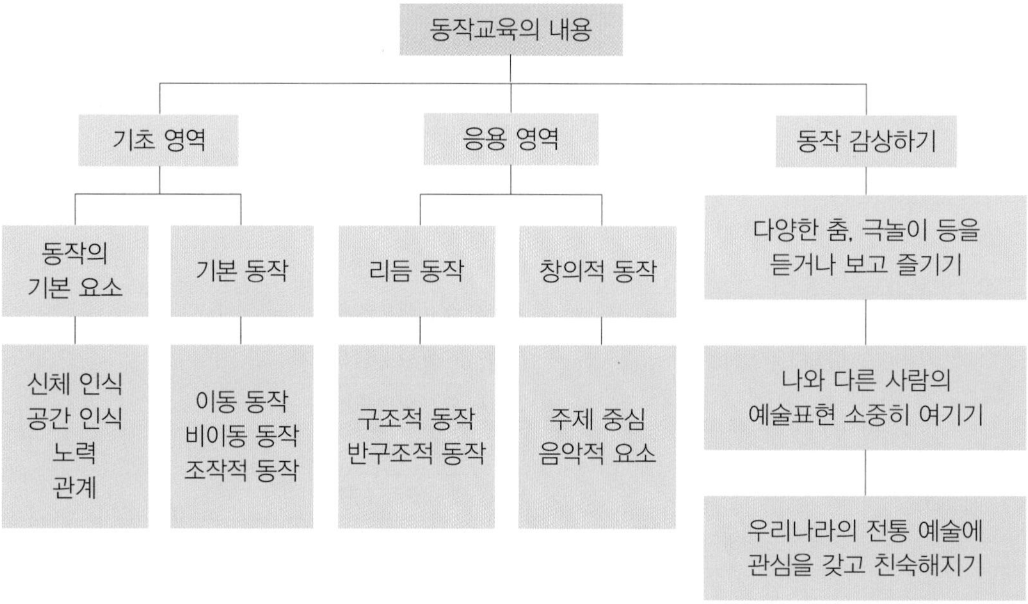

[그림 3-1] 동작교육의 내용

1. 동작교육의 기초 영역

1) 동작의 기본 요소

루돌프 폰 라반(Rudolf von Laban)은 인간의 움직임을 네 가지로 구분하여 설명하였다. 라반은 무용가이며 안무가로, 현대무용과 발레협회의 감독이기도 했으며 동작의 다양한 형식을 연구하였다. 라반은 헝가리 태생의 무용가였는데 무용수라기보다도 오히려 무용 이론가였으며, 그의 이론은 그의 저서인 『무용가의 세계』와 『체조와 무용』 『안무』 등에 의해서 세계의 신무용운동에 큰 영향을 주었다(위키백과, 2015년 검색). 그는 인간이 움직이려면 반드시 '신체'가 있어야 하고, 신체를 움직이려는 '노력'과 '공간'이 있어야 하며, 신체를 움직이면서 '관계'가 형성되므로 이것을 동작의 기본 요소라 정의하였으며, 이를 정리하면 [그림 3-2]와 같다. 동작의 기본 요소는 라반의 연구 결과를 토대로 이루어진 것이며 유아동작교육에서도 그 중요성을 인정받고 있다(김은심, 2015).

인간의 동작은 동작의 기초가 되는 기본 요소들로 구성되며 동작의 기본 요소를 이해함으로써 유아는 신체의 어느 부분을 어디로, 어떻게 움직일 수 있는가를 인식하게 된다. 즉, 동작의 기본 요소가 무엇인지를 경험할수록 적절히 공간을 이용하는 법을 배우고 구조적인 동작도 발달한다.

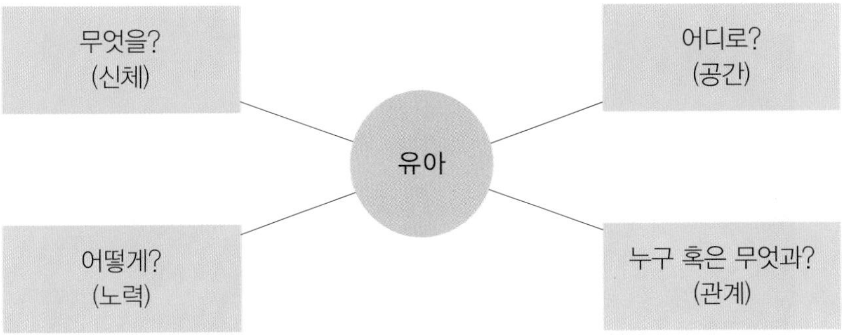

[그림 3-2] 동작의 기본 요소

신체 인식	공간 인식	노력	관계
⇩	⇩	⇩	⇩
전신의 움직임 신체 부분의 움직임 신체 모양	장소 수준 경로 방향 범위	공간 시간 힘 흐름	신체 부분 짝이나 그룹 물체(기구, 교수자료)

[그림 3-3] 동작의 기본 요소

퍼셀(Purcell, 1994)은 이러한 기본 구조를 세분화하여 [그림 3-3]과 같이 제시하였다. 동작의 기본 요소를 바탕으로 다양하게 탐색할 수 있는 기회를 제공하여야 함을 강조한 것이다. 유아는 이러한 탐색경험을 통해 적절한 공간을 이용하는 법을 배우게 되고, 보다 구조적인 동작을 발달시킨다. 구체적인 내용은 다음과 같다.

(1) 신체 인식

신체는 자기 생각의 표현과 의사소통의 도구다. 신체 인식이란 '무엇을 움직이는가?'를 의미하며, 자기 신체의 명칭과 위치를 알고 신체의 각 명칭을 이용하여 부분적으로 움직이거나 혹은 전신을 움직이는 능력이다. 따라서 자신의 생각과 느낌을 다른 사람에게 전달하거나 표현하는 목적으로 움직이는 방법을 다양하게 경험할 필요가 있다. 먼저, 신체인식 활동에서 나의 신체 중 눈, 코, 입, 머리, 귀, 목, 팔다리 등의 부

[그림 3-4] 나의 팔꿈치

분을 알아보고 이러한 부분을 어떻게 움직일 수 있는지 탐색해 볼 수 있으며, 특정한 신체 부분을 사용하여 동작하기, 대칭 · 비대칭 모양 만들기, 이동하기, 돌기, 정지하기 등 다양한 신체 움직임이 포함된다. 예를 들어, [그림 3-4]와 같이 두 손바닥을 많이 비빈 후 나의 눈, 나의 코, 나의 귀, 나의 목, 나의 머리, 나의 팔을 탐색하는 활동은 신체 인식하기 활동의 좋은 예라고 할 수 있다. 한편, 김은심(2004)은 전신의 움직임, 신체 부분의 움직임, 신체 모양을 포함하여 신체 인식을 설명하였는데, 이에 대하여 살펴보기로 한다.

① 전신의 움직임

전신의 움직임은 신체의 모든 부분이 사용되는 것이며, 경우에 따라 어떤 부분이 많이 강조될 수도 있다. 전신의 동작은 이동 동작과 비이동 동작으로 대별할 수 있다(Purcell, 1994). 활동의 예로, [그림 3-5]와 같이 크고 풍성한 나무를 친구들과 함께 표현해 볼 때, 바람에 날아가는 나뭇잎의 모습을 표현하는 동작으로 천천히 걸으면서 팔과 다리를 이용하여 나무를 표현하고, 양팔을 흔들면서 뛰어갈 수 있다. 또한 흔들리는 나뭇잎을 표현할 때 양손을 귀 옆에 모아 무릎을 굽혀 앉았다 서기를 반복할 수도 있다. 스키핑 동작을 할 때 팔, 다리, 머리 등의 전신을 움직이게 된다. 이렇게 전신의 움직임을 표현하는 기회를 제공함으로써 유아들은 동작 어휘를 다양하게 경험할 수 있으며, 유아들에게 움직이는 새로운 방법을 창조하고 표현하는 즐거움의 기회를 가진다.

[그림 3-5] 크고 풍성한 나무

② 신체 부분의 움직임

신체 각 부분이 이동하거나 혹은 제자리에서 동작을 만드는 방법으로는 신체 부분을 분리하여 움직이기, 어떤 한 부분을 이끌면서 움직이기, 몸무게를 지탱하면서 움직이기의 세 가지 유형이 있다(김은심, 2015). 활동의 예로, [그림 3-6]과 같이 친구와 마주보고 제자리에 서서 우리의 신체 중 손만 움직이는 거울놀이 활동, 그리고 두 명의 유아가 풍선을 가지고 손가락이나 손바닥 또는 주먹 등을 이용하여 움직이는 활동이 있다. 또는 [그림 3-7]과 같이 친구와 손을 잡고 밀고 당기면서 어떻게 이끌리는지 살펴보는 활동 등으로 신체 부분을 이용한 움직임을 경험할 수 있다.

[그림 3-6] 거울놀이

[그림 3-7] 밀고 당기는 활동

③ 신체 모양

신체는 무한한 모양을 만들 수 있다. 움직이거나 혹은 앉거나, 서거나 눕거나, 가만히 있을 때조차도 어떠한 형상을 만들어 낸다. 신체 모양은 직선 모양, 곡선 모양, 꼬인 모양, 대칭 · 비대칭 모양으로 분류된다. 활동의 예로, [그림 3-8]과 같이 신체를 이용하여 형태(세모, 네모, 동그라미)를 만드는 활동, 친구와 함께 몸으로 숫자나 글자 모양을 만드는 활동, 세탁물이 되어 보는 활동이 있으며, 이를 통해 신체 모양을 만드는 경험을 할 수 있다.

[그림 3-8] 세모 모양 만드는 유아

(2) 공간 인식

공간이란 '어디로 움직일 수 있는가?'를 뜻한다. 공간 인식이 발달한 유아는 다른 사람과 충돌하지 않게 움직일 수 있고, 높이도 신속하게 변화시킬 수 있으며, 복잡한 공간에서도 잘 움직일 수 있을 뿐 아니라, 신체 부분의 공간관계를 섬세하게 변화시킬 수 있다(김은심, 2009).

동작은 공간에서 이루어지는 신체 표현으로, 공간은 상하, 전후, 좌우로 무한하게 펼쳐져 있다. 따라서 동작의 크기에 따라 달라지는 공간의 넓이, 동작이 이동할 때 생기는 높낮이, 움직이는 방향 등에 의해 다양한 동작이 생기게 된다(원용신, 윤용진, 1998). 이와 같이 공간 인식은 다양한 것을 포함하고 있으며, 공간 인식의 하위 내용으로 장소, 수준, 경로, 방향, 범위에 대하여 살펴보면 다음과 같다.

① 장소

공간이란 요소는 개인 공간과 일반 공간 두 개의 영역으로 구성된다. 개인 공간은 유아의 신체와 아주 가까이 있는 앞, 뒤, 옆, 위, 아래의 공간으로 자신만의 공간을 뜻한다. 일반 공간이란 주변 영역을 뜻하며, 이동하면서 집단이 함께 사용하는 공간을 말한다. 예를 들어, 바닥에 엎드려 주위를 한 바퀴 돌아보는 활동, [그림 3-9]와 같이 훌라후프를 허리 주변에서 잡고 여러 방향으로 움직여 보는 활동, [그림 3-10]과 같이 음악 소리에 맞추어 부딪히지 않고 걸어 보는 활동 등을 할 수 있다.

[그림 3-9] 개인 공간

[그림 3-10] 일반 공간

② 수준

수준이란 움직임이 행해졌을 때 나타나는 높낮이를 뜻하며 '높게' '중간' '낮게'로 나눌 수 있다. 예를 들어, 높은 수준은 [그림 3-11]의 (A)와 같이 팔을 위로 높게 쭉 뻗는

(A) 높게

(B) 중간

(C) 낮게

[그림 3-11] 움직임의 높낮이

활동을 할 수 있으며, 중간 수준은 (B)와 같이 반 무릎 앉은 상태의 높이로 활동을 할 수 있고, 낮은 수준은 (C)와 같이 생쥐처럼 또는 개구리처럼 신체를 작고 낮게 낮추어 활동을 할 수 있다.

③ 경로

경로란 공간에서 신체가 이동하는 장소를 의미하며, 모든 경로는 직선, 곡선, 직선과 곡선의 조합으로 이루어진다. 바닥 경로와 공중 경로를 이용해 다양한 움직임이 만들어지며, 경로의 예는 [그림 3-12]와 같다. 경로를 따라 움직이는 활동, 소도구를 이용하여 움직이는 활동 시 다양한 경로를 만들 수 있다.

[그림 3-12] 이동 경로

④ 방향

어느 쪽으로 이동하는가를 나타내는 것에는 앞으로, 뒤로, 옆으로(오른쪽, 왼쪽), 위로, 아래로와 같이 여섯 개의 방향이 있다. 유아는 다양한 방향을 탐색하며 공간관계의 사용을 즐긴다. 활동의 예로, [그림 3-13]과 같이 게처럼 옆으로 걸어 보는 활동, 신호에 맞추어 방향을 바꾸어 걷는 활동 등이 있다.

[그림 3-13] **옆으로 걷는 유아**

⑤ 범위

범위는 하나의 동작이 얼마나 큰지 혹은 작은지, 긴지 혹은 짧은지, 넓은지 혹은 좁은지를 나타내는 것이다. 활동의 예로, [그림 3-14]의 (A)와 같이 파라슈트 안에 내 몸을 작게 숨겨 보는 활동, (B)와 같이 넓게 누워 큰 범위를 나타내는 활동 등이 있다.

(A) 작은 범위

(B) 넓은 범위

[그림 3-14] **동작의 크기**

(3) 노력

노력은 공간, 시간, 힘, 흐름을 통해 동작의 힘이 어떻게 확장되는지를 설명하는 네 개의 요소로 구성된다. 노력의 4요소는 모든 동작에 존재하며 직접적인 공간과 간접적인 공간, 빠르고 느린 것, 강하고 약한 것, 탄력 있는 동작과 유연한 동작으로 세분화할 수 있다. 교사의 의도에 따라 동작을 [그림 3-15] (A)의 빠르게, (B)의 느리게와 같이 유연하게 표현할 수 있다.

(A) 빠르게

(B) 느리게

[그림 3-15] 동작의 힘

① 공간

신체나 신체 부분이 앞, 옆, 뒤, 똑바로, 돌아서의 움직임이 이루어지도록 시각적으로 마련된 장소이다.

② 시간

여러 가지 속도로 움직일 수 있으며, 빨리 혹은 천천히, 리듬에 맞추어 움직일 수 있다.

③ 힘

동작에서의 힘은 강할 수도 있고 약할 수도 있다. 강한 천둥소리를 표현하기 위해 강한 힘을 사용할 수 있으며, 나비의 움직임을 표현하기 위해 가볍게 이동할 수 있다.

④ 흐름

흐름은 유연하게 또는 탄력 있게로 사용된다.

(4) 관계

관계란 신체 어느 한 부분과 다른 부분과의 관계, 신체 어느 부분과 물체와의 관계, 사람과 사람과의 관계를 의미한다. 관계는 공간을 함께 공유할 수 있는 기회를 준다. 따라서 [그림 3-16]과 같이 (A) 혼자서, (B) 둘이서, (C) 소그룹으로 혹은 대그룹으로 움직일 수 있는 기회를 부여하는 일은 중요하다. 이러한 활동을 통해 가까이-멀리, 앞-뒤, 위-아래, 안-밖과 같은 개념도 익힐 수 있다.

(A) 혼자서

(B) 둘이서

(C) 소그룹으로

[그림 3-16] **관계**

① 신체 부분과의 관계

신체 부분은 공간과 다른 신체 부분을 결합하여 다양한 동작을 만들 수 있다. 예를 들면, [그림 3-17]과 같이 리듬막대와 신체 부분 중 손이 만나 도깨비가 되는 동작을 할 수 있고, 피노키오가 되는 동작을 할 수 있다. 이외에 서로 만나고-헤어지고, 위쪽-아래쪽, 앞-뒤, 멀리-가까이의 관계를 형성하면서 다양한 움직임을 만들어 낼 수 있다.

[그림 3-17] 신체 부분과의 관계

② 짝과 그룹과의 관계

유아는 다른 유아와 짝이 되어 움직일 때 세 가지 방법으로 관계하게 된다. 첫째, (A)와 같이 두 명이 짝이 되어 짝과 마주 보거나, (B)와 같이 등을 마주 대거나, (C)와 같이 한 사람 뒤에 서거나 하는 관계가 있고, 둘째, (D)와 같이 서로 비슷한 동작 혹은 다른 동작과의 관계가 있으며, 셋째, (E)와 같이 동작이 일어나는 시기에 대한 관계로 리드하는 사람을 뒤에서 동시에 따라 하는 방법이 있다.

(A) 짝과 마주 보기

(B) 등 마주 대기

(C) 한 사람 뒤에 서기

(D) 서로 비슷한 동작하기

(E) 동시에 따라 하기

[그림 3-18] **짝과 그룹과의 관계**

③ 물체와의 관계

유아교육기관에서 사용할 수 있는 소도구는 스카프, 리듬막대, 캐스터네츠, 리본테이프, 후프, 풍선, 공, 줄넘기, 한삼([그림 3-19] (A) 참조), 파라슈트([그림 3-19] (B) 참조) 등 다양하다. 큰 도구는 짐볼, 티볼, 줄사다리, 유니바, 허들콘, 박스 등이 있다. 공간과의 관계에 대한 인식을 탐색하기 위한 단어들은 근처에, 가까이, 멀리, 떨어져서, 위로, 아래로, 통과하여, 앞에, 뒤에, 옆에, 주위에, 사이에, 안에, 밖에 등이다.

(A) 한삼 끼고 탈춤 추기

(B) 파라슈트 활동

[그림 3-19] 물체와의 관계

이상과 같이 동작의 기본 요소를 정리해 보면 〈표 3-2〉와 같다.

표 3-2 동작의 기본 요소

동작의 기본 요소	신체 인식	몸 전체의 행위	• 몸 전체에 의해 표현되는 움직임 - 거울을 보고 움직이면서 신체의 움직임 관찰하기 - 한 팔을 흔들다가 신호가 울리면 온몸을 흔들기
		신체 부분의 행위	• 신체의 부분을 움직이는 것 - 노래 부르지 않고 손유희를 하면서 손이나 팔의 움직임 살펴보기 - 파트너와 두 손을 잡은 다음 밀고 당기면서 신체의 이끌림 살펴보기 - 악기의 소리에 맞추어 움직이다가 멈추어 신체 부분을 살펴보기
		신체 모양	• 몸으로 다양한 모양을 만들어 보는 것 - 마음대로 움직이다가 신호가 울리면 멈추어 신체 모양을 살펴보기 - 제자리에서 움직이다가 신호가 울리면 멈추고 신체 모양을 살펴보기

	공간 인식	개인 공간	• 자기 몸을 감싸고 있는 모든 공간 – 신호가 울리면 머리, 배, 허리, 엉덩이 등을 마음대로 움직이기
		일반 공간	• 사람이 움직일 수 있는 모든 공간 – 옆 사람과 부딪치지 않도록 교실 안을 걷기
		수준	• 몸이 수직으로 어느 정도의 거리에 떨어져 있는가 – 걷다가 신호가 울리면 몸을 가능한 한 높은 또는 낮은 위치로 움직이기
		방향	• 방향, 즉 위/아래, 왼쪽/오른쪽, 앞/뒤로 움직이기 – 게걸음으로 걸어 보기 – 파트너와 같은 방향 또는 반대 방향으로 머리, 팔, 다리 움직이기
		경로	• 몸이 공간에서 움직이는 동안 거쳐 가는 자리 – 공중에 손가락, 팔, 팔꿈치, 다리로 원, 직선, 지그재그 모양 그려 보기
		범위	• 동작의 크기(큰가/작은가, 넓은가/좁은가) – 큰 동작으로 걷다가 신호가 울리면 작은 동작으로 걷기
	노력	시간	• 움직임의 간격과 속도에 변화를 주는 것 – 빠르게, 보통, 느리게 치는 타악기 소리의 속도를 구별하기 – 느리게 움직이는 동물들의 움직임을 관찰하고 따라해 보기
		힘	• 어떤 움직임에 담긴 메시지를 효과적으로 전달하기 위한 것 – 소나기와 보슬비가 내리는 모습 관찰하기 및 몸으로 표현하기
		흐름	• 움직임의 힘을 조절하는 것(제한된 흐름, 자유로운 흐름) – 리본을 잡고 자유롭게 흔들어 보기 – 신호에 맞춰 손뼉 치기, 무릎 치기, 일어나기, 앉기
	관계	신체 부분	• 신체 부분 서로 간에 연합하여 다양한 움직임을 나타내는 것 – 두 팔을 머리 위에 올리기 – 등을 바닥에 맞대기
		파트너와 집단	• 파트너와 함께 연합하여 움직임을 나타내는 것 – 모방, 거울, 메아리, 통일, 그림자, 대조, 만남
		환경에 있는 사물들	• 소품이나 도구와 관련하여 움직임을 나타내는 것 – 스카프, 지팡이, 모자, 공, 후프, 풍선, 의자, 타이어, 매트, 상자 곽

2) 기본 동작

기본 동작이란 움직임의 기본으로 할 수 있는 동작을 말한다. 기본 동작은 이동 동작, 비이동 동작, 조작적 동작의 세 가지 범주로 나뉜다.

유아가 긍정적인 신체 인식능력을 형성하기 위해서는 발달 수준이나 흥미에 적절한 신체운동 활동을 제공해 주는 것이 중요하다. 유아기 기초체력은 신체 조절능력과 이동 운동, 비이동 운동을 통해 형성하는 근력, 근지구력, 민첩성, 유연성, 협응성 등을 포함하는 개념으로, 이후 아동기나 청소년기 체력과 운동능력에 영향을 미친다(교육과학기술부, 보건복지부, 2013b). 유아가 신체 운동능력을 가지고 건강한 신체 및 정신을 유지하는 것은 자신에 대한 긍정적인 인식을 형성하는 것은 물론, 대인관계에서도 자신감을 가질 수 있게 한다. 최근, 생활 형태의 변화로 유아의 신체운동 기회가 점차 줄어들어 기초체력이 저하되고 있으며, 생활 속에서 자연재해나 안전재해나 안전사고의 발생 위험 또한 증가하고 있다. 따라서 유아가 다양한 신체운동 활동에 적극적이고 지속적으로 참여하게 함으로써 기본 운동능력을 형성하게 하는 것이 중요하다(유아정책연구소, 2012).

이에 6차 교육과정에서는 기본 운동능력을 이동 운동, 비이동 운동, 조작적 운동 등의 학문적 전문용어로 사용했으며, 2007년 개정 유치원 교육과정에서는 생활 용어로 바꾸어 사용하였다. 이에 따라 건강생활 영역에서는 '나의 몸 움직이기'의 하위 내용을 '이동하며 움직이기' '제자리에서 움직이기' '도구 및 놀이시설 활용하기' '바깥에서 신체 활동하기'로 함으로써 유아의 기본 운동능력을 기를 수 있도록 강조하였다.

2013년부터는 유아교육·보육과정을 통합하여 3~5세 연령별 누리과정의 다섯 개 영역 중 신체운동·건강 영역을 다섯 가지 내용범주로 구성하였다. '신체 인식하기' '신체조절과 기본운동하기' '신체활동에 참여하기'는 주로 기본 운동능력과 신체활동에 관한 내용이며, '건강하게 생활하기' '안전하게 생활하기'는 건강하고 안전한 일상생활을 위한 기본 생활습관의 내용을 포함한 것이다. 기본 동작교육의 내용은 〈표 3-3〉과 같다.

표 3-3 기본 동작교육의 내용

이동 동작	비이동 동작	조작적 동작
걷기	균형 잡기	잡기
달리기	구부리기	치기
두 발 모아 뛰기	뻗기	던지기
말 뛰기	흔들기	건너가기
앙감질	꼬기	굴리기
두 발 번갈아 뛰기	회전하기	들어 올리기
기어가기	피하기	차기

(1) 이동 동작(이동하며 움직이기)

몸을 한 곳에서 다른 곳으로 이동시키는 운동 기능으로, 걷기, 달리기, 두 발 모아 뛰기, 말 뛰기, 앙감질, 두발 번갈아 뛰기, 기어가기와 같은 활동이다. 유아의 대·소근육 운동능력의 기초가 되며 유아기에 필요한 기초 체력을 기르는 데 가장 중요한 작용을 할 뿐 아니라, 자신감과 긍정적 자아개념의 발달도 자극한다. 유아는 이러한 이동 동작을 통해 운동능력과 표현능력을 발달시키며 더욱 창의적인 신체표현 동작을 할 준비를 한다.

① 걷기

걷기(walking) 동작은 상체를 똑바로 펴고 바른 자세로 실시하는 것이 좋다. 시선은 바닥을 보지 말고 정면을 보면서 걷고, 팔은 90도 정도 구부리며 팔 동작과 다리 동작이 반대가 되는 바른 걸음으로 걷도록 한다. 팔의 움직임을 크게 하고 발뒤꿈치부터 땅에 닿게 하여 내딛는 동작을 반복할 수 있도록 지도해야 한다. [그림 3-20]과 같이 줄사다리 걷기, 공간 이동하며 걷기 등을 할 수 있다.

지도하기에 앞서 예비동작인 '걷자, 걷자……, 걷자, 그만'을 미리 실시한 후 이동 동작을 경험해 보게 하는 것이 좋다.

걷기 활동의 예

- 직선, 곡선, 원, 지그재그선을 따라 걷는다.
- 줄사다리를 걷는다.
- 빠르게 혹은 느리게 걷는다.
- 공간을 이동하며 친구와 부딪히지 않고 눈을 마주치며 걷는다.
- 공간을 이동하며 친구와 오른손을 부딪치면서 걷는다.
- 공간을 이동하며 친구와 어깨를 틀면서 걷는다.
- 걷다가 신호가 들리면 멈춘다.
- 거인처럼 크고 높게 걷는다.
- 생쥐처럼 작고 낮게 걷는다.

(A) 줄사다리 걷기

(B) 공간 이동하며 걷기

[그림 3-20] 걷기

② 달리기

달리기(running)는 [그림 3-21]과 같이 등과 어깨를 바로 세우고, 두 팔은 L자 형태로 허리 높이를 유지하고 손은 가볍게 말아 쥔다.

달리기 활동의 예

- 직선, 곡선, 원, 지그재그선을 따라 달린다.
- 줄사다리를 한 칸씩, 두 칸씩 달린다.
- 빠르게 혹은 느리게 달려 본다.
- 육상 경기하듯 달려 본다.
- 팀을 나누어 경쟁심을 유발시켜 달려 본다.

[그림 3-21] 달리기

③ 두 발 모아 뛰기

두 발 모아 뛰기(jumping)는 [그림 3-22]와 같이 무릎을 살짝 굽혀 몸이 날아오르듯 위로 뛰는 동작으로, 바닥에 닿을 때 충격을 흡수하기 위해서는 무릎을 굽혀야 한다. 높이뛰기, 멀리뛰기, 높은 곳에서 뛰어내리기 등이 포함된다.

두 발 모아 뛰기 활동의 예

- 두 발을 모아 점프하면서 앞으로 뛴다.
- 줄사다리 위로 한 칸씩, 두 칸씩 두 발 모아 뛴다.
- 토끼, 개구리, 캥거루처럼 뛰어 본다.
- 장애물 위로 뛰어넘는다.
- 후프를 바닥에 놓고 뛰어넘는다.
- 바닥에 줄을 놓고 뛰어넘는다.

[그림 3-22] 두 발 모아 뛰기

④ 말 뛰기

말 뛰기(galloping)는 [그림 3-23]과 같이 한쪽 발을 미끄러지듯이 내밀고 다른 쪽 발을 내민 발에 끌어다 붙이면서 뛰는 동작이다. 말이 뛰는 모습으로 움직이게 하며, 손에 줄을 들고서 입으로 '다그닥, 다그닥, 다그닥' 박자를 들려주면 쉽게 할 수 있다.

말 뛰기 활동의 예

- 손에 말고삐를 잡고 말을 탄 것처럼 뛰어 본다.
- 손으로 줄을 잡고 뛰어 본다.
- 친구 어깨를 잡고 말 뛰기를 해 본다.
- 앞발은 여우, 뒷발은 사냥개라 상상하며 뛰어 본다.

[그림 3-23] 말 뛰기

⑤ 앙감질

앙감질(hopping)은 [그림 3-24]와 같이 한쪽 다리를 들어 올린 채 균형을 유지하면서 위로 깡충 뛰는 동작이다.

앙감질 활동의 예

- 4박자에 맞추어 앙감질을 한 후 발을 바꾸어 앙감질한다.
- 2박자에 맞추어 앙감질을 한 후 발을 바꾸어 앙감질한다.
- 줄사다리 위로 한 칸씩 앙감질한다.
- 바닥에 후프를 놓고 안과 밖으로 앙감질한다.
- '열 꼬마 인디언' 노래에 맞추어 앙감질한다.

[그림 3-24] 앙감질

⑥ 두 발 번갈아 뛰기

두 발 번갈아 뛰기(skipping)는 [그림 3-25]와 같이 한 발을 옆으로 내밀면 다른 발이 따라가는 동작이다. 즉, 발을 번갈아 가며 스텝-홉을 연속적으로 하는 동작을 말한다. 이 동작은 옆으로 가는 말 뛰기와 비슷하다. 유아들이 한 방향으로만 하는 것은 정상적인 발달단계로 보아야 하며, 교사의 시범을 통해 반대 방향으로 할 수 있는 기회를 충분히 제공해 주는 것이 좋다.

두 발 번갈아 뛰기 활동의 예

- 오른쪽으로 빠르게 두 발 번갈아 뛰어 본다.
- 왼쪽으로 빠르게 두 발 번갈아 뛰어 본다.
- 친구와 함께 손을 잡고 두 발 번갈아 뛰어 본다.
- 양손을 앞뒤로 흔들면서 두 발 번갈아 뛰어 본다.

[그림 3-25] 두 발 번갈아 뛰기

⑦ 기어가기

기어가기(creeping)는 [그림 3-26]과 같이 작은 공간을 통과하기 위해 무릎을 굽히고 엎드려 손바닥과 무릎으로 이동하는 동작이다. 또한 바닥에 배를 대고 엎드려 팔과 다리로 바닥을 밀어내며 기어갈 수도 있다. 기기 동작은 척추를 바르게 하며 허리 운동에 아주 좋은 활동이다.

기어가기 활동의 예

- 파라슈트 밑으로 기어 본다.
- 뱀이 되어 기어 본다.
- 불이 났을 때의 상황을 상상하며 기어 본다.
- 후프를 통과하면서 기어 본다.
- 게임활동으로 기어가기를 해 본다.

[그림 3-26] 기어가기 활동

(2) 비이동 동작(제자리에서 움직이기)

제자리에서 움직이기는 제자리에 서 있거나 앉아 있거나 누워 있는 상황 등 한 곳에서 다양하게 움직여 보는 활동이다. 특히 제자리에서 하는 스트레칭 활동이나 체조는 몸의 올바른 자세를 형성시켜 주며, 근육의 발달에 도움을 주고, 제자리에서 하는 활동이기 때문에 교사의 설명이나 지시를 통해 특정 동작을 따라하거나 모방하면서 지각-운동능력을 기르는 데 유익하다. 또한 창의적 표현을 위한 탐색과정도 제자리에서 움직이기를 통해 이루어질 수 있다. 이와 같이 비이동 동작에서는 균형 잡기, 구부리기, 뻗기, 흔들기, 꼬기, 회전하기, 피하기 등의 동작이 있다.

① 균형 잡기

균형 잡기(balancing)는 [그림 3-27]과 같이 한 발로 서서 양팔을 나란히 하고 몸을 잘 지지하여 균형을 유지하는 동작이다. 한 발로 서서 정지된 상태에서 균형을 잡을 수 있으며, 평균대 위를 이동하여 걸어가면서 할 수도 있다. 평균대 위에서 균형을 잡는 동작은 발달상 개인차가 크다.

균형 잡기 활동의 예

- 한 발로 바닥에 서서 열을 셀 동안 한쪽 발로 균형 잡기를 한다.
- 한 발로 바닥에 서서 오래 버티기를 해 본다.
- 균형을 잡기 위한 기초활동으로 마스킹테이프 원 안에서 균형 잡게 한다.
- 높이가 낮은 평균대 위에서 균형을 잡아 본다.
- 높이가 높은 평균대 위에서 균형을 잡아 본다.

[그림 3-27] **균형 잡기**

② 구부리기

구부리기(bending)는 [그림 3-28]과 같이 신체의 일부를 접는 동작을 말하며, 이완과 수축이 동시에 이루어지고 유연성을 키우는 데 도움이 된다. 목, 허리, 무릎, 손목, 발목 등을 구부릴 수 있다.

구부리기 활동의 예

- 최대한 몸을 작게 구부려 본다.
- 다리를 앞으로 쭉 뻗어 바닥에 앉아 상체를 구부려 발목을 잡아 본다.
- 다리를 옆으로 벌리고 앉아 양팔을 나란히 해서 한쪽 방향으로 구부려 본다.
- 발을 벌리고 서서 손을 앞으로 쭉 뻗어 구부리면서 바닥에 닿게 한다.
- 손을 앞으로 쭉 뻗어 구부린 후 발목을 잡고 10초간 버틴다.
- 무릎으로 앉은 상태에서 허리를 잡고 뒤로 구부린다.
- 배를 바닥에 대고 양손으로 양 발목을 잡고 활 동작을 한다.

[그림 3-28] 구부리기

③ 뻗기

뻗기(stretching)는 [그림 3-29]와 같이 신체의 여러 부위를 수직이나 수평으로 뻗어 늘리는 동작이다. 굽히는 동작과 펴는 동작으로 함께 움직일 수 있다. 뻗기의 가능 범위는 유아의 유연성과 신체발달에 따라 달라진다.

뻗기 활동의 예

- 양손을 위로 쭉 뻗어 풍선을 튕겨 본다.
- 양손을 깍지 끼고 옆으로 쭉 뻗어 본다.
- 고양이 포즈로 하여 두 팔을 쭉 뻗어 본다.
- 배를 바닥에 대고 양팔과 양발을 위로 쭉 뻗어 본다.

[그림 3-29] 뻗기

④ 흔들기

흔들기(swing)는 팔 또는 다리를 흔드는 동작이며, [그림 3-30]과 같이 리본막대를 흔들어 본다. 세게 흔드는 동작과 유연하고 가볍게 흔드는 동작이 있다.

흔들기 활동의 예

- 양손을 가슴 앞에서 흔든다.
- 머리를 흔든다.
- 다리를 흔든다.
- 상체를 흔든다.
- 앉은 자세에서 발을 옆으로 흔든다.
- 머리에서 발끝까지 흔든다.

[그림 3-30] 흔들기

⑤ 꼬기

꼬기(twisting)는 [그림 3-31]과 같이 몸의 부분을 돌리거나 줄을 이용하여 몸통을 꼬는 동작이다. 신체 중 목, 몸통, 팔 다리를 꼴 수 있다.

꼬기 활동의 예

- 팔을 꼬아 코끼리 코를 만들어 본다.
- 양손을 꼬아서 잡아 본다.
- 양손을 꼬아서 잡아 본 후 팔을 꼬아 본다.

[그림 3-31] 꼬기

⑥ 회전하기

회전하기(turning)는 [그림 3-32]와 같이 탈춤을 추면서 신체의 부분 또는 몸 전체를 돌려 보는 동작이다.

회전하기 활동의 예

- 몸에서 돌릴 수 있는 부분을 돌려 본다.
- 양손을 어깨에 올려 어깨를 돌려 본다.
- 두 손을 무릎에 올려 무릎을 돌려 본다.
- 양손을 뱅글뱅글 돌려 본다.
- 신체 중 목 운동, 손목 운동, 발목 운동을 할 수 있다.
- 제자리에서 팽이처럼 돌아 본다.

[그림 3-32] 회전하기

⑦ 피하기

피하기(dodging)는 [그림 3-33]과 같이 공이나 사람을 피하기 위해 몸을 재빨리 움직이는 동작을 말하며, 제자리에서도 이루어질 수 있는 동작이다. 몸을 살짝 움직여 피할 수 있으며, 무릎의 유연성을 이용하여 피할 수도 있다.

피하기 활동의 예

- 날아오는 풍선을 피한다.
- 머리 위에 장애물이 지나갈 때 피한다.
- 림보게임을 하면서 피한다.

[그림 3-33] 피하기

(3) 조작적 동작

도구 및 놀이시설을 활용함으로써 대근육 운동능력을 기르고 도구와 놀이시설을 이용하는 방법을 습득하게 할 수 있다. 작은 공, 풍선, 후프, 리본, 스카프, 줄, 고무줄, 그림카드, 형태카드 등을 이용하여 다양한 활동을 전개할 수 있으며, 그밖에도 평균대, 뜀틀, 각종 매트 등의 운동기구를 이용하여 건너가고 구멍을 통과하고 뛰어내리는 등 유아들이 선호하는 활동을 제공해 줄 수 있다.

① 잡기

잡기(catching)는 [그림 3-34]와 같이 파라슈트를 잡고 옆으로 흔들거나 위아래로 움직이는 것을 말한다. 즉, 손을 이용하여 움직이는 도구를 조절하는 능력을 말하며, 스카프나 낙하산, 공 등을 잡기 위해 손을 이용하는 것이다.

잡기 활동의 예

- 낙하산을 잡고 위아래로 움직여 본다.
- 낙하산을 잡고 오른쪽, 왼쪽으로 움직여 본다.
- 줄을 양손으로 잡아서 돌려 본다.
- 풍선을 날려서 잡아 본다.

[그림 3-34] 잡기

② 치기

치기(striking)는 [그림 3-35]와 같이 야구방망이나 긴 막대 또는 채를 이용하여 사물에 힘을 가하는 동작으로, 눈과 손을 협응시켜 멀리 던지는 기술을 발달시킨다. 적절한 도구를 바꾸어 가며 경험해 보도록 한다. 사용되는 도구의 길이에 따라 어려움이 따르기도 한다. 따라서 초기의 치기 활동은 정지된 상태에서 치는 활동이 적절하다.

치기 활동의 예

- 도구를 이용하여 바닥에 굴러오는 스펀지 공을 쳐 본다.
- 리듬막대를 이용하여 박자 맞추어 쳐 본다.
- 날아오는 공을 쳐 본다.
- 옷걸이 채를 이용하여 풍선을 위로 쳐 본다.
- 두 명이 풍선을 이용하여 쳐서 상대편으로 보낸다.

[그림 3-35] 치기

③ 던지기

던지기(throwing)는 [그림 3-36]과 같이 손을 이용하여 도구를 공중으로 멀리 날려 보내는 동작이다. 운동 경기나 게임에서는 한 손을 사용하여 어깨 너머로 던지는 동작을 말한다. 던지기의 발달을 구체적으로 살펴보면 2~3세에 목표 방향으로 서서 두 발을 그대로 두고 팔만 움직여 던질 수 있게 되며, 4~5세에 몸통을 돌리며 한 발을 앞으로 내딛으며 던질 수 있게 되고, 6세가 되면 팔과 반대쪽 다리를 앞으로 내밀고 허리와 어깨까지 사용하여 정석에 가까운 동작으로 던질 수 있게 된다(박대근, 2005).

던지기 활동의 예

- 공을 이용하여 던져 본다.
- 스카프를 이용하여 위로 던져 본다.
- 큰 공을 큰 상자에 던져 본다.
- 작은 공을 작은 상자에 던져 본다.
- 친구와 함께 마주 보고 공을 던져 본다.
- 투호놀이를 던져 본다.
- 다트놀이를 하면서 공을 던져 본다.

[그림 3-36] 던지기

④ 건너가기

건너가기(get across)는 [그림 3-37]과 같이 놀이기구를 활용하는 활동이며, 평형감과 균형감을 경험하는 동작이다. 유니바, 블록, 평균대 등을 건너갈 수 있으며 적절한 공간을 배치하여 한 발로 건너가기, 모듬발 건너가기, 아래로 통과하기 등 다양하게 활용할 수 있다.

건너가기 활동의 예

- 블록을 나열해 놓고 한 발로 건너가기를 한다.
- 유니바를 적절히 배치하여 모둠발 건너가기를 한다.
- 평균대에서 중심 잡으며 건너가기를 한다.
- 평균대 아래로 통과하여 건너가기를 한다.
- 줄사다리를 이용하여 건너가기를 한다.

[그림 3-37] 건너가기

⑤ 굴리기

굴리기(rolling)는 [그림 3-38]과 같이 팔과 손을 사용하여 물체를 이동시키는 동작이며 훌라후프나 리본막대 등을 바닥으로 멀리 보내는 움직임이다.

굴리기 활동의 예

- 다양한 크기의 공을 굴려 본다.
- 리듬막대를 이용하여 공을 굴려 본다.
- 경사진 면을 이용하여 공 굴리기를 해 본다.
- 친구와 마주 앉아 공 굴리기를 해 본다.

[그림 3-38] 굴리기

⑥ 들어 올리기

들어 올리기(pick up)는 [그림 3-39]와 같이 도구를 다른 곳으로 운반하는 경우에 하는 동작이며, 낮은 곳에서 높게 들어 올리는 기술이 활용된다. 앉았다 서는 동작이 뒤따르고 팔을 높게 들어 올리면서도 할 수 있다.

들어 올리기 활동의 예

- 네 명의 유아가 한 손으로 스카프를 마주 잡고 올린다.
- 낙하산을 이용하여 두 손으로 들어 올린다.
- 후프를 이용하여 점점 위로 들어 올린다.
- 두 명의 유아가 줄을 마주 잡고 옆으로 흔들면서 들어 올린다.
- 공을 보자기에 넣어 들어 올려서 이동한다.

[그림 3-39] 들어 올리기

⑦ 차기

차기(kicking)는 [그림 3-40]과 같이 물체에 힘을 가하여 발을 사용하는 것이다. 눈과 발의 협응, 신체조절, 방향의 정확성을 요구한다.

차기 활동의 예

- 정지되어 있는 공을 찬다.
- 골대에 공을 찬다.

[그림 3-40] 차기

이상과 같이 기본 동작을 정리하면 다음 〈표 3-4〉와 같다.

표 3-4 기본 동작

기본 동작	이동 동작	• 한 장소에서 다른 장소로 옮겨 가는 것으로 몸을 이동하는 동작 • 걷기, 달리기, 두 발 모아 뛰기, 말 뛰기, 앙감질, 두 발 번갈아 뛰기, 기어가기(기기) 등
	비이동 동작	• 몸을 한 장소에 고정시킨 상태에서 만들어 내는 동작 • 균형 잡기, 구부리기, 뻗기, 흔들기, 꼬기, 회전하기, 피하기 등
	조작적 동작	• 사물의 조작적 활용을 포함하는 동작. 숙련된 협응능력을 요구 • 잡기, 치기, 던지기, 건너가기, 굴리기, 들어 올리기, 차기 등

2. 동작교육의 응용 영역

앞에서 동작교육의 내용을 기초 영역과 응용 영역, 동작 감상하기로 나누어 설명한다고 하였다. 기초 영역은 동작의 기본 요소와 기본 동작으로 나누어 살펴보았으며, 이제 동작교육의 응용 영역으로서는 리듬 동작, 창의적 동작으로 나누어 살펴보고자 한다.

3~5세 연령별 누리과정 해설서(교육과학기술부, 보건복지부, 2013c)의 각론에 따르면 영역별로 다섯 개 영역인 신체운동·건강, 의사소통, 사회관계, 예술경험, 자연탐구로 나뉜다. 동작교육과 관련된 활동은 특히 신체운동·건강 영역과 예술경험 영역에서 다루고 있다. 신체운동·건강 영역의 내용범주를 살펴보면 신체 인식하기, 신체 조절과 기본 운동하기, 신체활동에 참여하기 등을 다루는 기본 운동능력과 신체활동에 관련된 내용이며, 나머지 내용범주는 건강하고 안전한 일상생활 습관에 관한 내용으로 신체운동 및 건강이라는 차원에서 통합되는 것을 알 수 있다. 따라서 신체운동·건강 영역의 내용은 동작교육의 기초 영역에서 다룬 기본 요소와 기본 동작의 내용과 같은 맥락이라고 설명할 수 있겠다.

이어서 3~5세 연령별 누리과정 해설서의 예술경험 영역에서는 자연과 일상생활 속에서 아름다움에 관심을 갖고 예술경험을 즐기며 창의적으로 표현하고 감상하는 능동적인 태도를 가질 수 있도록 돕는 데 목표를 둔다고 하였다. 예술탐구 영역의 내용 범주를 살펴보면 아름다움 찾아보기, 예술적 표현하기, 예술 감상하기를 다루었으며, 그 하위 내용으로 음악적 요소 탐색하기, 움직임과 춤 요소 탐색하기, 음악으로 표현하기, 움직임과 춤으로 표현하기, 다양한 예술 감상하기 등을 다루어 유아가 예술을 창의적으로 표현하고 감상하도록 하였다.

따라서 이 절에서는 3~5세 연령별 누리과정 예술경험 영역의 내용과 같은 맥락으로 보고 음악으로 표현하기, 움직임과 춤으로 표현하기, 창의적으로 표현하기 등의 내용을 참고하여 다음과 같이 리듬 동작, 창의적 동작으로 나누어 살펴볼 것이다.

1) 리듬 동작

리듬 동작은 [그림 3-41]과 같이 음악적 요소와 신체표현을 결합시킨 활동이다. 리듬이라는 요소는 음악과 관련이 있으며 음악에 맞추어 동작을 해 봄으로써 새로운 동작을 창조하는 밑거름이 된다. 따라서 음악과 동작은 분리할 수 없다. 음악교육자인 오르프(Orff)는 음악과 동작 그리고 언어는 서로 관련이 있다고 보고하였으며, 달크로즈(Dalcroze)는 음악과 밀접하게 연관되어 있는 것은 리드미컬한 동작이라고 하였다. 여기에서 리듬 동작은 구조적 리듬 동작, 반구조적 리듬 동작으로 나누어 살펴보았다.

[그림 3-41] **리듬 동작**

(1) 구조적 리듬 동작

구조적 리듬 동작은 노랫말이나 노래 제목에 따라 상징적인 동작을 정해진 대로 움직이는 활동이다. 노래 가사에 맞추어 정해진 대로 움직이는 손유희는 정형적인 구조적 리듬 동작이라고 할 수 있다. 교사의 시범이나 지시에 따라 유아가 따라 하는 형태이지만 정해진 동작을 고집하여 완전한 모방이 되도록 요구해서는 안 된다.

유아는 모방하는 행동을 즐거워하는 특성을 가지고 있기 때문에 노랫말에 맞춰 정해진 율동을 하는 것도 좋은 경험이 되며, 순서를 외우기도 하면서 협동심과 소속감을 도모할 수 있다는 이점도 있다. 또한 창의적 표현을 힘들어하는 유아에게 동작 경험의 기회를 제공해 줄 수 있으며, 교사도 쉽게 활동할 수 있기 때문에 예비교사들에게는 좋은 교수법이 되기도 한다. 특히 손유희는 주의집중 및 전이활동으로 가장 많이 사용하고 있는 구조적 리듬 동작이며, 현장에서 행해지는 손유희나 재롱잔치를 위한 공연작품들이 구조적 리듬 동작이라 하겠다.

예를 들면, [그림 3-42]와 같이 '엄마별이 올라갑니다' 손유희를 다 함께하는 활동이나 '탈춤을 추어요' '둘이 살짝' '머리, 어깨, 무릎, 발' '발레' 등을 들 수 있다. 구조적 리듬동작의 장점은 유아들이 쉽게 노래 가사에 따라 동작을 경험할 수 있다는 것이며, 모방을 즐기는 유아에게는 흥미를 끌 수 있어 본 활동의 전개를 쉽게 풀어 나갈 수 있다는 것이다.

[그림 3-42] **구조적 리듬 동작**

구조적 리듬 동작 중 손유희의 효과적인 교수방법을 살펴보면 다음과 같다.

첫째, 노랫말에 따라 순서를 정확히 알아야 한다. 노랫말에 따라 순서대로 교사의 시범을 보고 따라 하기 때문에 충분한 연습이 되었을 때 실시하여야 한다.

둘째, 재미있는 예비 동작을 반복적으로 실시하여 유아의 흥미를 유발시켜야 한다. 예비 동작을 실시한 후에는 쉽게 다가갈 수 있도록 노랫말에 따라 동작을 연결하여야 한다.

셋째, 성취감을 가질 수 있는 쉬운 동작으로 전개해야 한다. 노래 가사를 모두 표현하여 유아가 수행하기 어렵지 않아야 한다.

넷째, 과정 중심으로 즐겁게 참여할 수 있도록 유도한다. 정확한 동작과 반복 연습은 시키지 않아야 하며 협동심을 키우며 적극적 참여를 할 수 있게 해야 한다.

이상과 같이 손유희는 창의적인 표현을 이끌어 낼 수는 없으나 노래를 다 함께 부르며 손유희를 접하면서 주의집중을 유도할 수 있다. '다 함께'라는 소속감과 협동심을 느끼면서 즐겁게 참여할 수 있어 좋은 교육활동이므로 유아교육 현장에서 많이 이용하고 있다.

(2) 반구조적 리듬 동작

반구조적 리듬 동작은 교사가 일정한 소절을 부분적으로 제시해 주고 다른 부분은 유아가 창의적으로 자유롭게 표현해 보는 활동이다. 유아들이 다양한 동작을 만들어 볼 수도 있고 자유롭게 움직여 볼 수도 있다. 구조적 리듬 동작의 획일적인 지도와 활동의 단점을 보안할 수 있는 활동이며, 처음부터 창의적인 것을 요구하지 않고 부분적으로 노랫말의 지시에 따라 창의적으로 할 수 있어 쉽게 전개가 가능하다. 예를 들어, '그대로 멈춰라' 활동 중 [그림 3-43]과 같이 '즐겁게 춤을 추다가' 가사에서는 자유롭게 창의적으로 표현할 수 있으나, '그대로 멈춰라' 가사가 나올 때는 반드시 지시대로 정지 동작을 해야만 한다. '남생아 놀아라' 활동에서도 지시대로 움직이다가 '촐래촐래가 잘 논다' 가사에서는 창의적으로 표현을 유도할 수 있는데, 이런 형태를 반구조적 리듬 동작이라 할 수 있다.

[그림 3-43] 반구조적 리듬 동작

2) 창의적 동작

창의적 동작은 완성해야 하거나 올바로 연습해야 하는 일정한 형식이 있는 것이 아니라, 유아가 탐색과정을 통해 나름대로 독특한 표현을 할 수 있는 활동이다(김은심, 2007). 창의적 동작은 다양한 사람, 동물, 사물 등 신체 또는 소도구를 활용하여 표현하는 동작을 말한다. 즉, '~인 체하기' '~처럼 되어 보기'와 같은 극적 접근방법을 사용하여 신체를 다양한 방법으로 움직여 보는 것이다.

창의적 동작은 사진이나 비디오 또는 시각 자료, 동화와 동시, 동극 대본과 같은 문학적 자료뿐만 아니라 다양한 악기나 주변의 소리와 같은 청각 자료 등을 활용하여(심성경 외, 2008), 주제에 알맞게 다양한 동작을 통합적으로 전개할 수 있다. 따라서 이 책에서는 주제를 중심으로 이야기를 상상하여 표현하는 창의적 동작과 음악적 요소에 맞추어 표현하는 창의적 동작으로 구분하여 살펴보겠다.

(1) 주제를 중심으로 표현하는 창의적 동작

주제를 선정할 때는 유아의 흥미, 경험, 발달 수준에 맞는 주제를 선정하는 것이 중요하다. 또한 새롭고 낯선 주제보다는 친숙한 주제를 선정하는 것이 좋다. 다양한 자료를 활용하여 유아가 충분한 탐색과정을 가질 수 있도록 하고 교사는 발산적인 질문을 하며 유아 스스로 문제를 해결할 수 있도록 표현력을 확장시켜 주어야 한다. 또한 유아의 능동적인 표현에 적극적인 격려를 해 주면서 유아 스스로 창의적인 다양한 표현을 할 수 있도록 지원해 주는 것이 중요하다. 창의적 동작을 위한 주제를 선정할 때는 새롭고 낯선 주제보다 유아의 가족, 지역사회, 문화 특성에 맞는 친숙한 주제를 선정하는 것이 바람직하다.

주제에 적합한 창의적 동작활동은 동화책이나 동시, 사진이나 시각 자료를 활용한 활동으로 제시한 자료들은 그 느낌을 창의적인 동작으로 이끌어 내기에 충분한 자료들이다. 활동방법으로는 줄거리 활용, 주인공 및 물체의 특성 활용, 상황 활용, 내용 개작 또는 창작, 분위기나 느낌을 활용하는 것이 있다(이희자 외, 2010).

이에 이 절에서 동화책을 이용한 줄거리 활용, 주인공 및 물체의 특성 활용, 상황 활용, 내용 개작 또는 창작, 분위기나 느낌을 활용한 창의적 동작을 설명해 보겠다.

[그림 3-44] 『여름 휴가』 동화

① 줄거리 활용

동화의 내용이나 줄거리를 활용하는 것으로 이야기의 상황을 그대로 실행하는 활동을 말한다. 즉, 동화를 듣고 상상하여 즉흥으로 표현하는 동작활동으로, 줄거리의 내용을 요약하여 표현해 보거나 또는 전체적인 내용을 그대로 표현할 수 있다.

예를 들어, 다음 [그림 3-44]의 『여름 휴가』라는 동화를 읽고 코끼리 가족들이 했던 행동들을 재현하는 활동이 있다. 이야기의 내용이 진행될 때 적절한 배경음악을 사용하면 더욱 흥미롭게 진행할 수 있다. 유아는 순서가 있는 동작을 하는 것을 좋아한다. '나비의 일생' '꽃이 피는 과정' '세탁이 되기까지' 등의 내용을 담은 동화를 선정하여 창의적 동작을 이끌어 낼 수 있다. 이렇게 줄거리를 이용하여 창의적으로 새롭게 움직여 보는 활동을 통해 감각 및 순발력, 융통성의 발달을 도울 수 있으며, 즉흥적인 창의적 동작의 경험도 제공할 필요가 있다.

[그림 3-45] 『그림자는 내 친구』 동화

② 주인공 및 물체의 특성 활용

동화 속의 주인공이나 물체의 특징을 활용하는 것으로, 인물과 물체의 특성만 활용한다.

예를 들어, [그림 3-45]의 『그림자는 내 친구』라는 동화를 읽고 동화에 나오는 특성을 살려 그림자놀이를 창의적으로 표현할 수 있으며, 다양한 동물 그림판을 제시하여 그림자놀이를 창의적 동작으로 유도할 수 있다.

③ 동작적 상황이나 특정 상황을 활용

동화의 장면 중 동작활동에 적합한 특정 상황을 활용한다. 동화 내용의 동작적 상황이나 사람, 동물, 자연 현상 등 특정 상황의 소재는 창의적 동작을 매우 다양하게 유도할 수 있다. 예를 들면, [그림 3-46]의 『친구야 목욕하자』라는 동화를 읽고 목욕하는 장면을 창의적으로 표현할 수 있다. 이때 다양한 동사를 이용하여 창의적 표현활동에 도움을 줄 수 있다. '뽀글뽀글 거품' '미끌미끌 비누' '뽀드득 뽀드득 때밀기' 등의 단어를 사용하여 창의적 동작을 표현하게 한다. 초기에는 단순한 행동이나 상황을 경험하게 하고, 익숙해지면 더 긴 내용의 상황을 중심으로 표현을 유도한다.

[그림 3-46] 『친구야 목욕하자』 동화

④ 내용을 개작 · 창작하여 활용

동작활동을 극대화할 수 있는 동작어, 수식어를 살려 수정 · 확장하여 창작한다. 예를 들면, [그림 3-47]의 『사탕괴물』이라는 동화를 읽고 동화의 내용을 개작하여 도깨비 동극활동을 유도할 수 있다. 내용을 개작 · 창작하여 활용하는 창의적 동작활동의 소재로는 사람, 동물, 자연현상 등 매우 다양하다.

[그림 3-47] 『사탕괴물』 동화

⑤ 분위기나 느낌을 활용

동시나 동화의 느낌을 자유롭게 표현하는 것으로, 한 곡의 음악을 들려주고 어떤 느낌이 드는지 동작으로 표현해 보도록 한다. 전반적인 분위기나 느낌을 표현할 수 있으며, 동화 내용의 분위기에 초점을 맞추어 창의적으로 표현해 볼 수 있다. 처음에는 간단한 리듬에 맞추어 자신의 느낌을 단순하게 표현할 수 있도록 하고, 차츰 긴 음악을 이용하여 다양한 상상을 하게 하여 분위기나 느낌을 창의적으로 표현하게 한다. 특별한 날이나 계절, 행복, 슬픔, 기쁨, 놀람, 홍겨움 등을 표현할 수 있다. 예를 들면, [그림 3-48]의 『크리스마스 대소동』이라는 동화를 읽고 동화의 내용 중 겨울을 몸으로 표현할 수 있으며, 눈 오는 날의 느낌을 신체로

[그림 3-48] 『크리스마스 대소동』 동화

표현하여 활용할 수 있다. 이 활동에 적합한 음악을 선정하여 배경음악으로 사용하면서 창의적 동작을 더욱 확장시킬 수 있다.

(2) 음악적 요소에 맞추어 표현하는 창의적 동작

음악은 느리고 빠른, 가볍고 강한, 자유롭고 탄력 있는 등과 같은 추상적인 개념을 명확하게 이해하는 데 도움을 준다. 음악적 요소에 맞추어 표현하는 창의적 동작은 노랫말이 없는 곡에 템포, 음량, 레가토와 스타카토, 리듬, 멜로디, 세기, 고저음 등의 음악적 요소를 듣고 창의적으로 표현하는 활동이다. 예를 들면, [그림 3-49]와 같이 음악의 속도 변화에 따른 느낌을 스카프 혹은 리듬막대를 사용하여 표현해 보기 또는 음악의 박자 개념에서 빠른 박자 또는 느린 박자의 변화에 움직이는 동물 표현해 보기, 바람에 흔들리는 나뭇잎 표현해 보기 등의 활동이 있다. 이러한 활동을 하기 위해서는 음악적 요소를 대비시켜 들려주고 음악을 잘 듣기 위해 들리는 음악에 주의를 기울여야 한다. 또한 음악을 충분히 감상하여 듣고 그에 대한 느낌을 상상하여 더 나아가 창의적인 동작으로 표현하게 한다.

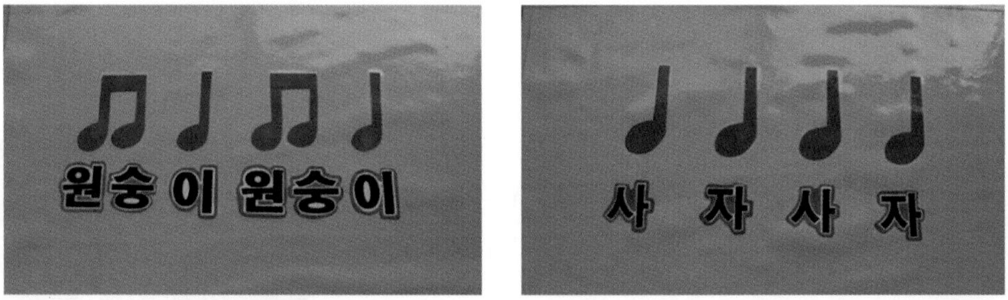

[그림 3-49] 구조적 리듬 동작

동작활동에 사용되는 음악은 박자나 리듬이 쉽게 인식될 수 있는 곡을 선정해야 하며, 음악을 들려주고 어떤 생각이 드는지 질문하는 언어적 자극을 주는 것이 매우 중요하다. 즉, 음악을 들으니까 어떤 느낌이 드는지, 음악이 점점 어떻게 달라졌는지, 무엇을 말하는 것 같은지 등에 대해 유아와 이야기를 나누어야 한다(Mayesky, 1995).

이야기의 내용을 상상하여 음악적 요소에 따라 창의적 동작으로 표현해 보게 하는 것도 중요하다. [그림 3-50]의 '아기 코끼리 걸음마', [그림 3-51]의 '동물의 사육제 중 수족관' 그 외에 '헝가리 무곡' '놀람 교향곡' 등 간단한 클래식 음악 중에서 즉흥적으로 창의적 동작을 촉진할 수 있는 곡이 많으므로 창의적 동작활동에 활용할 수 있다.

[그림 3-50] 아기 코끼리 걸음마

[그림 3-51] 동물의 사육제 중 수족관

3. 동작 감상하기

표준국어대사전에 의하면 감상이란 '주로 예술 작품을 이해하여 즐기고 평가함'이라고 정의하고 있다. 교육과학기술부의 누리과정 해설서에서는 감상을 유아가 자연물과 주변 환경을 비롯하여 음악, 움직임과 춤, 미술, 극놀이 등 자신과 다른 사람의 예술 작품을 보고, 듣고, 즐기며, 풍부한 감성을 기르고, 전통예술 및 다른 문화의 아름다움에 관심을 갖도록 하는 것이라 설명한다. 또한 음악, 춤, 미술 작품, 극놀이 등을 다양하게 감상하는 경험은 유아가 일생에 걸쳐 접하게 될 예술에 대한 이해와 감성 발달에 결정적인 역할을 한다고 했다. 유아는 아름다움을 느끼고 즐기는 과정을 통해 자신의 생각을 다른 사람과 나눌 수 있을 뿐 아니라 다른 사람의 생각과 느낌, 더 나아가 다른 문화를 존중하고 이해하는 태도를 갖게 된다. 그리고 이러한 경험이 누적되었을 때 궁극적으로 다양성을 인정하게 되고 풍부한 감성과 심미적 태도를 키울 수 있다(교육과학기술부, 보건복지부, 2013c). 즉, 유아는 자신이나 다른 사람의 작품이나 결과물에 대한 생각과 느낌에 대해 이야기 나누고, 평가하는 과정에서 생각이나 표현의 차이를 이해하고 존중하는 태도를 키울 수 있으며, 심미감을 발달시켜 정서적으로 안정된 유아로 성장할 수 있다.

3~5세 연령별 누리과정에서도 동작 감상하기와 관련된 내용으로, 다양한 춤, 극놀이 등을 듣거나 보고 즐기기, 나와 다른 사람의 예술 표현 소중히 여기기, 우리나라의 전통예술에 관심을 갖고 친숙해지기를 제시하고 있다. 동작 감상하기는 뮤지컬이나 극 놀이, 전통무용 등의 활동을 의미하며, 여러 나라의 민속무용도 감상할 수 있도록 기회를 제공할 필요가 있다. 직접 실제 공연을 감상할 기회가 있으면 좋겠지만, 다음 [그림 3-52]와 같이 춤에 대한 영상 자료, 그림 자료 등을 준비하여 감상하는 기회를 제공하여 춤의 다양한 종류와 그 특징을 살펴볼 수 있는 동작 감상활동이라도 제공해 주어야 할 것이다.

[그림 3-52] **부채춤**

다음 [그림 3-53]의 (A), (B), (C)는 탈춤 동영상을 보고 탈춤에 대하여 이해할 수 있도록 감상한 후 한삼을 끼고 자유롭게 마음껏 표현해 보는 활동이다. 그런 후 친구들의 탈춤 움직임을 음악에 맞추어 감상해 보는 시간을 가질 수 있다.

(A)

(B)

(C)

[그림 3-53] 탈춤을 춰 보아요

제 4 장

유아동작교육의 교수 · 학습방법

1. 유아동작교육의 접근방법

오늘날 교육의 주된 관심사는 교수방법에서 학습자에게로 넘어 왔다(Gallahue, 1993). 상반된 견해를 보여 왔던 전문가들은 지시적 방법과 비지시적 방법이 학습자들에게 미치는 유용성을 깨닫게 되었다(Gallahue & Donnelly, 2003). 그 결과 '무엇이 가장 좋은 교수방법인가?'가 아니라 '어떠한 방법이 그 주제를 가르치기에 가장 적절한가?'가 더 중요하게 인식되었다.

유아동작교육의 교수 · 학습방법이란 설정된 활동목표를 성공적으로 달성하기 위하여 선정한 활동내용을 학습자에게 구체적으로 활용하는 방법을 의미한다. 가장 좋은 교수 · 학습방법으로는 활동 대상과 학습주제에 따라 어떤 교수방법을 적용해야 하는지를 고려하는 것이다. 유아동작교육 교수방법의 유형은 유아와 교사의 활동 주도성에 따라 분류할 수 있으며, 학자마다 명칭이나 방법에서 조금씩 차이가 있다.

이 장에서는 직접적 교수방법과 간접적 교수방법의 두 가지 교수방법에 대하여 살펴보기로 하겠다.

1) 직접적 교수방법

직접적 교수방법은 유아가 무엇을, 언제, 어떻게 수행할 것인가에 관한 모든 것 혹은 대부분을 교사가 결정하는 것이다(Gallahue & Donnelly, 2003). 교사가 유아에게 기대되는 것이 무엇인가에 대해 간단하게 설명하고 나서 시범을 제시한 후 시범을 따라 하게 하는, 즉 시범과 모방을 통한 학습방법이다. 모스톤과 애쉬워스(Mosston & Ashworth, 1990)는 '흉내 내기' '반복하기' '모방하기' '지시에 따르기' 등이 유년기에 필수적인 요소라 하였다.

직접적 교수방법은 시범과 모방을 통해 학습이 이루어지며 교사가 주도적으로 학습해야 할 활동주제와 교수방법을 정하는 것이다. 학습의 내용을 효과적으로 수행하기 위해서 설명을 하거나 시범을 보이며, 과정이 아닌 과제 수행의 결과를 중시한다.

모방에 의한 학습은 때때로 적합하고 필요한 것이며, 박수 치기, 동작해 보기, 리더 따라 하기, 거울놀이, 손유희, 강강술래, 어린이 체조, 발레나 구조적 리듬동작과 같은 것이 대표적인 예다. 특히 발레와 같은 구조적 리듬활동은 유아의 탐색을 통해서 동작을 발견하는 것은 비효율적이다. 오히려 유아들에게 발레와 같은 구조적 동작의 스텝을 가르치기 위해서는 시범과 모방이 효율적이다(김은심, 2004). 따라서 직접적 교수방법은 시범과 모방이 더 효율적인 교수방법이라 하겠다. 직접적 교수방법은 집단활동을 수행하는 데 반드시 필요한 활동이며, 유아들이 다 함께 즐겁게 움직이면서 소속감을 가질 수 있게 하므로 동작활동의 중요한 교수법이다.

- 직접적 교수방법의 장점
  - 동작 수행에 대한 결과를 즉각적으로 알 수 있다.
  - 교육활동 시간을 효율적으로 활용할 수 있다.

- 직접적 교수방법의 단점
  - 창의성과 자기표현을 허용하지 않는다.
  - 유아의 발달 수준에 있어 개인차를 고려하지 못한다.
  - 학습과정 중심이 아니라 어떤 기술을 익히는 데 초점을 둔다.

따라서 이 교수법은 구조적 동작이나 기본적인 동작 습득에 유용하며 최소한으로 사용하는 것이 바람직하다.

2) 간접적 교수방법

간접적 교수방법은 영유아 스스로 탐색과 문제해결 자기발견을 통한 교수방법으로 학습이 일어나는 과정을 중시하는 아동 중심적 접근에 근거하고 있다. 간접적 교수방법은 교사 역할의 차이에 따라 두 가지로 구분되는데 사전에 결정된 학습목표에 맞추어 활동이 진행되도록 이끄는 안내적인 방법과 보다 자유롭고 창의적인 표현을 위해 다양한 탐색활동을 허용하는 탐색적 방법으로 나누어 설명할 수 있다(심성경 외, 2015).

먼저, 안내적인 방법은 교사가 마음속에 구체적인 동작에 대한 답을 가지고 수업을 진행하는 것이다. 질문을 하며 유아 스스로 동작을 탐색하고, 문제해결을 하고, 실험하도록 허용하면서 '정답'을 찾아내도록 하는 것이다. 교사는 정답으로 유아를 안내하면서도 여전히 창의성과 실험을 허용해야 한다. 질문과 문제해결 과정에서 원하는 동작을 발견했다면 다른 유아들에게 시범을 보이게 하고, 같은 방법으로 움직여 보도록 할 수 있다. 간접적 교수방법은 직접적인 방법보다 더 많은 시간이 필요하지만 동작교육을 효과적으로 지원할 수 있다는 장점이 있다. 이때 교사는 여러 가지 다른 방법으로 충분한 시간을 가지고 구체적인 질문을 함으로써 다양한 표현을 할 수 있도록 해야 한다. 예를 들면, 세계 여러 나라의 생활 주제를 가지고 신체활동을 할 때, '중국의 만리장성에 대한 신체표현을 어떻게 해 볼까?' '또 다른 방법으로 어떻게 표현해 볼까?' 혹은 '미국의 자유여신상을 어떻게 표현할 수 있을까?' 질문을 하고 유아들이 자유롭게 동작을 만들어 보도록 할 수 있다.

- 간접적 교수방법의 장점
  - 유아 스스로 학습하는 방법을 배울 수 있도록 한다.
  - 유아능력에 대한 자신감을 발달시키게 된다.
  - 문제해결은 유아들의 동작어휘 능력을 확장시켜 준다.

간접적 교수방법을 효과적으로 지도하기 위해 고려할 점은 다음과 같다.

- 첫째, 부정확한 반응이라도 모든 방법을 수용해야 한다.
  유아에게 여러 가지 다른 방법을 발견할 수 있는 충분한 시간을 제공해야 하며, 계속해서 보다 구체적인 질문을 함으로써 원하는 반응이 나오도록 해야 한다.
- 둘째, 교사는 답을 제공하지 않는 것이 중요하다.
  시작할 때 답을 주어 버리면 유아는 교사에게 의지하게 되고 문제를 해결하는 것에 흥미를 잃게 된다.
- 셋째, 문제해결을 위한 적절한 시범과 언어화가 필요하다.
  몇몇 유아에게 시범을 보이도록 하고 시범 보이는 유아를 관찰하는 경험을 제공할 수 있다. 이를 통해 직접적으로 동작을 경험할 뿐만 아니라 관찰하는 기회를 통해 문제를 보다 구체적으로 해결할 수 있다. 또한 동작표현을 확장시키기 위해 동작의 요소를 이용한 언어화를 사용해야 한다.

- 넷째, 답을 찾을 수 있는 적절한 질문과 과제를 주어야 한다.
  간접적 교수방법에서 가장 어렵고 중요한 것은 교사의 적절한 질문이다. 목표의 해답을 얻을 수 있는 가장 먼 질문부터 하고, 명령적인 언어를 질문의 형태로 바꾸는 것이다. 예를 들어, '앞으로 걸어 보자'를 '방향을 바꾸어 걸으려면 어떻게 해야 할까?' '빠르게 걷자'를 '다른 방법으로 걸으려면 어떻게 해야 할까?'로 질문할 수 있다.

탐색적인 방법은 유아의 발달에 적합하며 가장 널리 쓰이는 교수법이다. 또한 탐색적 방법은 주제에 적합하고 다양한 방법을 탐색해 가면서 과정을 강조하는 교수법이다. 교사는 유아에게 과제를 제시하고 유아는 자신의 반응을 동작으로 제시한다. 다양한 탐색과 활동을 확장시키기 위해 이를 지속시킬 수 있는 부과적인 과제를 제시할 수 있다. 탐색해 가는 과정을 효과적으로 지도하기 위해 고려해야 할 점은 다음과 같다.

- 첫째, 다양한 동작기술을 수행하기 위해 동작의 기본 요소를 사용한다. 동작기술은 '동사'로, 동작의 기본 요소(신체, 공간, 힘, 관계)는 부사로 구성할 수 있다.
- 둘째, 유아의 표현을 촉진할 수 있는 추후 질문을 한다. 새로운 방법을 고안할 수 있는 지속적인 제안을 해 주는 것이다. 예를 들어, '또 다른 방법은 없을까?'라는 간단한 질문을 할 수 있다.
- 셋째, 활동의 실시에 한계를 둔다. 예를 들어, '바람에 날아가는 낙엽이 되어 보자'를 표현할 때 '신체를 가장 작게 만들어 낙엽을 표현해 보자'를 제안함으로써 예상할 수 있는 반응을 제한할 수 있다. 유아는 새로운 문제에 직면하면서 다른 방법을 모색할 수 있다는 것을 깨닫게 된다.

교사는 유아가 계속해서 다양한 반응을 하도록 격려해야 하는데, 이는 중립적인 피드백으로 이루어져야 한다. 따라서 간접적 교수방법의 탐색적 방법은 결과를 중시하기보다는 탐색하고 발견하는 과정을 중시하기 때문에 획일적인 지도가 아닌 개인차를 인정하고 격려하며 유아 자신의 느낌과 사고를 자유롭게 표현할 수 있도록 지지해 주어야 한다.

이상에서 살펴본 바와 같이 직접적 교수방법과 간접적 교수방법은 두 가지 모두 유용하므로 동작활동을 전개함에 있어서 교사는 활동내용에 적합한 교수방법을 찾아 수업을 진행하여야 할 것이다.

2. 유아동작교육의 통합적 접근

통합적 접근이란 유아의 전인적 발달을 위해 여러 학문 간, 발달 영역 간 그리고 활동 간의 내용을 통합하여 교육적 경험을 갖게 하는 것이다(이영자, 이기숙, 이정욱, 2012). 유아의 발달 특성상 통합된 전체 경험을 통하여 주변 세계에 대해 더욱 효율적으로 학습할 수 있다(Krough, 1990).

유아동작교육의 통합적 접근은 발달 영역별 교육 내용, 교육활동, 학교와 지역사회가 분리되지 않고 연결되어 다루어지는 것을 말한다. 여기서 발달 영역별 교육 내용의 통합은 유아의 전인적 발달을 위하여 신체, 언어, 정서, 사회성 발달의 교육 내용이 서로 통합되는 것이며, 교육활동 간의 통합은 이야기 나누기, 음률활동, 미술활동, 신체활동 등 서로 연결되어 통합되는 것을 말한다. 그리하여 [그림 4-1]과 같이 노래를 부르며 악기를 이용해 다 함께 악기를 연주하는 활동도 통합적 접근의 한 방법이라 할 수 있으며, [그림 4-2]와 같이 주어진 주제에 따라 동물이나 사람 등을 상상하여 친구와 다 함께 창의적 표현을 유도하는 것도 통합적 접근이라 하겠다. 더불어 학교와 지역사회의 통합은 견학이나 자원 인사의 초청, 유아 재롱잔치, 음악회 등의 다양한 경험이 통합되는 것을 의미한다. 따라서 유아동작교육 활동은 움직임 자체에만 목적을 두는 것이 아니라 유아교육과정과 통합적으로 이루어질 때 그 효과가 나타난다.

예를 들어, '초록색 털실'이란 음원의 내용으로 유아동작교육의 통합적 접근에 대하여 살펴보고자 한다.

첫째, 다 함께 음악 감상을 하고 이야기를 나눈다.

둘째, 다 함께 노래 부르기를 경험하고 악기를 사용해 박자를 익힌다.

셋째, 가사 내용에 초록색, 노란색, 빨간색이 나오는 걸 이해했으면 팀을 나눈다.

넷째, 팀 색깔에 맞는 동물이나 사람 등을 상상하여 다 함께 표현해 보도록 한다.

다섯째, 팀별로 색 테이프를 이용하여 땅바닥에 영역을 정해 붙여 본다.

여섯째, 각 영역에 들어가 팀별로 표현한 창의적 동작을 해 본다.

일곱째, '초록색 털실' 음원에 맞추어 즐겁게 참여한다.

이러한 활동은 유아의 전인적 발달인 신체, 언어, 정서, 사회성 발달 영역이 통합되고 미술, 음악, 동작이 통합되는 교육 간의 통합, 학교와 지역사회의 현장체험활동 등이 통합되는 좋은 예시라 할 수 있다.

[그림 4-1] 악기를 사용하여 박자 익히기

[그림 4-2] 다 함께 표현하기

주의할 점은 통합적 접근을 통한 표현활동에서 감상활동과 표현활동이 균형을 이루는 것인데, 이는 아주 중요하다. 3~5세 연령별 누리과정의 예술 경험 영역에서도 탐색, 표현, 감상활동을 제시하고 있으며, 개별적 활동이 아닌 통합적 접근을 권장하고 있다. 특히, 유아의 질 높은 예술작품의 감상은 필요한 부분으로 인식되어야 하며, 이는 유아의 심미감 발달에 도움을 주는 활동이다.

3. 교사의 역할

1) 유아를 돕기 위한 교사의 역할

실제 교사양성 과정에서 예비유아교사는 전문적 기술이 요구되는 아동음악이나 미술, 유아동작교육 수업 등에서 매우 낮은 자신감을 나타내고 있으며 동작활동을 실시할 때 혼란스러운 장면과 자신감의 결여로 대부분의 교사는 동작활동을 주저하는 경향이 있다. 따라서 Cherry(1971)는 유아동작교육 활동은 유아들이 충분히 쉬었을 때, 그리고 다른 활동으로 인해 지나치게 흥분하지 않았을 때 계획하기를 권하였다. 그리고 휴식시간이나 동화 듣기에 이어 동작활동을 하거나, 혹은 아침 등원 후 간단하게 동작활동하기를 제안하고 있다. 동작활동은 자유로운 분위기에서 하는 활동이므로 유아들이 적절한 약속을 정하지 않으면 안전사고에 노출되기 때문에 각별한 조치가 필요하다. 성공적인 유아동작교육 수업을 위한 방법을 제시하면 다음과 같다(김은심, 2010).

(1) 규칙 정하기

동작활동에서 규칙 정하기는 안전과 관련이 있으므로 유아를 위한 규칙을 정하는 것은 중요하다.

• 규칙 1: 옆 친구와 부딪치지 않기

유아에게 일정한 간격을 유지하도록 요구한다. [그림 4-3]과 같이 '옆 친구와 부딪치지 않기' 규칙을 정한다. 커다란 비눗방울에 둘러싸여 있다고 상상시켜 개인 공간을 인식시킨다. 서 있거나 움직일 때에도 비눗방울을 터트리지 않도록 주의시킨다.

[그림 4-3] 친구와 부딪치지 않기

• 규칙 2: 신호음을 잘 듣고 참여하기

유아가 보고 듣도록 하기 위해 신호를 만든다. 교사는 목소리를 지나치게 높이지 말아야 하며 소리를 질러서도 안 된다. 예를 들면, [그림 4-4]에서 제시하는 핸드벨이나 종 등과 같이 유아가 들을 수 있는 신호음을 정한다. 교사의 음성으로 "그만"이라는 신호음도 아주 적절한 방법이다. 그러나 호루라기는 권장하고 싶지 않다.

[그림 4-4] 신호음 사용하기

(2) 경계 설정하기

동작활동 공간은 개방적이고 정돈되어 있어야 한다. 너무 큰 공간은 주위가 산만해지기 때문에 경계를 설정할 필요가 있다. [그림 4-5]에서처럼 넓은 카펫을 깔아 경계를 짓는 방법도 있으며 마스킹 테이프, 시트지 자리 표시, 플라스틱 원뿔 등을 사용하여 경계선을 설정하여 유아가 멀리 떨어지는 것을 예방할 수 있다.

[그림 4-5] 경계 설정하기

(3) 긍정적인 과제 사용하기

교사가 제시한 과제를 유아들이 잘 해낼 수 있다고 생각하면, 유아는 그만큼 잘 해낼 것이다. [그림 4-6]과 같이 유아들에게 "~ 하기 위한 네 가지 방법을 찾아보자." "~하는 것을 보여 줘."라고 이야기한다면, 유아들은 자신이 할 수 있는 것을 교사에게 보여주려고 할 것이다. 반대로, "~할 수 있겠니?"라고 질문하면 대부분 유아는 "아니요."라고 대답할 것이다. 긍정적 과제 제시는 간단한 기술이지만 그 효과는 대단히 크다.

[그림 4-6] 긍정적인 과제 사용

(4) 창의적으로 수정해 주기

부정확하게 반응하는 유아를 골라내어 교사가 수정해 주는 것은 유아에게 당혹감을 불러일으킬 수도 있으나, 유아의 잘못된 반응을 무시해 버린다면 유아의 발전을 도울 수 없게 된다. 따라서 [그림 4-7]과 같이 차이점을 다음의 방법으로 설명해 주는 것도 교사의 역할이다.

① 정확하게 반응한 유아의 시범을 보여 주거나,
② 원하는 동작의 차이점을 설명해 주거나,
③ 계속되는 다른 기회에 과제를 다시 제시한다.

유아의 창의성과 자기 표현력을 방해하지 않는 것이 중요하다. 예를 들어, 창의적 신체표현을 요청할 때 다소 어울리지 않더라도 받아 주어야 한다.

[그림 4-7] **창의적인 수정**

(5) 솔직한 칭찬과 긍정적인 강화 사용하기

유아를 자유롭게 칭찬하되 칭찬받을 만할 때만 칭찬한다. 칭찬이 진심이 아니라면 유아에게 아무런 의미를 주지 않는다. 지나친 칭찬은 오히려 자긍심을 유지하기 위해 매일매일 더 많은 칭찬을 요구하는 칭찬 중독의 유아를 만들 수 있다(Miller, 2006).

Miller(2006)는 거짓된 칭찬과 가치 판단을 내리는 대신 인정과 격려를 사용하도록 제안하고 있다.

(6) 목소리를 도구로 사용하기

간단하면서도 매우 효과적인 방법이다. 유아가 천천히 움직이기를 원한다면 천천히 말한다. 유아가 조용히 움직이기를 원한다면 조용히 말한다. 높은 목소리보다 낮은 목소리로 말함으로써 유아의 주의를 끌고 이를 유지할 수 있다. 유아는 고함보다는 속삭임에 훨씬 더 잘 반응한다. 목소리로 할 수 있는 또 하나의 중요한 일은 유아의 이름을 자주 불러 주는 것이다. 자신의 이름을 긍정적인 방법으로 부르는 것을 들을 때, 유아는 인정받고 있음을 느끼며 자신감을 가지게 된다(김은심, 2015).

(7) 친숙한 이미지 사용하기

4세 유아에게 분노한 것처럼 혹은 환멸을 느낀 것처럼 걸어 보라고 한다면 아마 아무런 반응을 얻지 못할 것이다. 그러나 몹시 화난 것처럼 혹은 슬픈 것처럼 걸어 보라고 한다면 유아는 쉽게 반응할 수 있다. 만약, 유아에게 친숙하지 않은 이미지를 사용하고자 한다면 제시하고자 하는 대상과 친숙해질 기회를 먼저 제공하는 것이 필요하다.

예를 들어, 어린 유아들과 교통기관이라는 생활 주제를 가지고 활동을 전개할 때 [그림 4-8]처럼 친숙한 동물인 코끼리 자동차, 토끼 자동차 등을 이용하는 것도 한 방법이다.

[그림 4-8] 친숙한 이미지 사용

(8) 유아의 에너지 수준 모니터링하기

동적인 활동과 정적인 활동을 번갈아 하면 너무 들뜨거나 지치는 것을 막을 수 있다. 근육의 이완과 수축, 큰 동작과 작은 동작 등 대비되는 동작으로 모든 유아가 참여할 수 있어야 한다. 또한 유아를 진정시키는 방법으로 바닥에 꼼짝하지 않고 있기, 바닥으로 무너져 내리기, 바닥에 눕기 등의 활동을 사용해 유아가 지쳤을 때 효율적으로 활동을 마무리할 수 있다. [그림 4-9]와 같이 활동 중 너무 들떠 있을 경우에는 누워서 뱀이 되어 보기, 스카프를 이용하여 이불 덮고 쉬기 활동을 통해 에너지 수준을 모니터링할 수 있다.

[그림 4-9] 에너지 모니터링

(9) 융통성 발휘하기

교사는 동작수업이 사전에 계획한 대로 진행되는 것이 아니라는 것을 인식해야 한다. 예를 들어, 유아의 에너지 수준을 지켜보면서 사전에 세운 수업 계획을 정적이거나 동적인 활동으로 바꾸어야 할 때가 있을 것이다. 혹은 어떤 수업은 유아가 전혀 흥미를 느끼지 못하여 즉석에서 대안을 세우거나 완전히 다른 수업으로 전이시켜야 할 수도 있다. 또한 유아들은 도저히 생각해 낼 수 없는 자신만의 멋진 생각을 가지고 있을 수 있다. 때때로 유아가 제안하는 가능성을 탐색하는 융통성을 발휘한다면 그 수업은 유아에게 개인적으로 의미가 있을 뿐 아니라 유아 자신의 창의적인 능력에 더 큰 자신감을 가지게 될 것이다.

2) 교사-유아 상호작용

유아를 위한 교수 · 학습에서 상호작용 기술은 아주 중요하다. 교사와 유아 간의 긍정적인 상호작용은 교수 · 학습의 질을 구성하는 핵심 요소이며, 유아는 다른 사람과의 관계를 통해서 학습하게 되므로, 교사의 상호작용 능력은 유아의 건전한 성장과 발달에 직접적인 영향을 미친다.

유아의 발달을 촉진하고, 지속적인 학습을 유지시켜 주는 상호작용 유형은 다음과 같다(교육과학기술부, 보건복지부, 2012). 그리고 유아의 동작 표현을 격려하기 위한 다양한 교수행동의 예는 〈표 4-1〉과 같다.

(1) 인정하기

어떤 활동에서 유아의 참여가 지속되도록 긍정적으로 격려하는 것이다. 유아를 인정한다는 것은 즐겁게 활동하도록 격려하고 존중해 주고 칭찬하는 것이다. 교사가 유아의 생각이나 느낌, 행동을 인정해 주면 유아는 더욱 즐겁게 생활하고 활동에 참여할 수 있다. "친구와 함께 코끼리를 만들어 내는 모습이 너무 훌륭해." "○○이의 생각이 다른 친구에게 도움이 많이 되는 것 같아." "개구리를 그렇게 표현하니 살아 있는 것처럼 보이는 구나."와 같이 사실에 근거한 노력에 대해 인정해 주어야 한다. 예를 들어, [그림 4-10]과 같이 연꽃 위를 뛰어다니는 개구리 표현하기 활동에서 "○○이 개구리는 앞으로 또는 옆으로 방향을 잘 이용하면서 뛰어다니는 모습을 표현했구나."라고 인정해 주어야 한다.

[그림 4-10] 인정하기

(2) 모범 보이기

적극적인 동작활동을 원하는 교사는 가만히 앉아서 언어적으로만 제시하지 않고 적극적으로 함께 움직여야 하며, 교사의 모범 보이기는 잠재적 교육 효과를 가져온다. 예를 들어, [그림 4-11]과 같이 "슈퍼맨이 되어 교실을 날아가 보자."라고 했을 때 교사는 직접 슈퍼맨이 되어 날아가는 모습을 적극적으로 보여 주며 움직여 본다. 행동 그 자체를 모방하는 것에 초점을 두는 것이 아니라 행동 이면의 가치, 성향, 태도를 닮아 가는 것을 더 중요하게 본다.

[그림 4-11] 모범 보이기

(3) 촉진하기

촉진하기는 교사의 최소한 개입으로 유아가 다음 수준의 과제를 할 수 있도록 교사가 일시적으로 개입하여 도와주는 것이다. 유아의 활동을 격려하며 유아 스스로 문제해결을 할 수 있도록 다리를 놓아 주는 역할을 한다. 동작을 언어적으로 기술해 줌으로써 다양한 반응이 나오도록 할 수 있다. 예를 들면, [그림 4-12]와 같이 고무줄을 이용해서 다양한 형태를 만들 때 "줄을 이용하여 세모 모양만 만들 수 있을까?" "또 다른 형태는 없을까?"라고 하면서 언어적으로 촉진시킬 수 있다.

[그림 4-12] 촉진하기

(4) 지지하기

유아의 현재 발달 수준을 높이기 위해 도움을 주는 교수 전략이다. 유아의 현재 능력이 어느 정도에 이르면, 다음 발달 수준으로 넘어서도록 도움을 주거나 도전할 기회를 제공하는 것을 말한다. 각 유아가 도움 없이 스스로 하고 싶어 하겠지만 교사는 유아가 하기 어려운 활동 과제를 알아내어 도움을 주어야 한다.

예를 들어, '검피아저씨의 뱃놀이'라는 극놀이활동을 준비하기 위해 동물 가면을 직접 그려 보게 하고 배의 형태도 직접 탐색하여 만들어 보고, 대사 외우기를 통해 표현하고자 하는 역할극을 함께 준비하는 것이다. 이때 유아들이 동화의 각색과 대사 외우기에서 어려움을 겪고 있으면 교사는 [그림 4-13]과 같이 대본을 적어 주거나, 역할극을 준비할 때 각 역할의 다양한 움직임을 표현하도록 음원을 준비하여 지지해 줄 수 있다. 동물들의 움직임이 창의적인 표현으로 이루어지면 다양한 음악을 준비해 주는 것도 지지하는 방법이다.

[그림 4-13] **지지하기**

(5) 함께 구성하기

교사와 유아가 함께 활동하는 형태이다. 문제나 과제를 해결해 가는 과정에서 교사가 즉시 답을 알려 주기보다 유아와 함께 공동의 학습자가 되어 유아가 문제해결 과정을 경험해 가도록 도와야 한다. 예를 들면, "선생님이 커다란 나무가 되어 볼 테니 낙엽이 되어 매달려 있는 낙엽을 함께 만들어 보자." 하면서 함께 구성할 수 있다.

(6) 시범 보이기

교사가 유아에게 적극적으로 참여하여 보여 주는 상호작용을 말한다. 시범을 보이는 학습방법이며 교사가 직접 시범 보이는 모습을 관찰할 수 있기 때문에 더욱 쉽게 특별한 기술을 습득할 수 있다. 따라서 유아가 빠르고 쉽게 학습할 수 있도록 해 준다. 유아의 활동이 잘못된 방법으로 이루어졌을 때, 이를 고쳐 주기 위한 한 방안이 될 수 있다. [그림 4-14]와 같이 "날 따라 해요, 따라 해 봐요, 날 따라 해요, 따라 해요." 하면서 따라 할 수 있게 시범을 보인다.

[그림 4-14] 시범 보이기

(7) 지도하기

시행착오가 없는 학습이 이루어지도록 활동순서나 활동방법의 획일성을 강요하는 형태다. 지도하기는 유아가 스스로 문제를 발견하고 해결하는 것보다 직접적으로 그 방법을 말해 주는 것이 더 효과적일 때 사용하는 것이 좋다. 예를 들어, [그림 4-15]와 같이 구조적 리듬동작을 할 때, 정해진 순서에 맞추어 똑같은 동작으로 지도하는 방법이다. 이때 유아들이 흥미 있어 하는 부분은 예비 동작을 통해 익힌 후 순서에 맞추어 지도하면 더욱 효과적이다.

[그림 4-15] 지도하기

유아를 위한 교수 · 학습에서 상호작용은 학급의 상황에 따라 달라질 수 있으므로 어떤 방법이 가장 이상적이라고 할 수 없지만, 이들 중 어느 한 유형에만 의존하지 말고 적절한 상호작용 방법을 적용하는 능력을 발휘해야 한다. 다양한 상호작용 중에서 어느 유형이 주어진 상황에서 각 유아에게 적절한 것인지를 바르게 알아야 하고, 지나치게 도움을 주거나 적절한 지지를 제공해 주지 못하는 일이 없도록 해야 한다.

표 4-1 유아의 동작표현을 격려하기 위한 다양한 교수행동의 예(유치원 임용고시)

교수행동	교수행동의 예
인정하기	(낙엽 구르는 모습을 표현하는 유아) "데굴데굴 낙엽 구르는 모습이 정말 멋지구나."
모범 보이기	교사가 몸을 작게 하고 구르는 모습을 표현하기 위해 적극적으로 움직여 본다.
촉진하기	"나뭇잎이 구르는 모습을 몸으로 표현할 수 있는 또 다른 방법은 없을까?"
지지하기	바닥에 ∞ 모양으로 테이프를 붙여 놓고, ∞ 모양을 따라 나뭇잎이 구르는 모습을 표현한다. ∞ 모양을 따라 구르는 모습을 잘 표현하면 테이프를 떼어 내고 굴러 보도록 한다.
함께 구성하기	"선생님은 큰 부채로 바람을 만들 테니 바람이 부는 대로 움직이는 나뭇잎이 되어 보자."
시범 보이기	"선생님이 옆으로 구르기를 보여 줄게. 잘 보자."
지도하기	(옆으로 구르기가 잘 되지 않는 유아의 옆에 함께 누워서 구르기를 직접 보여 주며) "선생님처럼 이렇게 누워서 팔을 위로 쭉 뻗고 굴러 보자."

3) 유아동작교육의 효과적인 대형

유아동작교육의 효과적인 수업 진행을 위해 유아들의 대형은 다음과 같은 형태로 이루어진다. [그림 4-16]~[그림 4-22]와 같이 수업의 내용에 따라 활동 대형이 달라진다. 유아동작교육 수업의 도입 부분에서 유아-교사와 상호작용을 할 때는 반드시 앉아서 이야기를 나누어야 하며, 움직임을 시작할 때는 앉거나 서서 활동을 해야 한다.

[그림 4-16] 교사를 중심으로 일직선으로 마주 앉거나 서서 하는 형태

[그림 4-17] 둥근 원형으로 둘러앉거나 서서 하는 형태

[그림 4-18] 교사를 중심으로 ㄷ자형으로 앉거나 서서 하는 형태

[그림 4-19] 교사를 중심으로 반원으로 앉거나 서서 하는 형태

[그림 4-20] 자유롭게 이동하면서 하는 형태

[그림 4-21] 두 줄로 앉거나 서서 유아가 서로 마주 보는 형태

[그림 4-22] 2개의 원으로 둘러앉거나 서서 하는 형태

제 5 장

유아교육과정과 동작교육

유아교육기관에서 실행되는 동작교육 활동의 영역을 엄격하게 구분하기는 어렵다. 그러나 이 장에서는 3~5세 연령별 누리과정에서 생활주제 및 주제에 따른 내용과 생활주제망을 먼저 살펴보고, 현행 표준보육과정과 누리과정의 내용 중 표준보육과정의 신체운동 영역과 예술경험 영역 그리고 3~5세 연령별 누리과정의 신체운동 · 건강 영역과 예술경험 영역에 대해서 살펴보고자 한다.

1. 생활주제 및 주제에 따른 교육활동

3~5세 연령별 누리과정의 생활주제별 활동은 유아의 생활경험과 교육적 필요를 고려하여 선정된 생활주제와 주제 및 소주제에 따라 주요 교육 내용을 선정한 후, 적합한 교육활동으로 구성된다. 주제와 소주제명은 교육 내용을 포함하면서 유아가 흥미를 보일 수 있는 것으로 되어 있다(유아정책연구소, 2012). 3~5세 연령별 누리과정에 따른 생활주제-주제를 활용하기 쉽게 정리한 내용은 〈표 5-1〉 〈표 5-2〉 〈표 5-3〉 〈표 5-4〉와 같다(교육과학기술부, 보건복지부, 2013a).

표 5-1 3~5세 연령별 누리과정의 생활주제와 주제

생활주제	3세 주제	4세 주제	5세 주제
유치원과 친구	유치원의 환경	유치원의 환경	유치원의 환경
	유치원에서의 하루	유치원에서의 하루	유치원에서의 하루
	유치원에서 만난 친구	유치원에서 만난 친구	유치원에서 만난 친구
	함께 놀이하는 유치원	함께 만드는 유치원	함께 만드는 유치원
나와 가족	나의 몸과 마음	나의 몸과 마음	나의 몸과 마음
	소중한 나	소중한 나	소중한 나
	소중한 가족	소중한 가족	소중한 가족
	행복한 우리 집	가족의 생활과 문화	가족의 생활과 문화

우리 동네	우리 동네 모습	우리 동네 모습	우리 동네 모습
	우리 동네 생활	우리 동네 생활	우리 동네 생활
	우리 동네 사람들	우리 동네 사람들	우리 동네 사람들
		우리 동네 전통과 문화	우리 동네 전통과 문화
동식물과 자연	궁금한 동식물	궁금한 동식물	궁금한 동식물
	동물과 우리의 생활	동물과 우리의 생활	동물과 우리의 생활
	식물과 우리의 생활	식물과 우리의 생활	식물과 우리의 생활
	자연과 더불어 사는 우리	자연과 더불어 사는 우리	자연과 더불어 사는 우리
건강과 안전	즐거운 운동과 휴식	즐거운 운동과 휴식	즐거운 운동과 휴식
	깨끗한 나와 환경	깨끗한 나와 환경	깨끗한 나와 환경
	맛있는 음식과 영양	맛있는 음식과 건강	맛있는 음식과 건강
	안전한 놀이와 생활	안전한 놀이와 생활	안전한 놀이와 생활
생활도구	다양한 생활도구	다양한 생활도구	다양한 생활도구
	생활도구를 움직이는 힘	생활도구를 움직이는 힘	생활도구를 움직이는 힘
	생활도구로서의 미디어	생활도구로서의 미디어	생활도구로서의 미디어
		미래의 생활도구	미래의 생활도구
교통 기관	여러 가지 육상 교통 기관	여러 가지 육상 교통 기관	교통 기관의 종류
	고마운 육상 교통 기관	고마운 육상 교통 기관	고마운 교통 기관
	항공/해상 교통 기관	항공/해상 교통 기관	교통 기관의 변천과정과 구조
	즐거운 교통 생활	즐거운 교통 생활	교통 통신과 교통 생활
우리나라	우리나라 사람들의 생활	우리나라 사람들의 생활	우리나라 사람들의 생활
	우리나라의 놀이와 예술	우리나라의 놀이와 예술	우리나라의 놀이와 예술
	우리나라의 역사와 자랑거리	우리나라의 역사	우리나라의 역사
		우리나라의 자랑거리	우리나라의 자랑거리
세계 여러 나라		세계 여러 나라 사람들의 생활	세계 여러 나라 사람들의 생활
		세계 여러 나라의 문화유산	세계 여러 나라의 문화유산
		세계 여러 나라와의 교류	세계 여러 나라와의 교류
		세계의 자연과 사회 현상	세계의 자연과 사회 현상
환경과 생활	물과 우리 생활	물과 우리 생활	물과 우리 생활
	돌 · 흙과 우리 생활	돌 · 흙과 우리 생활	돌 · 흙과 우리 생활
	바람 · 공기와 우리 생활	바람 · 공기와 우리 생활	바람 · 공기와 우리 생활
	빛과 우리 생활	빛과 우리 생활	빛과 우리 생활
	소리와 우리 생활	소리와 우리 생활	소리와 우리 생활

봄 여름 가을 겨울	봄	봄	봄
	여름	여름	여름
	가을	가을	가을
	겨울	겨울	겨울

표 5-2 3세 연령별 누리과정 생활주제, 주제, 소주제

생활주제	3세 주제	소주제
유치원/어린이집과 친구	유치원/어린이집의 환경	• 우리 반 이름과 교실 알아보기 • 시설물 사용방법 알아보기 • 유치원/어린이집 돌아보기 • 유치원/어린이집에서 함께 지내는 사람들 알아보기
	유치원/어린이집에서의 하루	• 등 · 하원하기 • 자유선택활동하기 • 집단 활동하기 • 급식(간식)먹기
	유치원/어린이집에서 만난 친구	• 친구와 함께 하기 • 친구 이름 알기 • 친구와 다른 점 알아보기 • 친구와 사이좋게 지내기
	함께 놀이하는 유치원/어린이집	• 함께 사용하는 물건과 장소 알아보기 • 안전하게 놀이하기 • 혼자 하는 놀이, 친구와 함께 하는 놀이 • 함께 놀이할 때의 약속 알아보기
나와 가족	나의 몸과 마음	• 내 몸의 각 부분 명칭 알기 • 나의 출생과 성장에 관심 가지기 • 나의 감정 알기
	소중한 나	• 나의 몸 소중히 여기기 • 나의 특별함에 관심 가지기 • 나의 일 스스로 하기
	소중한 가족	• 가족의 구성원 알기 • 가족을 위해 할 수 있는 일 알기 • 가족의 소중함 알기
	행복한 우리 집	• 우리 집에 대해 관심 가지기 • 우리 집의 문화에 관심 가지기 • 다양한 가족에 관심 가지기

우리 동네	우리 동네 모습	• 우리 동네에 관심 가지기 • 우리 동네 둘러보기 • 우리 동네 알아보기
	우리 동네 생활	• 우리 동네 자연 공간 관심 가지기 • 우리 동네 공공 기관 찾아보기 • 우리 동네 생활공간 활용하기
	우리 동네 사람들	• 우리 동네 사람들에게 관심 가지기 • 우리 동네 사람들이 하는 일 관심 가지기
동식물과 자연	궁금한 동식물	• 주변의 동식물 찾아보기 • 주변의 동식물에 관심 가지기
	동물과 우리의 생활	• 동물과 함께 하는 즐거움 느끼기 • 동물을 대하는 바른 태도 기르기
	식물과 우리의 생활	• 식물과 함께 하는 즐거움 느끼기 • 식물과 함께 지내는 방법에 대해 관심 가지기
	자연과 더불어 사는 우리	• 자연에서 놀아 보며 즐거움 느끼기 • 자연을 대하는 바른 태도 기르기
건강과 안전	즐거운 운동과 휴식	• 적절하게 운동하기 • 규칙적으로 생활하기 • 충분히 휴식하기 • 즐거운 마음 가지기
	깨끗한 나와 환경	• 나를 깨끗이 하기 • 주변을 깨끗이 하기 • 질병 예방하기
	맛있는 음식과 영양	• 즐겁게 먹기 • 골고루 먹기 • 바르게 먹기
	안전한 놀이와 생활	• 안전하게 놀이하기 • 교통안전 생활화하기 • 위험한 상황 대처하기
생활도구	다양한 생활도구	• 내가 사용하는 생활도구 알아보기 • 내가 좋아하는 생활도구 사용하기 • 생활도구 안전하게 사용하기
	생활도구를 움직이는 힘	• 생활도구를 움직이는 힘에 관심 갖기 • 생활도구에서 사용되는 에너지 절약방법에 관심 갖기

	생활도구로서의 미디어	• 생활 속의 미디어에 관심 갖기 • 미디어의 기능 알기 • 미디어 바르게 사용하기 • 미디어 즐겁게 사용하기
교통 기관	여러 가지 육상 교통 기관	• 육상 교통 기관과 관련한 여러 가지 모양 탐색하기 • 유아들에게 친근한 육상 교통 기관 놀이하기 • 육상 교통 기관의 움직임과 변천에 관심 갖기
	고마운 육상 교통 기관	• 유아 주변의 일하는 육상 교통 기관에 관심 갖기 • 일하는 육상 교통 기관에 고마움 갖기 • 육상 교통 기관에서 일하는 사림에게 관심 갖기
	항공/해상 교통 기관	• 항공/해상 교통 기관의 종류 탐색하기 • 항공/해상 교통 기관의 모양과 특성 탐색하기 • 항공/해상 교통 기관의 움직임 탐색하기
	즐거운 교통 생활	• 즐거운 교통 생활하기 • 안전한 교통 생활하기 • 교통 기관에 관련 된 시설물에 관심 갖기
우리나라	우리나라 사람들의 생활	• 우리나라의 옷 경험하기 • 우리나라의 음식 즐기기 • 우리나라의 집 관심 갖기 • 우리나라의 생활도구 경험하기
	우리나라 놀이와 예술	• 우리나라의 전통놀이 즐기기 • 우리나라의 옛 그림 감상하기 • 우리나라의 노래와 춤 경험하기 • 우리나라의 옛이야기 감상하기
	우리나라의 역사와 자랑거리	• 우리나라의 시작에 대하여 알아보기 • 우리나라를 나타내는 것 알아보기 • 우리나라의 문화재 경험하기
환경과 생활	물과 우리 생활	• 물놀이하기 • 물 이용하기
	돌 · 흙과 우리 생활	• 돌 · 흙 놀이하기 • 돌 · 흙 이용하기
	바람 · 공기와 우리 생활	• 바람 · 공기와 놀기 • 생활 속에서 바람 · 공기 이용하기 • 맑은 바람 · 공기 지키기

	빛과 우리 생활	• 빛과 그림자 탐색하기 • 생활 속의 빛 찾기 • 빛을 유용하게 사용하기
	소리와 우리 생활	• 소리 탐색하기 • 소리 만들기 • 소리와 함께 생활하기
봄 여름 가을 겨울	봄	• 봄 날씨 느끼기 • 봄 풍경 즐기기 • 따뜻한 봄 지내기
	여름	• 여름 날씨 느끼기 • 여름 풍경 즐기기 • 더운 여름나기
	가을	• 가을 날씨 느끼기 • 가을 풍경 즐기기 • 풍성한 가을 지내기
	겨울	• 겨울 날씨 느끼기 • 겨울 풍경 즐기기 • 추운 겨울나기

표 5-3 4세 연령별 누리과정 생활주제, 주제, 소주제

생활주제	4세 주제	소주제
유치원/ 어린이집과 친구	유치원/어린이집의 환경	• 우리 반 이름과 교실 알아보기 • 시설물 사용방법 알아보기 • 유치원/어린이집 돌아보기 • 유치원/어린이집에서 함께 지내는 사람들 알아보기
	유치원/어린이집에서의 하루	• 등 · 하원하기 • 자유선택활동하기 • 집단 활동하기 • 급식(간식)먹기
	유치원/어린이집에서 만난 친구	• 친구와 함께하기 • 친구 이름 알기 • 친구와 다른 점 알아보기 • 친구와 사이좋게 지내기

	함께 만드는 유치원/어린이집	• 우리 유치원/어린이집을 나타내는 것들 알아보기 • 유치원/어린이집의 특별한 날 알아보기 • 유치원/어린이집의 좋은 점 찾아보기 • 행복한 유치원/어린이집 만들기
나와 가족	나의 몸과 마음	• 내 몸의 각 부분 특징 알기 • 나의 출생과 성장에 관심 갖기 • 나의 감정 알고 표현하기
	소중한 나	• 나의 몸 소중히 여기기 • 나의 특별함 알기 • 나의 일 스스로 하기
	소중한 가족	• 가족이 하는 일 알기 • 가족에 대한 예절 지키기 • 가족의 소중함 알고 표현하기
	가족의 생활과 문화	• 가족의 생활 알기 • 가족의 문화 알기 • 다양한 가족에 관심 가지기
우리 동네	우리 동네 모습	• 우리 동네에 관심 가지기 • 우리 동네 둘러보기 • 우리 동네 알아보기
	우리 동네 생활	• 우리 동네 자연 공간에 관심 가지기 • 우리 동네 공공 기관 알아보기 • 우리 동네 생활공간 활용하기
	우리 동네 사람들	• 우리 동네 사람들에게 관심 가지기 • 우리 동네 사람들이 하는 일 알아보기 • 배려가 필요한 이웃 관심 가지기
	우리 동네 전통과 문화	• 우리 동네 전통과 문화에 관심 가지기 • 우리 동네 전통과 문화 알아보기 • 우리 동네를 아끼고 사랑하기
동식물과 자연	궁금한 동식물	• 관심 있는 동식물 탐구하기 • 상상 속의 동식물에 관심 가지기 • 사라진 동식물에 관심 가지기
	동물과 우리의 생활	• 동물과 함께 하는 즐거움 느끼기 • 동물이 주는 이로움을 생활 속에서 경험하기 • 동물을 대하는 바른 태도 가지기

	식물과 우리의 생활	• 식물과 함께 하는 즐거움 느끼기 • 식물이 주는 이로움에 대해 관심 가지기 • 식물과 함께 지내는 방법에 대해 관심 가지기
	자연과 더불어 사는 우리	• 사라져 가는 동식물에 관심 가지기 • 자연과 더불어 살아가기
건강과 안전	즐거운 운동과 휴식	• 적절하게 운동하기 • 규칙적으로 생활하기 • 충분히 휴식하기 • 즐거운 마음 가지기
	깨끗한 나와 환경	• 나를 깨끗이 하기 • 주변을 깨끗이 하기 • 질병 예방하기
	맛있는 음식과 건강	• 즐겁게 먹기 • 골고루 먹기 • 바르게 먹기
	안전한 놀이와 생활	• 안전하게 놀이하기 • 교통안전 생활화하기 • 위험한 상황 대처하기
생활도구	다양한 생활도구	• 주변에 있는 생활도구 알아보기 • 편리해진 생활도구 알아보기 • 생활도구 유용하게 활용하기 • 생활도구 안전하게 사용하기
	생활도구를 움직이는 힘	• 생활도구를 움직이는 힘 찾아보기 • 생활도구를 움직이는 다양한 힘 사용하기 • 생활도구를 움직이는 에너지의 절약 방법 알아보기
	생활도구로서의 미디어	• 생활 속의 미디어 알아보기 • 미디어가 생활에 주는 유익함 알기 • 미디어 바르게 사용하기 • 미디어 즐겁게 사용하기
	미래의 생활도구	• 생활도구 발명가와 발명품 알아보기 • 생활도구의 불편한 점 알아보기 • 필요한 생활도구 알아보기 • 새로운 생활도구 알아보기

교통 기관	여러 가지 육상 교통 기관	• 육상 교통 기관 종류 알아보기 • 육상 교통 기관 특성 알아보기 • 육상 교통 기관의 변천과정 알아보기
	고마운 육상 교통 기관	• 일하는 육상 교통 기관 알아보기 • 육상 교통 기관에서 일하는 사람 알아보기 • 재미있는 자전거 즐기기
	항공/해상 교통 기관	• 항공/해상 교통 기관 알아보기 • 항공/해상 교통 기관 움직임과 변천과정 알아보기 • 항공/해상 관련 기관과 관련된 직업 알아보기
	즐거운 교통 생활	• 교통안전 규칙 알아보기 • 편리하고 안전하게 교통 기관 이용하기 • 교통 기관 놀이하기
우리나라	우리나라 사람들의 생활	• 우리나라의 옷 경험하기 • 우리나라의 음식 즐기기 • 우리나라의 집 관심 갖기 • 우리나라의 생활도구 경험하기
	우리나라 놀이와 예술	• 우리나라의 전통놀이 즐기기 • 우리나라의 옛 그림 감상하기 • 우리나라의 노래와 춤 경험하기
	우리나라의 역사	• 우리나라의 시작에 대하여 알아보기 • 우리나라 과거, 현재, 미래에 대하여 알아보기 • 북한에 대하여 관심 갖기
	우리나라의 자랑거리	• 우리나라의 상징 알아보기 • 우리나라의 문화재 찾아보기 • 우리나라의 자랑스러운 보습 알아보기
세계 여러 나라	세계 여러 나라 사람들의 생활	• 세계 여러 나라 사람들의 모습에 관심 가지기 • 세계의 다양한 의 · 식 · 주생활 알아보기 • 세계의 풍습 경험하기
	세계 여러 나라의 문화유산	• 세계 여러 나라의 이야기 알아보기 • 세계 여러 나라의 예술 경험하기
	세계 여러 나라와의 교류	• 세계 여행에 관심 가지기 • 여러 나라 경제에 관심 가지기 • 세계 여러 나라 사람들이 함께 하는 스포츠에 관심 가지기
	세계의 자연과 사회 현상	• 세계의 자연 알아보기 • 세계의 재해 알아보기 • 세계 여러 나라의 협력과 지원에 관심 가지기

환경과 생활	물과 우리 생활	• 물놀이하기 • 물 이용하기 • 물 보호하기
	돌 · 흙과 우리 생활	• 돌 · 흙 탐색하기 • 돌 · 흙 이용하기 • 돌 · 흙 보호하기
	바람 · 공기와 우리 생활	• 바람 · 공기와 놀기 • 바람 · 공기 이용하기 • 맑은 바람 · 공기 만들기
	빛과 우리 생활	• 빛과 그림자 탐색하기 • 생활 속의 빛 찾기 • 빛을 유용하게 사용하기
	소리와 우리 생활	• 소리 탐색하기 • 소리 만들기 • 소리와 함께 생활하기
봄 여름 가을 겨울	봄	• 봄 날씨 알기 • 봄 풍경 즐기기 • 따뜻한 봄 지내기
	여름	• 여름 날씨 알기 • 여름 풍경 즐기기 • 더운 여름나기
	가을	• 가을 날씨 알기 • 가을 풍경 즐기기 • 풍성한 가을 지내기
	겨울	• 겨울 날씨 알기 • 겨울 풍경 즐기기 • 추운 겨울나기

표 5-4 **5세 연령별 누리과정 생활주제, 주제, 소주제**

생활주제	5세 주제	소주제
유치원과 친구	유치원의 환경	• 우리 반 이름과 교실 알아보기 • 우리 반에 필요한 약속 알아보기 • 유치원 돌아보기 • 유치원에 함께 지내는 사람들 알아보기 • 함께 사용하는 물건과 공간 알아보기

	유치원에서의 하루	• 형님반이 되어 달라진 하루 일과 알기 • 놀이계획과 평가하기 • 함께 하면 더 좋은 것 알아보기 • 바른 태도로 급식(간식) 먹기 • 도우미가 되어 보기
	유치원에서 만난 친구	• 나와 친구 소개하기 • 친구의 의미 알기 • 친구 간의 예의 지키기 • 내 마음 친구마음 알기
	함께 만드는 유치원	• 우리 유치원의 상징 알아보기 • 우리 유치원의 역사 알아보기 • 우리 유치원의 자랑거리 알기 • 우리가 만들고 싶은 유치원 계획하기
나와 가족	나의 몸과 마음	• 내 몸의 구조와 기능 알기 • 나의 출생과 성장과정 알기 • 나의 감정을 알고 조절하기
	소중한 나	• 나의 몸 소중히 여기기 • 나의 특별함을 알고 사랑하기 • 나의 일 스스로 하기
	소중한 가족	• 가족의 역할 알기 • 가족에 대한 예의 지키기 • 가족과 화목하게 지내기
	가족의 생활과 문화	• 가족의 생활 알기 • 가족의 문화 알기 • 다양한 가족에 관심 가지기
우리 동네	우리 동네 모습	• 우리 동네에 관심 가지기 • 우리 동네 둘러보기 • 우리 동네 알아보기
	우리 동네 생활	• 우리 동네 자연 공간 찾아보기 • 우리 동네 공공 기관 알아보기 • 우리 동네 생활공간 활용하기
	우리 동네 사람들	• 우리 동네 사람들에게 관심 가지기 • 우리 동네 사람들이 하는 일 알아보기 • 배려가 필요한 이웃 알아보기

	우리 동네 전통과 문화	• 우리 동네 전통과 문화에 관심 가지기 • 우리 동네 전통과 문화 알아보기 • 우리 동네를 아끼고 사랑하기
동식물과 자연	궁금한 동식물	• 좋아하는 동식물 탐구하기 • 상상 속의 동식물 탐구하기 • 사라지 동식물에 관심 가지기
	동물과 우리의 생활	• 동물과 함께하는 즐거움 느끼기 • 동물이 주는 이로움 알아보기 • 동물과 함께 지내는 바업 알아보기
	식물과 우리의 생활	• 식물과 함께하는 즐거움 느끼기 • 식물이 주는 이로움 알아보기 • 식물과 함께 지내는 방법 알아보기
	자연과 더불어 사는 우리	• 동식물의 서식지에 관심 가지기 • 사라져 가는 동식물에 관심 가지기
건강과 안전	즐거운 운동과 휴식	• 적절하게 운동하기 • 규칙적으로 생활하기 • 충분히 휴식하기 • 즐거운 마음 가지기
	깨끗한 나와 환경	• 나를 깨끗이 하기 • 주변을 깨끗이 하기 • 질병을 예방하기
	맛있는 음식과 건강	• 즐겁게 먹기 • 골고루 먹기 • 바르게 먹기
	안전한 놀이와 생활	• 안전하게 놀이하기 • 교통안전 생활화하기 • 위험한 상황 대처하기
생활도구	다양한 생활도구	• 생활도구 알아보기 • 생활도구 변천과정 알아보기 • 생활도구 유용하게 생활하기 • 생활도구 안전하게 사용하기
	생활도구를 움직이는 힘	• 생활도구를 움직이는 힘 알아보기 • 생활도구를 움직이는 힘을 효율적으로 사용하기 • 생활도구에 사용되는 에너지 절약하기

	생활도구로서의 미디어	• 생활 속의 미디어 알아보기 • 미디어가 생활에 주는 유익함 알기 • 미디어 유용하게 활용하기 • 미디어 바르게 사용하기
	미래의 생활도구	• 생활도구 발명가와 발명품 알아보기 • 생활도구의 개선점 알아보기 • 필요한 생활도구 발명하기 • 새로운 생활도구 알아보기
교통 기관	교통 기관의 종류	• 내가 이용한 교통 기관 알아보기 • 교통 기관의 특성 알아보기 • 육상 교통 기관 알아보기 • 항공 교통 기관 알아보기 • 해상 교통 가관 알아보기
	고마운 교통 기관	• 대중교통 수단 이용하기 • 특별한 교통 기관 알아보기 • 일하는 교통 기관 알아보기
	교통 기관의 변천과정과 구조	• 교통수단의 변천과정 알아보기 • 교통 기관의 구조 탐색하기 • 미래의 교통수단에 관심 가지기
	교통 통신과 교통 생활	• 안전한 교통질서 지키기 • 교통 기관과 관련된 직업 알아보기 • 편리하고 안전한 교통 생활하기
우리나라	우리나라 사람들의 생활	• 우리나라의 옷 살펴보기 • 우리나라의 음식 즐기기 • 우리나라의 집 알아보기 • 우리나라의 생활도구 알아보기
	우리나라 놀이와 예술	• 우리나라의 전통놀이 즐기기 • 우리나라의 옛 그림 감상하기 • 우리나라의 노래와 춤 경험하기 • 우리나라의 옛이야기 감상하기
	우리나라의 역사	• 우리나라의 시작에 대하여 알아보기 • 우리나라의 과거, 현재, 미래에 대해 알아보기 • 북한에 대해 관심 가지기
	우리나라의 자랑거리	• 우리나라 상징 알아보기 • 우리나라의 문화재 알아보기 • 우리나라의 자랑스러운 모습 알아보기

세계 여러 나라	세계 여러 나라 사람들의 생활	• 세계 여러 나라 삶들의 모습 알아보기 • 세계의 다양한 의생활 알아보기 • 세계의 다양한 식생활 알아보기 • 세계의 다양한 주거생활 알아보기 • 세계의 풍습 경험하기
	세계 여러 나라의 문화유산	• 여러 나라의 이야기 알아보기 • 세계의 위인 알아보기 • 세계의 음악과 춤 경험하기 • 세계의 미술과 건축물 감상하기
	세계 여러 나라와의 교류	• 세계의 스포츠 경험하기 • 세계 여행 관심 갖기 • 여러 나라의 경제 알아보기
	세계의 자연과 사회 현상	• 세계의 자연 이해하기 • 세계의 재해 이해하기 • 세계 여러 나라의 협력과 지원 알아보기
환경과 생활	물과 우리 생활	• 물의 특성과 생명체와의 관계 이해하기 • 물의 이용과 물 부족 알아보기 • 물의 오염과 피해 알아보기 • 물 보호하기
	돌 · 흙과 우리 생활	• 돌 · 흙 탐색하기 • 돌 · 흙 이용하기 • 돌 · 흙 보호하기
	바람 · 공기와 우리 생활	• 바람과 놀기 • 생활 속에서 바람 이용하기 • 맑은 공기 만들기
	빛과 우리 생활	• 빛과 그림자 탐색하기 • 생활 속의 빛 찾기 • 빛을 유용하게 사용하기
	소리와 우리 생활	• 소리 탐색하기 • 소리 만들기 • 소리와 함께 생활하기
봄 여름 가을 겨울	봄	• 봄 날씨 알기 • 봄 풍경 즐기기 • 따뜻한 봄 지내기

	여름	• 여름 날씨 알기 • 여름 풍경 즐기기 • 더운 여름나기
	가을	• 가을 날씨 알기 • 가을 풍경 즐기기 • 풍성한 가을 지내기
	겨울	• 겨울 날씨 알기 • 겨울 풍경 즐기기 • 추운 겨울나기

2. 표준보육과정과 유아동작교육

표준보육과정은 어린이집의 0~5세 영·유아들에게 국가 수준에서 제공하는 보편적이고 공통적인 보육의 목표와 내용을 제시한 것이다. 어린이집 표준보육과정은 0~1세 보육과정, 2세 보육과정, 3~5세 보육과정(누리과정 포함)으로 구성된다.

0~2세를 대상으로 하는 표준보육과정은 수준별 및 연령별로 내용이 구분되어 있으나 영유아의 발달 특성과 개인차를 고려하여 융통성 있게 적용할 수 있다. 표준보육과정은 기본생활, 신체운동, 의사소통, 사회관계, 예술경험, 자연탐구의 여섯 개 영역을 중심으로 구성되고, 이러한 제3차 표준보육과정에서 유아동작교육과 관련 있는 영역은 신체운동 영역과 예술경험 영역이므로 이를 구체적으로 살펴보면 다음과 같다.

1) 신체운동 영역

(1) 0~1세 신체운동 영역의 세부내용

0~1세 표준보육과정 신체운동 영역의 목표는 '감각 및 기본 신체운동 능력을 기르는 것'이며, 구체적 목표는 다음과 같다.

첫째, 감각기능을 발달시키고 자신의 신체를 탐색한다.

둘째, 대·소근육을 조절하고 걷기 등의 능력을 기른다.

셋째, 규칙적으로 신체활동에 참여한다.

이상에서 제시한 목표를 달성하기 위한 0~1세 표준보육과정 신체운동 영역의 내용 체계와 세부내용은 〈표 5-5〉와 같다. 0~1세 표준보육과정 신체운동 영역은 1~4수준으로 나뉘어 있으므로 교사는 개인의 발달 차이 및 월령 차이를 고려하여야 한다.

표 5-5 0~1세 신체운동 영역의 세부내용

<table>
<tr><th>내용범주</th><th>내용</th><th>1수준</th><th>2수준</th><th>3수준</th><th>4수준</th></tr>
<tr><td rowspan="4">감각과 신체 인식하기</td><td rowspan="2">감각적 자극에 반응하기</td><td colspan="4">시각, 청각, 촉각, 후각, 미각으로 자극을 느낀다.</td></tr>
<tr><td colspan="4">시각, 청각, 촉각, 후각, 미각으로 자극에 반응한다.</td></tr>
<tr><td>감각기관으로 탐색하기</td><td colspan="4">감각기관으로 주변 환경을 탐색한다.</td></tr>
<tr><td>신체 탐색하기</td><td>손과 발 등을 바라보며 탐색한다.</td><td colspan="3">주요 신체 부분의 움직임을 탐색한다.</td></tr>
<tr><td rowspan="5">신체 조절과 기본 운동하기</td><td>신체 균형 잡기</td><td>몸의 균형을 잡기 위한 자세를 시도한다.</td><td>붙잡고 서 있기 등의 자세를 취한다.</td><td colspan="2">안정되게 서 있기 등의 자세를 시도한다.</td></tr>
<tr><td>대근육 조절하기</td><td>뒤집기 등 몸을 조절하여 위치를 바꾼다.</td><td colspan="3">누웠다 앉기 등 몸의 움직임을 조절한다.</td></tr>
<tr><td>소근육 조절하기</td><td>보이는 물체에 손을 뻗는다.</td><td colspan="3">눈과 손을 협응하여 소근육을 활용해 본다.</td></tr>
<tr><td rowspan="2">기본운동하기</td><td>배밀이 등 이동운동을 시도한다.</td><td>기기, 걷기 등 이동운동을 시도한다.</td><td colspan="2">걷기 등 이동운동을 시도한다.</td></tr>
<tr><td colspan="2">팔 다리 뻗기, 흔들기 등 제자리 운동을 시도한다.</td><td colspan="2">서 있기, 앉기 등 제자리 운동을 시도한다.</td></tr>
<tr><td rowspan="3">신체 활동에 참여하기</td><td>몸 움직임 즐기기</td><td colspan="2">몸을 활발히 움직인다.</td><td colspan="2">몸의 움직임을 다양하게 시도한다.</td></tr>
<tr><td>바깥에서 신체 움직이기</td><td colspan="2">규칙적으로 바깥 환경을 경험한다.</td><td colspan="2">규칙적으로 바깥에서 신체활동을 한다.</td></tr>
<tr><td>기구를 이용하여 신체활동 시도하기</td><td></td><td colspan="3">간단한 기구를 이용하여 신체활동을 시도한다.</td></tr>
</table>

(2) 2세 신체운동 영역의 세부내용

2세 표준보육과정 신체운동 영역의 목표는 '감각, 신체조절 및 기본운동 능력을 기르는 것'이며, 구체적 목표는 다음과 같다.

첫째, 감각능력을 기르고 자신의 신체 움직임을 탐색한다.
둘째, 안정된 자세로 대·소근육을 조절하고 기본운동 능력을 기른다.
셋째, 규칙적으로 신체활동에 참여한다.

이상에서 제시한 목표를 달성하기 위한 2세 표준보육과정 신체운동 영역의 내용체계와 세부내용은 〈표 5-6〉과 같다.

표 5-6 2세 신체운동 영역의 세부내용

<table>
<tr><th>내용범주</th><th>내용</th><th>1수준</th><th>2수준</th></tr>
<tr><td rowspan="4">감각과
신체 인식하기</td><td>감각능력 기르기</td><td colspan="2">다양한 감각적 차이에 반응한다.</td></tr>
<tr><td>감각기관 활용하기</td><td colspan="2">감각기관으로 주변 환경을 탐색한다.</td></tr>
<tr><td rowspan="2">신체를 인식하고
움직이기</td><td colspan="2">신체 각 부분의 명칭을 안다.</td></tr>
<tr><td colspan="2">신체 각 부분의 움직임을 탐색한다.</td></tr>
<tr><td rowspan="5">신체
조절과
기본운동
하기</td><td>신체 균형 잡기</td><td colspan="2">안정된 자세를 취하려고 시도한다.</td></tr>
<tr><td>대근육 조절하기</td><td colspan="2">팔, 다리, 목, 허리 등 움직임을 조절한다.</td></tr>
<tr><td>소근육 조절하기</td><td colspan="2">눈과 손을 협응하여 소근육을 조절해 본다.</td></tr>
<tr><td rowspan="2">기본운동하기</td><td colspan="2">걷기, 계단 오르기 등 이동운동을 한다.</td></tr>
<tr><td colspan="2">제자리에서 몸을 움직여 본다.</td></tr>
<tr><td rowspan="3">신체
활동에
참여하기</td><td>신체활동에 참여하기</td><td colspan="2">신체활동에 자발적으로 참여해 본다.</td></tr>
<tr><td>바깥에서 신체활동하기</td><td colspan="2">규칙적으로 바깥에서 신체활동을 한다.</td></tr>
<tr><td>기구를 이용하여
신체활동하기</td><td colspan="2">간단한 기구를 이용하여 신체활동을 한다.</td></tr>
</table>

2) 예술경험 영역

(1) 0~1세 예술경험 영역의 세부내용

0~1세 표준보육과정 예술경험 영역의 목표는 '아름다움에 관심을 가지는 것'이며, 구체적 목표는 다음과 같다.

첫째, 자신의 신체와 주변의 감각 자극에 호기심을 가지고 반응한다.
둘째, 소리와 움직임으로 반응하고, 단순한 미술을 경험하여, 모방행동을 즐긴다.
셋째, 친근한 소리나 노래를 즐겨 듣고, 자연물, 사물, 주변 환경에 관심을 가진다.

이상에서 제시한 목표를 달성하기 위한 0~1세 표준보육과정 예술경험 영역의 내용체계와 세부내용은 〈표 5-7〉과 같다. 0~1세 표준보육과정은 예술경험 영역은 1~4수준으로 나뉘어 있으므로 교사는 개인의 발달 차이 및 월령 차이를 고려하여 융통성을 발휘하여야 한다.

표 5-7 0~1세 예술경험 영역의 세부내용

<table>
<tr><th>내용범주</th><th>내용</th><th>1수준</th><th>2수준</th><th>3수준</th><th>4수준</th></tr>
<tr><td>아름다움 찾아보기</td><td>예술적 요소에 호기심 가지기</td><td colspan="4">주변의 소리와 움직임에 호기심을 가진다.</td></tr>
<tr><td rowspan="3">예술적 표현하기</td><td rowspan="2">움직임으로 반응하기</td><td colspan="4">손발 흔들기와 몸 움직임으로 반응한다.</td></tr>
<tr><td colspan="2"></td><td colspan="2">간단한 도구를 활용하여 움직인다.</td></tr>
<tr><td>모방행동 즐기기</td><td colspan="2">소리나 얼굴 표정, 몸 움직임 등을 모방한다.</td><td colspan="2">단순한 모방행동을 놀이처럼 즐긴다.</td></tr>
<tr><td>예술 감상하기</td><td>아름다움 경험하기</td><td colspan="4">일상생활에서 자연이나 사물의 아름다움을 경험한다.</td></tr>
</table>

(2) 2세 예술경험 영역의 세부내용

2세 표준보육과정 예술경험 영역의 목표는 '아름다움에 관심을 가지고 예술경험을 즐기는 것'이며, 구체적 목표는 다음과 같다.

첫째, 주변 생활에서 예술적 요소를 발견하고 흥미롭게 탐색한다.
둘째, 간단한 리듬이나 노래, 움직임, 자발적인 미술활동을 자유롭게 시도하고 모방이나 상상놀이로 표현한다.
셋째, 주변의 환경과 자연 및 다양한 표현에서 예술적 요소를 관심 있게 보고 즐긴다.

이상에서 제시한 목표를 달성하기 위한 2세 표준보육과정 예술경험 영역의 내용체계와 세부내용은 〈표 5-8〉과 같다. 2세 표준보육과정은 예술경험 영역이 1·2·3·4 수준으로 나뉘어 있으므로 교사는 개인의 발달 차이 및 월령 차이를 고려하여 융통성을 발휘하여야 한다.

표 5-8 2세 예술경험 영역의 세부내용

<table>
<tr><th>내용범주</th><th>내용</th><th>1수준</th><th>2수준</th></tr>
<tr><td>아름다움 찾아보기</td><td>예술적 요소 탐색하기</td><td colspan="2">주변 환경에서 나는 다양한 소리와 움직임을 탐색한다.</td></tr>
<tr><td rowspan="3">예술적 표현하기</td><td rowspan="2">움직임으로 표현하기</td><td colspan="2">노래나 리듬에 맞춰 몸으로 표현한다.</td></tr>
<tr><td colspan="2">간단한 도구를 활용하여 몸으로 표현한다.</td></tr>
<tr><td>모방과 상상놀이하기</td><td>모방행동을 놀이처럼 즐긴다.</td><td>일상생활 경험을 상상놀이로 즐긴다.</td></tr>
<tr><td rowspan="3">예술 감상하기</td><td rowspan="3">아름다움 즐기기</td><td colspan="2">자연이나 생활의 소리나 움직임, 친근한 음악과 춤을 관심 있게 듣거나 본다.</td></tr>
<tr><td colspan="2">일상생활에서 자연과 사물의 아름다움에 관심을 가지고 즐긴다.</td></tr>
<tr><td colspan="2">자신과 또래가 표현한 노래, 춤, 미술품 등에 관심을 가지고 즐긴다.</td></tr>
</table>

3. 3~5세 연령별 누리과정과 유아동작교육

3~5세 연령별 누리과정은 신체운동 · 건강, 의사소통, 사회관계, 예술경험, 자연탐구 다섯 개 영역으로 구성된다(교육과학기술부, 보건복지부, 2013b). 이 중 유아동작교육과 관련된 내용은 신체운동 · 건강 영역과 예술경험 영역에서 그 내용을 찾고자 한다.

1) 신체운동 · 건강 영역

3~5세 연령별 누리과정 신체운동 · 건강 영역의 목표는 '기본운동 능력과 건강하고 안전한 생활습관을 기르는 것'이며 구체적 목표는 다음과 같다.

첫째, 감각능력을 기르고 자신의 신체를 긍정적으로 인식한다.
둘째, 신체를 조절하고 기본운동 능력을 기른다.
셋째, 신체활동에 즐겁게 참여한다.
넷째, 건강한 생활습관을 기른다.
다섯째, 안전한 생활습관을 기른다.

이상과 같이 목표를 달성하기 위한 3~5세 연령별 누리과정 신체운동 · 건강 영역의 내용범주와 세부내용은 〈표 5-9〉와 같다.

표 5-9 신체운동 · 건강 영역의 연령별 세부내용

내용범주	내용	3~5세 연령별 누리과정 세부내용		
		3세	4세	5세
신체 인식하기	감각능력 기르고 활용하기	감각적 차이를 경험한다.	감각적 차이를 구분한다.	감각으로 대상이나 사물의 특성과 차이를 구분한다.
		감각기관을 인식하고, 활용해 본다.	여러 감각기관을 협응하여 활용한다.	

<table>
<tr><td rowspan="2"></td><td rowspan="2">신체를
인식하고
움직이기</td><td>신체 각 부분의 명칭을
알고, 움직임에 관심을
갖는다.</td><td colspan="2">신체 각 부분의 특성을 이해하고
활용하여 움직인다.</td></tr>
<tr><td colspan="3">자신의 신체를 긍정적으로 인식하고 움직인다.</td></tr>
<tr><td rowspan="7">신체
조절과
기본
운동
하기</td><td rowspan="5">신체
조절
하기</td><td>신체균형을
유지해 본다.</td><td colspan="2">다양한 자세와 움직임에서
신체균형을 유지한다.</td></tr>
<tr><td>공간, 힘, 시간 등의 움직
임 요소를 경험한다.</td><td colspan="2">공간, 힘, 시간 등의 움직임 요소를
활용하여 움직인다.</td></tr>
<tr><td>신체 각 부분의 움직임을
조절해 본다.</td><td colspan="2">신체 각 부분을 협응하여
움직임을 조절한다.</td></tr>
<tr><td colspan="3">눈과 손을 협응하여 소근육을 조절해 본다.</td></tr>
<tr><td></td><td></td><td>도구를 활용하여 여러
가지 조작 운동을 한다.</td></tr>
<tr><td rowspan="2">기본
운동
하기</td><td>걷기, 달리기 등
이동운동을 한다.</td><td colspan="2">걷기, 달리기, 뛰기 등 다양한
이동운동을 한다.</td></tr>
<tr><td>제자리에서 몸을
움직여 본다.</td><td colspan="2">제자리에서 몸을 다양하게 움직인다.</td></tr>
<tr><td rowspan="5">신체
활동에
참여
하기</td><td rowspan="3">자발적으로
신체활동에
참여하기</td><td>신체활동에 자발적으로
참여한다.</td><td colspan="2">신체활동에 자발적이고 지속적으로 참여한다.</td></tr>
<tr><td colspan="3">다른 사람과 함께하는 신체활동에 참여한다.</td></tr>
<tr><td></td><td>자신과 다른 사람의
운동능력의 차이에
관심을 갖는다.</td><td>자신과 다른 사람의
운동능력의 차이를
이해한다.</td></tr>
<tr><td>바깥에서
신체활동하기</td><td colspan="3">규칙적으로 바깥에서 신체활동을 한다.</td></tr>
<tr><td>기구를
이용하여
신체활동하기</td><td colspan="3">여러 가지 기구를 이용하여 신체활동을 한다.</td></tr>
</table>

건강하게 생활하기	몸과 주변을 깨끗이 하기	손과 이를 깨끗이 하는 방법을 알고 실천한다.		스스로 몸을 깨끗이 하는 습관을 기른다.
		주변을 깨끗이 한다.	주변을 깨끗이 하는 습관을 기른다.	
	바른 식생활 하기	음식을 골고루 먹는다.		적당량의 음식을 골고루 먹는다.
		몸에 좋은 음식에 관심을 갖는다.	몸에 좋은 음식을 알아본다.	몸에 좋은 음식을 선택할 수 있다.
		바른 태도로 식사한다.	음식을 소중히 여기고 식사예절을 지킨다.	
	건강한 일상생활 하기	규칙적으로 잠을 자고, 적당한 휴식을 취한다.		
		하루 일과에 즐겁게 참여한다.		
		스스로 화장실에서 배변한다.	바른 배변습관을 가진다.	규칙적인 배변습관을 가진다.
	질병 예방하기	질병의 위험을 알고 주의한다.	질병을 예방하는 방법을 알고 실천한다.	
		날씨에 맞게 옷을 입는다.	날씨와 상황에 알맞게 옷을 입는다.	
안전하게 생활하기	안전하게 놀이하기	놀이기구나 놀잇감, 도구를 안전하게 사용한다.		놀이기구나 놀잇감, 도구의 바른 사용법을 알고 안전하게 사용한다.
		안전한 놀이 장소를 안다.	안전한 장소를 알고 안전하게 놀이한다.	
		TV, 인터넷, 통신기기 등을 바르게 사용한다.	TV, 인터넷, 통신기기 등의 위해성을 알고, 바르게 사용한다.	
	교통안전 규칙 지키기	교통안전 규칙을 지킨다.	교통안전 규칙을 알고 지킨다.	
		교통수단을 안전하게 이용한다.		
	비상시 적절히 대처하기	학대, 성폭력, 실종, 유괴 상황을 알고 도움을 요청한다.	학대, 성폭력, 실종, 유괴 상황 시 도움을 요청하는 방법을 알고 행동한다.	
		재난 및 사고 등 비상시 적절하게 대처하는 방법을 안다.	재난 및 사고 등 비상시 적절하게 대처하는 방법을 알고 행동한다.	

2) 예술경험 영역

3~5세 연령별 누리과정 예술경험 영역의 목표는 '아름다움에 관심을 가지고 예술경험을 즐기며, 창의적으로 표현하는 능력을 기르는 것'이며 구체적 목표는 다음과 같다.

첫째, 자연과 주변 환경에서 발견한 아름다움과 예술적 요소에 관심을 갖고 탐색한다.
둘째, 자신의 생각과 느낌을 음악, 움직임과 춤, 미술, 극놀이를 통해 창의적으로 표현하는 것을 즐긴다.
셋째, 자연과 다양한 예술작품을 감상하며, 풍부한 심미적 태도를 기른다.

이상과 같이 목표를 달성하기 위한 3~5세 연령별 누리과정 예술경험 영역의 세부 내용은 〈표 5-10〉과 같다.

표 5-10 예술경험 영역의 연령별 세부내용

<table>
<tr><th rowspan="2">내용 범주</th><th rowspan="2">내용</th><th colspan="3">3~5세 연령별 누리과정</th></tr>
<tr><th>3세</th><th>4세</th><th>5세</th></tr>
<tr><td rowspan="3">아름다움 찾아보기</td><td>음악적 요소 탐색하기</td><td colspan="2">다양한 소리, 음악의 셈여림, 빠르기, 리듬 등에 관심을 갖는다.</td><td>다양한 소리, 악기 등으로 음악의 셈여림, 빠르기, 리듬 등을 탐색한다.</td></tr>
<tr><td>움직임과 춤 요소 탐색하기</td><td colspan="2">움직임과 춤의 모양, 힘, 빠르기 등에 관심을 갖는다.</td><td>움직임과 춤의 모양, 힘, 빠르기, 흐름 등을 탐색한다.</td></tr>
<tr><td>미술적 요소 탐색하기</td><td colspan="2">자연과 사물의 색, 모양, 질감 등에 관심을 갖는다.</td><td>자연과 사물의 색, 모양, 질감, 공감 등을 탐색한다.</td></tr>
<tr><td rowspan="2">예술적 표현 하기</td><td rowspan="2">음악으로 표현하기</td><td>간단한 노래를 듣고 따라 부른다.</td><td colspan="2">노래로 자신의 생각과 느낌을 표현한다.</td></tr>
<tr><td colspan="3">전래동요를 즐겨 부른다.</td></tr>
</table>

<table>
<tr><td rowspan="12"></td><td rowspan="2"></td><td>리듬악기로 간단한 리듬을 표현해 본다.</td><td colspan="2">리듬악기를 연주해 본다.</td></tr>
<tr><td colspan="2">간단한 리듬과 노래를 즉흥적으로 만들어 본다.</td><td>리듬과 노래 등을 즉흥적으로 만들어 본다.</td></tr>
<tr><td rowspan="3">움직임과 춤으로 표현하기</td><td colspan="2">신체를 이용하여 주변의 움직임을 자유롭게 표현한다.</td><td>신체를 이용하여 주변의 움직임을 다양하게 표현하며 즐긴다.</td></tr>
<tr><td colspan="3">움직임과 춤으로 자신의 생각과 느낌을 표현한다.</td></tr>
<tr><td colspan="2">도구를 활용하여 다양한 움직임으로 표현한다.</td><td>다양한 도구를 활용하여 창의적으로 움직인다.</td></tr>
<tr><td rowspan="3">미술활동으로 표현하기</td><td>다양한 미술활동을 경험해 본다.</td><td colspan="2">다양한 미술활동으로 자신의 생각과 느낌을 표현한다.</td></tr>
<tr><td></td><td>협동적인 미술활동에 참여한다.</td><td>협동적인 미술활동에 참여하여 즐긴다.</td></tr>
<tr><td>미술활동에 필요한 재료와 도구에 관심을 가지고 사용한다.</td><td colspan="2">미술활동에 필요한 재료와 도구를 다양하게 사용한다.</td></tr>
<tr><td rowspan="2">극놀이로 표현하기</td><td>일상생활의 경험을 극놀이로 표현한다.</td><td>일상생활의 경험이나 간단한 이야기를 극놀이로 표현한다.</td><td>경험이나 이야기를 극놀이로 표현한다.</td></tr>
<tr><td></td><td colspan="2">소품, 배경, 의상 등을 사용하여 협동적으로 극놀이를 한다.</td></tr>
<tr><td rowspan="2">통합적으로 표현하기</td><td></td><td colspan="2">음악, 움직임과 춤, 미술, 극놀이 등을 통합하여 표현한다.</td></tr>
<tr><td colspan="2">예술활동에 참여하여 표현과정을 즐긴다.</td><td>예술활동에 참여하여 창의적으로 표현하는 과정을 즐긴다.</td></tr>
<tr><td rowspan="3">예술 감상하기</td><td rowspan="2">다양한 예술 감상하기</td><td>다양한 음악, 춤, 미술작품, 극놀이 등을 듣거나 본다.</td><td colspan="2">다양한 음악, 춤, 미술작품, 극놀이 등을 듣거나 보고 즐긴다.</td></tr>
<tr><td colspan="3">나와 다른 사람의 예술표현을 소중히 여긴다.</td></tr>
<tr><td>전통예술 감상하기</td><td colspan="2">우리나라의 전통예술에 관심을 갖는다.</td><td>우리나라의 전통예술에 관심을 갖고 친숙해진다.</td></tr>
</table>

제 6 장

유아동작교육의 계획 및 평가

유아교육 현장에서 유아동작교육의 효과적인 수업 계획을 위해서는 어떤 방법으로 활동을 진행할 것인가에 따른 구체적인 본시수업계획안을 작성해야 한다. 유아동작교육 본시수업계획안에 근거하여 동작활동의 계획-실행-평가를 실행하여야 하며, 수업계획에 따른 활동 후 수업목표에 대한 내용을 반성적 사고과정에서 수업 자료 및 매체의 활용성, 학습동기 유발, 사고를 촉진하는 발문 등을 평가하고 유아의 수행 및 발달 정도에 따른 활동 평가를 실시해야 한다. 따라서 교사는 유아동작교육을 실행하기 전에 어떠한 수업을 할 것인지에 대한 수업계획안 작성과 운영에 대해 이해할 필요가 있다.

1. 유아동작교육 활동의 계획과 운영

이 절에서는 3~5세 연령별 누리과정에 기초하여, 동작교육 활동의 본시수업계획안을 작성하는 구체적인 방법에 대하여 설명하고자 한다. 본시수업계획안은 1차시 분량으로 계획된 학습단원의 교수 절차를 상세하게 쓰는 것이다(Weiler, Mass & Nirschl, 1988). 수업계획안 작성을 통해 수업에 대한 전체적인 윤곽을 잡고 발생할 수 있는 문제를 예측할 수 있다. 본시수업계획안 작성은 교사마다 다르며, 자신만의 수업계획안을 작성하는 데 고려해야 할 점은 다음과 같다(김은심, 2010).

① 수업계획안은 융통성 있게 설계하여야 한다. 교사는 자신의 수업계획안에 변화가 생길 수 있다는 사실을 인식해야 하며, 이를 항상 염두에 두고 있어야 한다.
② 교사는 분명하고 실제적인 목표를 가지고 있어야 한다. 각각의 수업마다 유아들이 무엇을 달성하기를 바라는지 관찰 가능한 구체적인 목표를 설정해야 한다.
③ 수업계획안이 상세할수록 실제 수업이 쉽게 이루어질 수 있다. 수업 주제와 목표를 바탕으로 유용한 질문을 상세하게 기록한다면 성공적인 수업이 진행될 것이다.

④ 수업계획은 도입, 전개, 마무리로 구성되어야 한다.

교사는 이와 같은 사항을 고려하면서 수업계획안을 작성해야 하며, 현재 유아교육 현장에서 좋은 수업에 대한 관심은 여전히 높은 것으로 사료된다. 유아동작활동을 계획하기 위해 [그림 6-1]과 같이 생활주제, 주제, 소주제, 활동 형태, 연령, 활동 자료, 사용할 기자재, 공간 등을 우선으로 고려해 보는 것도 구체적인 수업계획안 작성에 도움이 된다.

동작 활동명	가족을 표현해 봐요
생활주제	나와 가족
주제	소중한 가족
소주제	가족이 하는 일 알기
활동 형태	대집단
유아의 연령	4세
활동 자료	실물 그림판, 얼굴 활동판
기자재	빔 프로젝터, PPT, 거치대
장소	교실

[그림 6-1] 수업계획안 작성 시 고려할 점

2. 유아동작교육 수업계획안 구성

본시수업계획안에는 활동명, 활동형태, 활동유형, 연령, 생활주제, 주제, 소주제, 활동목표, 교육과정 관련 요소, 활동방법, 유의점, 활동평가, 확장활동 등을 기록한다. 이 절에서는 유아동작교육 본시수업계획안의 구성을 소개하고자 하며, 〈표 6-1〉은 유아동작교육 본시수업계획안의 예시이다.

표 6-1 본시수업계획안 예시

유아동작교육 본시수업계획안

<table>
<tr><td>생활
주제</td><td></td><td>주제</td><td></td><td>소주제</td><td></td><td>활동
일시</td><td></td></tr>
<tr><td>활동명</td><td></td><td>활동
형태</td><td></td><td>활동
유형</td><td></td><td>연령</td><td></td></tr>
<tr><td>활동
목표</td><td colspan="7"></td></tr>
<tr><td>누리
과정
관련
요소</td><td colspan="7"></td></tr>
<tr><td>창의 ·
인성
관련</td><td colspan="7"></td></tr>
<tr><td>활동
자료</td><td colspan="7"></td></tr>
<tr><td>활동
방법</td><td colspan="4">활동내용</td><td colspan="3">수업 연구</td></tr>
<tr><td>사전
활동</td><td colspan="4"></td><td colspan="3"></td></tr>
<tr><td>도입</td><td colspan="4"></td><td colspan="3"></td></tr>
<tr><td>전개</td><td colspan="4"></td><td colspan="3">• 활동 시 유의점</td></tr>
<tr><td>마무리</td><td colspan="4"></td><td colspan="3"></td></tr>
<tr><td>활동
평가</td><td colspan="4"></td><td colspan="3">• 평가내용
목표에 도달하였는지 평가한다.</td></tr>
<tr><td>확장
활동</td><td colspan="4"></td><td colspan="3"></td></tr>
</table>

1) 연령

3~5세 연령별 누리과정은 5개 영역별로 3, 4, 5세를 동일한 목표로 제시하고, 생활주제와 주제는 연령 간 연계성을 위하여 3, 4, 5세 모두 동일하게 선정되어 있으며, 3, 4, 5세 유아의 발달 수준, 흥미 및 요구를 고려하여 연령별로 제시한다.

2) 생활주제, 주제, 소주제

3~5세 연령별 누리과정의 생활주제는 4, 5세는 11개의 생활주제(유치원과 친구, 나와 가족, 우리 동네, 동식물과 자연, 건강과 안전, 생활도구, 교통기관, 우리나라, 세계 여러 나라, 환경과 생활, 봄 · 여름 · 가을 · 겨울), 3세는 10개의 생활주제(세계 여러 나라 제외)로 구성되어 있다. 생활주제를 중심으로 주제와 소주제를 선정한다. 예를 들어, 생활주제(유치원과 친구)-주제(유치원에서의 친구)-소주제(친구와 다른 점 알아보기)로 전개할 수 있다. 여기서 생활주제는 한 달 단위로 이루어지고, 주제는 한 주 단위로 이루어지며, 소주제는 일 단위로 이루어지는 것으로 보고 사용한다.

3) 활동형태

활동형태는 자유선택활동, 대 · 소집단 활동으로 구성한다.

4) 활동유형

활동유형은 활동형태에 따라 다르게 서술한다. 활동형태가 자유선택 활동일 경우에는 쌓기놀이 영역, 역할놀이 영역, 언어 영역, 수 · 조작놀이 영역, 과학 영역, 미술 영역, 음률 영역으로 서술하며, 대 · 소집단 활동일 경우에는 이야기 나누기, 동시 · 동화 · 동극, 음악, 신체, 게임, 요리로 나타낸다.

5) 활동명

동작교육을 포괄적으로 표현하면서 독창적이며 간단하게 주제 관련 제목을 나타내며, 행위동사 '~해 보아요' '~표현하기' '함께 걸어요' '~와 춤을 춰요' 등으로 나타낸다.

6) 활동목표

활동목표는 한 가지 활동에 대한 목표이므로 수업에서 행해야 하는 내용을 포함하여 구체적으로 진술하여야 한다. 활동목표 서술어미의 예시는 다음과 같이 나타낸다. 지적 기능(지식)을 통해 지식 획득이 목표인 경우, '탐색함으로써~' '표현함으로써~' '만들어 봄으로써~' '관찰함으로써~' 등으로 진술하여야 한다.

운동기능(기술)인 경우는, '걸을 수 있다.' '균형 잡을 수 있다.' '따라 할 수 있다.' '행동할 수 있다.' '조절할 수 있다.' '정확하게 할 수 있다.' '활동할 수 있다.' '움직일 수 있다.'와 같이 한 줄로 정렬하여 서술할 수 있다. 태도일 경우는, '기른다.' '함양한다.' '경험한다.' '참여한다.' '관심을 가진다.' '태도를 보인다.' '흥미를 보인다.' '즐긴다.' 등으로 서술할 수 있다(전성연, 김수동, 2000).

7) 3~5세 연령별 누리과정 관련 요소

3~5세 연령별 누리과정 관련 요소는 5개 영역인 신체운동 · 건강, 의사소통, 사회관계, 예술경험, 자연탐구 중 구별하여 서술하고 신체운동 · 건강은 다섯 가지 내용범주와 하위내용을 서술한다. 예를 들어, [그림 6-2]에서 3~5세 연령별 누리과정 5개 영역(신체운동 · 건강): 내용범주(신체활동에 참여하기)-하위내용(자발적으로 신체활동에 참여하기)으로 전개할 수 있다.

신체운동 · 건강

신체 인식하기	신체조절과 기본운동하기	신체활동에 참여하기	건강하게 생활하기	안전하게 생활하기
• 감각능력 기르고 활용하기 • 신체를 인식하고 움직이기	• 신체조절하기 • 기본운동하기	• 자발적으로 신체활동에 참여하기 • 바깥에서 신체활동하기 • 기구를 이용하여 신체활동하기	• 몸과 주변을 깨끗이 하기 • 바른 식생활하기 • 건강한 일상 생활하기 • 질병 예방하기	• 안전하게 놀이하기 • 교통안전 규칙 지키기 • 비상시 적절히 대처하기

[그림 6-2] **신체운동 · 건강 영역**

예술경험

아름다움 찾아보기	예술적 표현하기	예술 감상하기
• 음악적 요소 탐색하기 • 움직임과 춤 요소 탐색하기 • 미술적 요소 탐색하기	• 음악으로 표현하기 • 움직임과 춤으로 표현하기 • 미술활동으로 표현하기 • 극놀이로 표현하기 • 통합적으로 표현하기	• 다양한 예술 감상하기 • 전통예술 감상하기

[그림 6-3] **예술경험 영역**

8) 창의 · 인성 관련

창의성은 인지적 요소, 성향적 요소, 동기적 요소의 세 가지 창의 요소 중 한 개를 선택하고 그에 따른 세부 요소를 서술한다.

표 6-2 창의성 관련 요소

창의 요소	세부 요소	구성 요소	구성 요소의 개념
인지적 요소	사고의 확장	확산적 사고	• 다양한 관점에서 새로운 가능성이나 아이디어를 다양하게 생성해 내는 사고능력
		상상력/시각화 능력	• 이미지나 생각을 정신적으로 조작하고, 마음의 눈으로 사물을 그릴 수 있는 사고능력
		유추/은유적 사고	• 사물이나 현상 또는 복잡한 현상 사이에서 기능적으로 유사하거나 일치하는 내적 관련성을 알아내는 사고능력
	사고의 수렴	논리/분석적 사고	• 부적절한 것에서 적절한 것을 분리해 내고 합리적인 결론을 끌어내는 사고능력
		비판적 사고	• 편견, 불일치, 견해 등을 인식할 수 있는 능력, 객관적이고 타당한 근거에 입각하여 판단하는 사고능력
	문제해결력	문제 발견	• 새로운 문제를 찾고, 형성하고, 창조하는 것
		문제해결	• 문제를 인식하고 현재 상태에서 목표 상태에 도달하기 위해 진행해 가는 일련의 복잡한 사고활동 (문제 발견 → 자료탐색 및 해결안 생성 → 실행 및 평가)
성향적 요소	개방성	다양성	• 다양한 아이디어나 입장을 수용하는 열린 마음
		복합적 성격	• 서로 모순되는 정반대(양극)의 성격을 동시에 가지고 있는 것
		애매모호함에 대한 참을성	• 사물이나 현상, 또는 복잡한 현상들 사이에서 기능적으로 유사하거나 일치하는 내적 관련성을 알아내는 사고능력
		감수성	• 미세하고 미묘한 뉘앙스를 잘 느끼고 감지하는 것, 정서 · 자극에 대한 민감성
	독립성	용기	• 모험심, 위험 감수, 개척자 정신, 도전 정신
		자율성	• 타인의 말에 쉽게 흔들리지 않고 스스로 선택하고 행동하는 성향
		독창성	• 자기만의 방식으로 현상을 판단하고, 유행을 따르지 않는 성향
동기적 요소	호기심/흥미		• 주변의 사물이나 현상에 대해 끊임없이 의문과 관심을 갖는 성향
	몰입		• 어떤 일에 시간이 가는 줄 모르고 몰두하게 되는 완벽한 주의집중 상태

인성 관련 요소는 6개 인성덕목인 배려, 존중, 협력, 나눔, 질서, 경로효친의 요소 중 구별하여 서술하고 하위 내용을 서술한다. 예를 들어, 〈표 6-3〉에서 인성: 인성 덕목은 6개 영역(배려)-하위 내용(친구에 대한 배려)으로 전개할 수 있다.

표 6-3 인성 관련 요소

인성 덕목	정의	하위 내용	실천 내용
배려	• 타인의 필요와 요구에 민감하게 반응, 공감하는 것	• 친구에 대한 배려 • 가족에 대한 배려 • 이웃에 대한 배려 • 장애인에 대한 배려 • 동식물에 대한 배려	• 상대방의 입장이 되어 생각해 보고 도와주기 • 친구와 싸우지 않고 사이좋게 지내기 • 감정 조절하기 • 친구와 갈등(다툼)이 생겼을 때 함께 해결하거나 도움받기 • 아나바다 실천하기 • 서로 양보하여 나누어 주기 • 서로에게 칭찬, 위로, 격려하기 • 서로에게 고마움을 표현하기
존중	• 사람이나 사물은 기본적으로 그들의 존재만으로 존중할 가치가 있음을 인식하고, 그 가치에 대하여 소중히 여기는 것	• 자신과 전통문화에 대한 존중 • 다른 사람들과 다른 문화에 대한 존중 • 생명과 환경에 대한 존중	• 관심 가지기 • 보살피고 가꾸기 • 살아 있는 모든 생명을 사랑하기 • 무생물도 아끼고 소중히 하는 마음 키우기
협력	• 두 명 이상의 구성원이 공동의 목표를 설정하고, 이를 달성하기 위하여 개인적 책임을 다하고 서로 조언 및 조력을 주고받는 것	• 긍정적인 상호의존성 • 개인적 책임감 • 집단 협력	• 리더십 가지기 • 힘든 일 함께하기 • 친구와 사이좋게 지내기 • 친구 의견을 끝까지 듣고 존중하기
나눔	• 자기 스스로 우러난 마음에서 남을 돕기 위해서 하는 일로, 대가를 바라지 않고 지속적으로 도와주는 것	• 나눔의 의미 알기 • 나눔을 실천하기 • 나눔에 참여하기	• 올바른 소유의식 갖기 • 타인의 소유권 존중하기 • 자기 물건 아껴 쓰기 • 나의 것을 친구에게 나눠 주기 • 나의 물건 친구와 함께 나누어 쓰기 • 음식을 조절하면서 남기지 않고 먹기

질서	• 민주주의 사회에서 책임감 있는 민주시민으로서 살아가기 위해 필요한 사회규범을 지키는 것	• 기초질서 • 법질서 • 사회질서	• 줄을 잘 서기 • 규칙과 약속을 잘 지키기 • 공공장소에서 큰 소리로 떠들지 않기 • 공중도덕을 지키기
경로 효친	• 자식으로서 인간된 도리를 충실히 하는 것	• 부모에 대한 효 • 조부모에 대한 효 • 지역사회 어른에 대한 효	• 집안일 돕기 • 가정에서 지켜야 할 예절 지키기 • 윗사람에게 공손한 태도로 행동하기 • 부모님과 선생님의 말씀 잘 듣기

9) 초등교육과정 관련

초등교육과정 관련 요소는 5개 교과인 바른생활, 슬기로운 생활, 즐거운 생활, 국어, 수학 중 구별하여 서술하고 대주제, 소주제, 교과별 활동주제를 서술한다. 예를 들어, 〈표 6-4〉에서 초등교육과정 관련 교과(바른생활): 대주제(학교)-소주제(나)-교과별 활동주제(몸과 마음의 건강)로 전개할 수 있다.

표 6-4 초등교육과정 관련

영역 (대주제)	핵심 개념 (소주제)	내용 요소		
		바른생활	슬기로운 생활	즐거운 생활
학교	학교와 친구	• 학교 생활과 규칙	• 학교 둘러보기 • 친구 관계	• 친구와의 놀이 • 교실 꾸미기
	나	• 몸과 마음의 건강	• 몸의 각 부분 알기 • 나의 재능, 흥미 탐색	• 나의 몸, 감각, 느낌 표현 • 나에 대한 공연 · 전시
봄	봄맞이	• 건강 수칙과 위생	• 봄 날씨와 생활 이해 • 봄철 생활 도구	• 봄 느낌 표현 • 집 꾸미기
	봄 동산	• 생명 존중	• 봄 동산 • 식물의 자람	• 동식물 표현 • 봄나들이

가족	가족과 친척	• 가정 예절	• 가족의 특징 • 가족 · 친척의 관계, 가족 행사	• 가족에 대한 마음 표현 • 가족 활동 및 행사 표현
	다양한 가족	• 배려와 존중	• 다양한 형태의 가족 • 가족 구성원의 역할	• 집의 모습 표현 • 가족 역할 놀이
여름	여름맞이	• 절약	• 여름 날씨와 생활 이해 • 여름철 생활 도구	• 여름 느낌 표현 • 생활 도구 장식 · 제작
	여름 생활	• 여름 생활 및 학습 계획	• 여름 동식물 • 여름방학 동안 하는 일	• 여름 동식물 표현 • 여름철 놀이
마을	우리 이웃	• 공중도덕	• 이웃의 생활 모습 • 공공장소, 시설물	• 이웃 모습과 생활 표현 • 공공장소 시설물 활용 놀이
	우리 동네	• 일의 소중함	• 동네에 있는 것들 • 동네 사람들이 하는 일, 직업	• 동네 모습 표현 • 직업 놀이
가을	가을맞이	• 질서	• 가을 날씨와 생활 이해 • 가을의 특징 알기	• 가을의 모습과 느낌 표현 • 가을 놀이
	가을 모습	• 감사	• 추석, 세시 풍속 • 낙엽, 열매	• 민속놀이 • 낙엽, 열매 표현
나라	우리나라	• 나라 사랑	• 우리나라의 상징과 문화 • 남북한의 생활모습과 문화	• 우리나라의 상징 표현 • 남북한의 놀이, 통일에 대한 관심 표현
	다른 나라	• 타문화 공감	• 다른 나라 문화 • 다른 나라 노래, 춤, 놀이	• 다른 나라의 노래, 춤, 놀이 즐기기 • 문화 작품, 공연 감상
겨울	겨울맞이	• 나눔과 봉사	• 겨울 날씨와 생활 이해 • 겨울철 생활 도구	• 겨울 느낌 표현 • 놀이 도구 제작
	겨울나기	• 동식물 보호 • 겨울 생활 및 학습 계획	• 동식물 탐구 • 겨울에 하는 일	• 동물의 흉내 내기 • 겨울철 신체 활동

10) 활동자료

활동자료는 활동방법에서 필요한 재료나 도구를 서술한다.

11) 활동방법

활동의 수와 관계없이 수업계획은 도입-전개-마무리로 구성되어야 한다.

(1) 도입

도입에서는 활동을 시작하기 전 자리배치부터 우선 해야 한다. 사전활동을 회상하며 "오전에 ○○활동을 했었지? 그 활동과 연결된 ○○활동을 지금부터 해 볼 거야." 라고 알려 준다.

수업 주제에 집중할 수 있는 활동을 선택하여 흥미를 느낄 수 있도록 해야 한다. 특히 학습동기를 유발하여 흥미를 높이고 자연스럽게 동작활동으로 끌어들이도록 한다. 도입단계에서는 전 시간에 배웠던 손유희나 주의집중게임, 수수께끼, 사물모형, 그림 자료, 녹음테이프 등을 활용하여 유아의 호기심을 자극하여야 한다. 그리고 활동명을 이야기하고 동작활동에 대한 기대감을 갖도록 이끈다. 도입시간은 3~5분 내에 이루어지는 것이 중요하다. 뿐만 아니라 도구가 사용되는 경우, 이 도구로 무엇을 해야 하는지 학습동기를 유발시켜 주어야 한다. 제시된 도구 사용방법에 대해 이야기를 나누어 유아의 참여를 유도하는 것도 좋은 방법이다.

(2) 전개

전개는 수업의 중심을 의미하는 것으로, 교사가 미리 결정한 목표를 이루기 위해 계획한 활동으로 구성된다. 전개에 포함되어 있는 활동들은 한 활동에서 다른 활동으로 쉽게 전이될 수 있도록 구성되어야 한다. 전개는 활동을 상세히 기록함으로써 유아들을 과제에 집중시킬 수 있으며 수업시간에 발생할 수 있는 소강 상태를 피할 수 있다 (Graham, 2001).

먼저, 수업목표를 인식하며 "창의적인 신체표현을 위해 ○○활동을 해 볼 거야."라고 발문한다. 다음으로 "이 활동을 하기 전에 지켜야 할 약속이 있어." "도구나 교구가 있는지 탐색해 보자." "이 도구로 무엇을 할 수 있을까?" "함께해 볼까?"의 발문으로 전개할 수 있다. 수업의 전개는 교사의 교수 접근 유형에 따라 직접적 교수방법, 간접적 교수방법이 사용될 수 있다. 중요한 것은 신체탐색을 충분히 경험할 수 있도록 발산적인 질문을 계획하여야 한다는 것이다. 예를 들면, 새 소리를 듣고 새를 표현하고자 할 때, "새가 모이를 먹는 방법을 표현해 보자." "새가 4명씩 짝을 지어 날아가는 모습은 어떨까?" "5명이 모여 새 모양의 형태를 만들어 보자." 등 탐색적 질문을 하도록 한다. 이때 교사는 유아의 생각이나 느낌을 나타낼 수 있도록 개방적인 분위기를 조성해야 한다.

교사의 시범이 필요할 때는 다양한 예비동작과 함께 시범을 보여 주며 따라 할 수 있는 시간을 준다. 모방을 한 후에는 유아가 자신의 생각을 표현하도록 격려한다. 공간이 좁거나 유아 수가 많을 경우는 소집단으로 나누어 동작을 표현하는 것이 바람직하다.

교사는 세밀하게 관찰하는 능력이 있어야 한다. 창의적 동작을 표현하는 친구를 발견해서 인정해 주고 격려와 칭찬을 구체적으로 해 줌으로써 유아의 성취감을 증진시킬 수 있어야 한다.

(3) 마무리

마무리는 수업을 끝맺고 유아의 긴장을 풀어 주는 활동으로 구성된다. 동작활동을 하면서 느낀 것을 잠깐 동안 회상해 보며 즐겁게 활동이 끝날 수 있도록 해야 한다. 활동에 대한 회상과 함께 평가도 이루어지도록 계획해야 한다. 회상하는 시간을 이용하여 평가를 하기도 한다.

수업목표를 위한 상호작용으로 "○○활동을 해 보고 나니 어떤 점이 흥미로웠니?" "어떤 점이 힘들었니?" 등의 발문을 할 수 있다. 또한 다음 활동으로 연결 지어 전이 활동까지 계획해 보도록 한다. 예를 들어, "다음에는 이 활동과 연결된 ○○활동을 할 거야." "점심시간이니 화장실에서 손을 씻도록 하자." 등의 발문을 할 수 있다. 또 다른 예로는 '나비의 일생'에 대해 활동을 한 후 전이활동으로 활용하는 것이 있다("노란 나비가 되어 강당으로 가 보자." "천천히 날아가는 작은 나비가 되어 보자.").

12) 평가

수업주제와 목표를 준거로 동작을 분석할 때 스스로에게 질문하고 싶은 것이나 동작교정을 위한 질문 같은 것을 기록할 수 있다. 평가 내용은 수업목표에 맞게 작성해야 하며 유아의 발달 특성과 변화의 정도를 기술하고 다음 수업을 활용하기 위해 반영되기도 한다. 교사는 수업을 운영함에 있어 유아들이 무엇을 알아야 하고 활동이 끝난 다음 무엇을 할 수 있는지 상호작용해야 한다.

따라서 평가는 활동 목표가 얼마나 잘 이루어지고 있는가를 점검하는 지속적인 과정으로, 다음 활동을 계획하고 전개해 가는 중요한 부분이라 할 수 있다. 서술어미는 과거형으로 하여 평가 내용을 기술한다.

- 이야기 나누기를 한 경우: 언어적 상호작용을 통해 평가한다.
- 직접 활동을 한 경우: 관찰을 통해 평가한다.
- 표상지에 표현한 경우: 활동지 분석을 통해 평가한다.
- 작품을 만들었을 경우: 작품 분석을 통해 평가한다.

수업계획안을 구성할 때 예비교사의 경우, 상세하게 기록해 보는 것이 무척 중요하다. 실제 수업을 할 때는 여러 가지 이유로 활동 내용이 달라질 수도 있다.

한편, 퍼셀(Purcell, 1994)은 동작활동에서 평가를 프로그램에 대한 평가, 유아 개개인에 대한 평가, 또래평가, 자기평가의 네 가지로 구분하였다. 이 절에서는 동작활동에 대한 교사의 평가(〈표 6-5〉)와 유아의 자기평가(〈표 6-6〉)로 나누어 살펴보겠다.

(1) 동작활동에 대한 교사의 평가

동작활동에 대한 교사의 평가는 계획한 수업활동이 유아의 활동에 어떠한 영향을 주었는지를 판단하기 위해 평가하는 것이다. 평가문항을 수업계획안에 포함시킬 수도 있고, 따로 평가지를 마련해서 평가할 수도 있다.

표 6-5 **동작활동에 대한 교사의 평가**

활동명:	이름:		
평가문항	아주 그렇다	그렇다	전혀 그렇지 않다
1. 연령에 적합한 활동이었는가?			
2. 유아들이 흥미롭게 즐기면서 참여할 수 있었는가?			
3. 활동을 계획한 시간 안에 끝마칠 수 있었는가?			
4. 활동목표에 도달하였는가?			
5. 도입활동이 유아에게 흥미를 줄 수 있었는가?			
6. 활동 속에 동작요소가 다양하게 구성되었는가?			
7. 활동 속에 기본 동작이 다양하게 구성되었는가?			
8. 환경 구성에서 자료들이 적당하게 배치되었는가?			
9. 동작의 진행 순서가 적절했는가?			
10. 정적인 활동과 동적인 활동이 조화롭게 구성되었는가?			
11. 교사의 언어 자극이 유아의 표현을 확장할 수 있었는가?			

(2) 유아의 자기평가

자기평가는 유아들이 활동하면서 느낀 점을 스스로 평가해 보는 것으로, 〈표 6-6〉과 같다. 유아들은 질문지 작성, 교사와의 개인적 면접, 자신의 경험을 글로 쓰거나 그림으로 그리기 등의 다양한 활동을 통해 자신을 평가할 수 있다.

표 6-6 **유아의 자기평가**

활동명:	이름:		
평가문항	잘했음	보통임	잘못했음
1. 활동에 집중하며 열심히 참여하였니?			
2. 다른 친구들과 부딪치지 않고 움직일 수 있었니?			
3. 짝과 함께 혹은 집단으로 함께 움직일 수 있었니?			
4. 다른 친구들의 움직임을 관찰해 보았니?			
5. 다양한 모양을 만들어 보았니?			

6. 선생님의 지시에 잘 따를 수 있었니?			
7. 활동의 진행 순서에 따라 움직일 수 있었니?			
8. 활동 중에서 어느 부분이 가장 재미있었니?			
9. 활동 중에서 어느 부분이 가장 어려웠니?			
10. 오늘 해 본 활동을 그림으로 그려 보자.			

13) 활동 시 유의점

원활한 본시수업을 위해 사전에 교사가 유의해야 하는 사항이 있는지 확인하고 기록한 후 그대로 실행한다.

14) 확장활동

사전활동과 본시활동을 기초로 하여 확장된 사고를 형성할 수 있는 활동으로 선정한다.

제2부

유아동작교육의 실제

제 7 장

3~5세 연령별 누리과정에 기초한 활동의 실제

1. 유치원과 친구

활동 1. 여기저기

주요대상연령			활동형태	활동유형
3세	4세	5세	소집단	신체
○				

활동목표	• 유치원에 있는 여러 장소에 관심을 가진다. • 유치원은 즐겁게 지내는 곳임을 안다.
누리과정 관련 요소	• 신체운동 · 건강: 신체활동에 참여하기-자발적으로 신체활동에 참여하기-신체활동에 자발적으로 참여한다. • 예술경험: 예술적 표현하기-움직임과 춤으로 표현하기-움직임과 춤으로 자신의 생각과 느낌을 표현한다.
창의 · 인성 관련 요소	• 창의성: 동기적 요소-호기심/흥미 • 인성: 협력-집단협력

활동방법

• 우리 반 교실의 영역에 대해 이야기 나눈다.

• 교실을 둘러보며 자유선택활동 영역에 대해 알아본다.

• 교실을 탐색하며 다양한 색깔을 찾아본다.

활동평가

• 유치원에 있는 여러 장소에 관심을 가질 수 있었는지 평가한다.

• 유치원은 즐겁게 지내는 곳임을 아는지 언어적 상호작용을 통해 평가한다.

확장활동

• 동그라미 어디 있나 동그라미, 동그라미 어디 있나 동그라미

• 네모 어디 있나 네~모, 네~모를 찾아보아요 네모

번호	가사	동작	설명
1	언어 영역 어디 있나? 여기		생각하는 척하며 언어 영역을 가리킨다.
2	쌓기놀이 어디 있나? 여기		생각하는 척하며 쌓기놀이 영역을 가리킨다.
3	역할놀이 어디 있나? 여기		생각하는 척하며 역할놀이 영역을 가리킨다.
4	과학 영역 어디 있나? 저기		생각하는 척하며 과학 영역을 가리킨다.

1. 유치원과 친구

활동 2. 안녕

주요대상연령			활동형태	활동유형
3세	4세	5세	소집단	신체
○				

활동목표	• 바르게 인사하는 방법을 안다. • 나를 소개함으로써 자신감을 가지게 한다.
누리과정 관련 요소	• 신체운동 · 건강: 신체활동에 참여하기–자발적으로 신체활동에 참여하기–신체활동에 자발적이고 지속적으로 참여한다. • 예술경험: 예술적 표현하기–움직임과 춤으로 표현하기–움직임과 춤으로 자신의 생각과 느낌을 표현한다.
창의 · 인성 관련 요소	• 창의성: 동기적 요소–호기심/흥미 • 인성: 배려–친구에 대한 배려

활동방법

- '양손 나와라, 얏!'
  - 손을 흔들흔들 흔들어 보아요, 그만!
  - 선생님의 노래를 들으며 손을 흔들어 보아요.
- 다 함께 친구들과 인사를 나누며 노래 부른다.

활동평가

- 바르게 인사하는 방법을 평가한다.
- 나를 소개함으로써 자신감을 가질 수 있는지 평가한다.

확장활동

- 친구 이름을 넣어 노래를 부른다.

번호	가사	동작	설명
1	반가워요 ○○ ○○ ○○		양손을 흔들며 ○○를 부른다.
2	반가워요 ○○ 안~녕		양손을 흔들면서 ○○에게 인사한다.
3	○○ 친구 안녕		○○ 친구에게 양손을 위로 흔들며 '안녕' 한다.

〈출처: 뮤직가튼〉

1. 유치원과 친구

활동 3. 안녕 인사해요

주요대상연령			활동형태	활동유형
3세	4세	5세	소집단	신체
○				

활동목표	• 리듬에 맞추어 노래 부르며 인사한다. • 선생님과 친구들을 만나면 인사를 할 수 있다.
누리과정 관련 요소	• 신체운동 · 건강: 신체활동에 참여하기–자발적으로 신체활동에 참여하기–신체활동에 자발적으로 참여한다. • 예술경험: 예술적 표현하기–움직임과 춤으로 표현하기–움직임과 춤으로 자신의 생각과 느낌을 표현한다.
창의 · 인성 관련 요소	• 창의성: 동기적 요소–호기심/흥미 • 인성: 협력–긍정적인 상호의존성

활동방법

• 바르게 인사하는 방법에 대해 이야기 나눈다.
 – 선생님을 만났을 때 어떻게 인사하니?
• 노래에 맞추어 인사를 해 본다.
• 다양한 상황을 교사가 발문해 주며 인사한다.
 – 엄마, 유치원 다녀오겠습니다.
 – 경비 아저씨, 안녕하세요?
 – 원장 선생님, 안녕하세요?

활동평가

• 리듬에 맞추어 노래 부르며 인사할 수 있는지 평가한다.
• 선생님과 친구들을 만나면 인사할 수 있는지 평가한다.

확장활동

- '친척을 만났을 때' '시장에 갔을 때' 등 일상생활 속에서 인사를 해 본다.
- 우리나라 전통 인사법에 대하여 배워 볼 수 있다.

번호	가사	동작	설명
1	안녕 인사해요		양손을 배꼽 위에 놓고 고개 숙여 인사한다.
2	안녕 인사해요		오른쪽으로 돌아 고개 숙여 인사한다.
3	안녕 인사해요		왼쪽으로 돌아 고개 숙여 인사한다.
4	우리 함께 모두		앞을 보면서 고개 숙여 인사한다.

1. 유치원과 친구

활동 4. 손을 씻자

주요대상연령			활동형태	활동유형
3세	4세	5세	소집단	신체
	○			

활동목표	• 손을 바르게 씻는 순서를 안다. • 즐겁게 손을 씻는다.
누리과정 관련 요소	• 신체운동 · 건강: 건강하게 생활하기-몸과 주변을 깨끗이 하기-손과 이를 깨끗이 하는 방법을 알고 실천한다. • 신체운동 · 건강: 신체조절과 기본운동하기-신체조절하기-눈과 손을 협응하여 소근육을 조절해 본다.
창의 · 인성 관련 요소	• 창의성: 인지적 요소-문제해결력 • 인성: 질서-기초질서

활동방법

- 손 씻는 이유에 대하여 이야기 나눈다.
  - 손이 더러우면 어떻게 해야 할까?
  - 손이 더러운데 씻지 않으면 어떻게 될까?
- 손 씻는 방법에 대해 이야기 나눈다.
  - 손 씻을 때 무엇이 필요할까?
  - 손 씻는 순서는 어떻게 할까?
- 음악을 듣고 감상해 본다.
- 재미있는 가사를 생각해 본다.
  - 뽀글뽀글, 툴툴, 흔들흔들 동작을 만들어 보아요.
  - 음악에 맞추어 다 함께 손을 씻어 보아요.

활동평가

- 손을 바르게 씻는 순서를 아는지 평가한다.
- 즐겁게 손을 씻을 수 있는지 평가한다.

번호	가사	동작	설명
1	손을 씻자 깨끗하게 손을 씻어요		수도꼭지를 올린 후 손에 물을 적신다.
2	보글보글 거품 내어 손을 씻어요		손에 비누를 묻힌다.
3	오! 수건 어디 있을까?		수건을 찾는다.
4	저 높은 곳에 있어요		위를 검지로 가리킨다.

5	자 털어 봐요 툴툴 흔들흔들 털어요		양손을 리듬에 맞추어 턴다.
6	털어 봐요 흔들흔들		계속 턴다.
7	마를 때까지~		계속 털다가 멈춘다.

〈출처: 뮤직가튼〉

1. 유치원과 친구

활동 5. 털기 체조를 해요

주요대상연령			활동형태	활동유형
3세	4세	5세	소집단	신체
○				

활동목표	• 바깥놀이 후 털기 체조를 하며 몸과 옷을 깨끗이 한다. • 가사와 리듬에 맞추어 몸을 움직여 본다.
누리과정 관련 요소	• 신체운동 · 건강: 신체활동에 참여하기–자발적으로 신체활동에 참여하기–신체활동에 자발적으로 참여한다. • 신체운동 · 건강: 신체 인식하기–신체를 인식하고 움직이기–신체 각 부분의 명칭을 알고 움직임에 관심을 갖는다.
창의 · 인성 관련 요소	• 창의성: 성향적 요소–개방성 • 인성: 협력–집단협력

활동방법

- 우리의 옷과 몸에 묻은 모래와 먼지에 대해 이야기 나눈다.
  - 재미있게 놀이를 하고 나니 옷은 어떻게 되었을까?
  - 우리의 몸과 옷에 무엇이 묻어 있니?
  - 몸에 묻은 모래를 어떻게 하면 좋을까?
- 친구의 몸이 닿지 않도록 자유롭게 선다.
  - 두 팔을 펴 보자.
- '털기 체조'를 소개하며 체조를 한다.
  - 선생님이 하면 따라 해 보자.
- 친구와 협력하며 '털기 체조'를 한다.

활동평가

- 바깥놀이 후 털기 체조를 하며 몸과 옷을 깨끗이 했는지 평가한다.
- 가사와 리듬에 맞추어 몸을 움직일 수 있는지 평가한다.

확장활동

- 개사하여 다양한 유형의 체조를 만들어 본다.

번호	가사	동작	설명
1	손 털고 손 털고 톡 톡 톡톡톡		손의 먼지를 턴다.
2	머리 털고 머리 털고 톡 톡 톡톡톡		손으로 머리를 턴다.
3	어깨 털고 어깨 털고 톡 톡 톡톡톡		손으로 어깨를 턴다.
4	배 털고 배 털고 톡 톡 톡톡톡		손으로 배를 턴다.

〈출처: 교육과학기술부, 2013〉

1. 유치원과 친구

활동 6. 누구일까요?

주요대상연령			활동형태	활동유형
3세	4세	5세	소집단	신체
○				

활동목표	• 즐겁게 노래를 부르며 친구의 이름을 익힌다. • 친구의 생김새와 모습을 통해 이름을 익힐 수 있다.
누리과정 관련 요소	• 신체운동 · 건강: 신체 인식하기–신체를 인식하고 움직이기–자신의 신체를 긍정적으로 인식하고 움직인다. • 예술경험: 아름다움 찾아보기–미술적 요소 탐색하기–자연과 사물의 색, 모양, 질감 등에 관심을 갖는다.
창의 · 인성 관련 요소	• 창의성: 인지적 요소–사고의 확장 • 인성: 협력–개인적 책임감

활동방법

- 우리 반 친구 이름에 대해 이야기 나눈다.
- 교실에 있는 친구들을 관찰해 본다.
  - 옷 색깔을 살펴볼까?
  - ◯◯이와 □□은 어떤 점이 같고 어떤 점이 다른 것 같니?
- 내 친구를 소개하면서 친구에 대한 생각을 이야기 나눈다.

활동평가

- 즐겁게 노래를 부르며 친구의 이름을 익힐 수 있었는지 평가한다.
- 친구의 생김새와 모습을 통해 이름을 익힐 수 있었는지 관찰을 통해 평가한다.

번호	가사	동작	설명
1	파란 청바지를 입고서		원으로 둘러 앉아 파란색을 제시한다.
2	노란 윗도리를 입고서		노란색을 제시한다.
3	해님처럼 웃는 친구는		제시판을 양쪽으로 흔든다.
4	누구일까요?		양손을 앞으로 내민다.

※ '동동 동대문을 열어라'의 음에 맞추어 노래한다.

1. 유치원과 친구

활동 7. 살금살금

주요대상연령			활동형태	활동유형
3세	4세	5세	소집단	신체
○				

활동목표	• 노랫말과 리듬에 맞추어 줄을 서서 걸어 본다. • 복도를 걸을 때 조용하게 걸을 수 있다.
누리과정 관련 요소	• 신체운동 · 건강: 안전하게 생활하기-안전하게 놀이하기-안전한 놀이장소를 안다. • 신체운동 · 건강: 신체조절과 기본운동하기-기본운동하기-걷기, 달리기, 뛰기 등 다양한 이동운동을 한다.
창의 · 인성 관련 요소	• 창의성: 성향적 요소-개방성 • 인성: 질서-기초질서

활동방법

• 손 인형을 이용하여 실내에서 걸어 다녀야 하는 이유에 대해 이야기 나눈다.

- 친구들아, 안녕? 오늘 아침 교실에서 뛰어다니다가 넘어졌단다.
- 교실에서 왜 걸어 다녀야 할까?

• 노래를 감상한다.

• 다양한 방법으로 노래를 불러 본다.

- 선생님이 선창하면 친구들은 살금살금 노래를 불러 보아요.

• 음악에 맞추어 몸으로 표현하며 걸어 보자.

활동평가

• 노랫말과 리듬에 맞추어 줄을 서서 걷는지 평가한다.

• 복도를 걸을 때 조용하게 걸을 수 있는지 평가한다.

번호	가사	동작	설명
1	하양반이 걸어요 살금살금		출발선에 대기시킨다.
2	소리 없이 걸어요 살금살금		한 줄씩 조용히 걷게 한다.
3	줄을 서서 걸어요 살금살금		반대 도착선에서 조용히 기다린다.
4	교실로 걸어가고 있어요		반대로 실시한다.

〈출처: 교육과학기술부, 2013〉

1. 유치원과 친구

활동 8. 친구와 함께 율동을 해요

주요대상연령			활동형태	활동유형
3세	4세	5세	대집단	신체
○				

활동목표	• 노랫말과 리듬에 맞추어 정해진 동작을 해 본다. • 친구와 함께 즐겁게 율동을 하며 친밀감을 느낀다.
누리과정 관련 요소	• 신체운동 · 건강: 신체활동에 참여하기-자발적으로 신체활동에 참여하기-다른 사람과 함께하는 신체활동에 참여한다. • 예술경험: 예술적 표현하기-움직임과 춤으로 표현하기-움직임과 춤으로 자신의 생각과 느낌을 표현한다.
창의 · 인성 관련 요소	• 창의성: 동기적 요소-몰입 • 인성: 배려-친구에 대한 배려

활동방법

- '손뼉을 짝!' 노래를 감상해 보고 함께 노래를 불러 본다.
  - '손뼉을 짝!' 노래를 함께 들어 보자.
  - 우리도 '손뼉을 짝!' 노래를 같이 불러 보자.
- '손뼉을 짝!' 동영상을 감상한다.
  - 잘 보고 우리도 해 보자.
- 친구와 짝을 지어 율동을 해 본다.
- 2절까지 따라 해 본다.

활동평가

- 노랫말과 리듬에 맞추어 정해진 동작에 맞춰 할 수 있는지 평가한다.
- 친구와 함께 즐겁게 율동을 하며 친밀감을 느낄 수 있는지 평가한다.

확장활동

【신체-개사해서 춤을 춰요】

• 다양한 동작을 노랫말에 넣어 표현해 본다.
 – 친구랑 톡/친구랑 톡/모두 다 안마놀이 해 보자.

번호	가사	동작	설명
1	손뼉을 짝 손뼉을 짝 모두 다 손뼉 치기 해 보자		친구하고 마주 보고 손뼉 치기를 한다.
2	손뼉을 짝 손뼉을 짝 모두 다 손뼉 치기 해 보자		친구하고 마주 보고 손뼉 치기를 한다.
3	뱅글뱅글뱅글뱅글 얼음 뱅글뱅글뱅글뱅글 얼음		친구와 손을 잡고 뱅글뱅글 돌다가 얼음!
4	손뼉을 짝 손뼉을 짝 모두 다 손뼉 치기 해 보자		친구하고 마주 보고 손뼉 치기를 한다.

〈출처: 교육과학기술부, 2013〉

1. 유치원과 친구

활동 9. 꼭꼭 약속해요

주요대상연령			활동형태	활동유형
3세	4세	5세	소집단	신체
	○			

활동목표	• 약속과 규칙의 필요성을 이해한다. • 교실에서 약속과 규칙을 친구와 함께 정할 수 있다.
누리과정 관련 요소	• 신체운동 · 건강: 신체조절과 기본운동하기–신체조절하기–눈과 손을 협응하여 소근육을 조절해 본다. • 신체운동 · 건강: 안전하게 생활하기–안전하게 놀이하기–안전한 장소를 알고 안전하게 놀이한다.
창의 · 인성 관련 요소	• 창의성: 인지적 요소–사고의 수렴 • 인성: 질서–기초질서

활동방법

- 3세 반 교실과 4세 반 교실의 차이점에 대하여 이야기 나눈다.
  - 형님 반이 되어서 좋은 점은 무엇이 있을까?
  - 형님 반이 되어 조금 불편한 점은 무엇일까?
- 교실에 필요한 약속에 대해 이야기 나눈다.
  - 약속은 왜 필요한 것일까?
- 약속의 소중함과 지키는 태도에 대하여 이야기 나눈다.

활동평가

- 약속과 규칙의 필요성을 이해할 수 있었는지 언어적 상호작용을 통해 평가한다.
- 교실에서 약속과 규칙을 친구와 함께 정할 수 있었는지 평가한다.

번호	가사	동작	설명
1	꼭꼭 약속합시다		오른손 새끼손가락과 왼손 새끼손가락을 건다.
2	무얼 약속하나요		손뼉 세 번 치고 오른손 손가락을 머리에 댄다.
3	① 언제든지 함께 지내자 ② 사이좋게 함께 지내자		친구와 손을 마주 잡고 흔든다.
4	꼭꼭 약속해요		마주 본 친구와 새끼손가락을 건다.

1. 유치원과 친구

활동 10. 친구와 몸을 쭉 뻗어 보아요

주요대상연령			활동형태	활동유형
3세	4세	5세	소집단	신체
○				

활동목표	• 지시에 따라 몸을 뻗는 이완동작을 한다. • 방향 지시에 따라 적합한 공간으로 몸을 움직인다.
누리과정 관련 요소	• 신체운동 · 건강: 신체활동에 참여하기–자발적으로 신체활동에 참여하기–신체활동에 자발적으로 참여한다. • 신체운동 · 건강: 신체조절과 기본운동하기–기본운동하기–제자리에서 몸을 움직여 본다.
창의 · 인성 관련 요소	• 창의성: 동기적 요소–호기심 · 흥미 • 인성: 협력–집단협력

활동방법

- 스트레칭의 의미를 알고 오늘의 활동에 대해 소개해 본다.
  - –스트레칭이란 무엇일까?
  - –스트레칭은 몸을 쭉 늘리며 뼈를 자라게 하는 키 크기 체조란다.
- 유아들이 자리를 확보하여 서로 부딪치지 않게 앉힌다.
- 자신의 신체를 이용하여 스트레칭을 해 본다.
  - –앉은 자리에서 두 팔을 앞으로 쭉 뻗어 보자.
  - –하늘 위로 높게 뻗어 볼까?
  - –두 팔을 옆으로 쭉 뻗어 보자.
- 음악에 맞추어 동영상을 보면서 스트레칭을 한다.

활동평가

- 지시에 따라 몸을 뻗는 이완동작을 할 수 있는지 평가한다.
- 방향 지시에 따라 적합한 공간으로 몸을 움직이는지 평가한다.

번호	가사	동작	설명
1	친구와 마주 보고 앉기	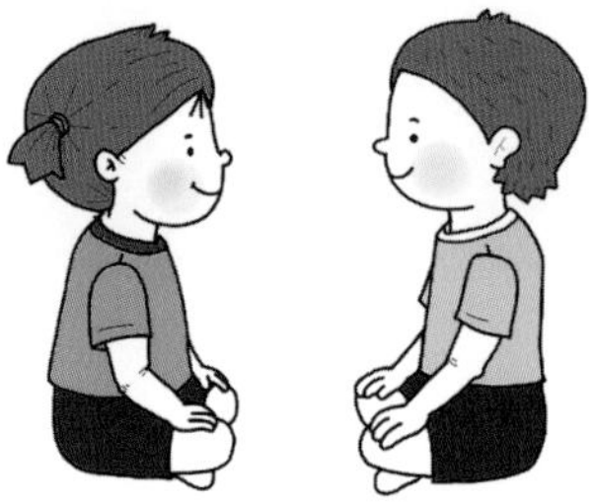	친구와 마주 보고 앉는다.
2	손바닥 마주 대기		손바닥을 마주 댄다.
3	손가락 펴기		손가락을 편다.
4	두 팔 위로 뻗기		두 팔을 위로 뻗는다.
5	두 팔 옆으로 벌리기		두 팔을 옆으로 벌린다.

6	뒤로 엉덩이 걸음 걷기	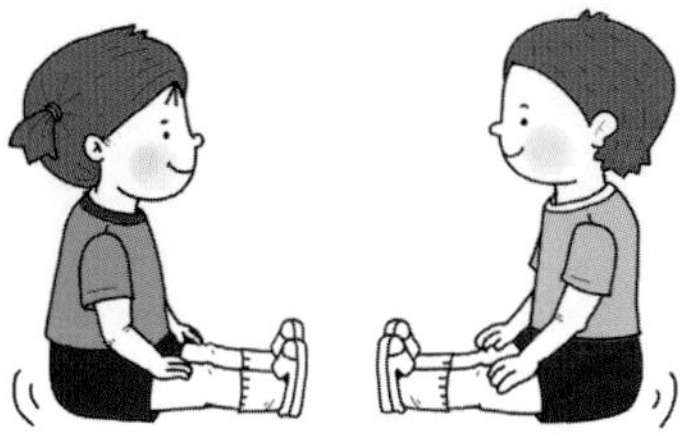	뒤로 엉덩이 걸음을 걷는다.
7	두 다리 뻗기		두 다리를 뻗는다.
8	몸을 앞으로 구부리기	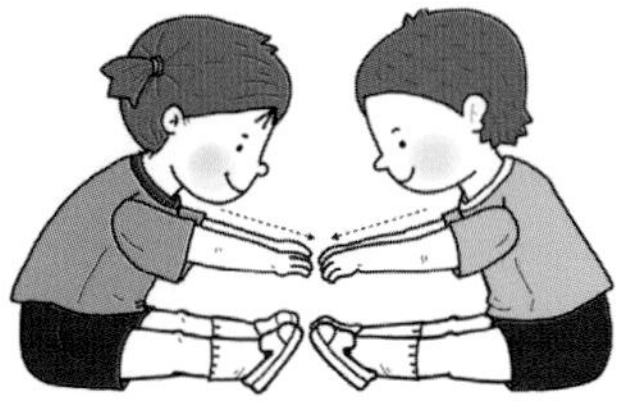	몸을 앞으로 구부린다.
9	뒤돌아 등 대고 앉기		뒤돌아서 등을 대고 앉는다.
10	등 대고 앉아 앞으로 구부리기	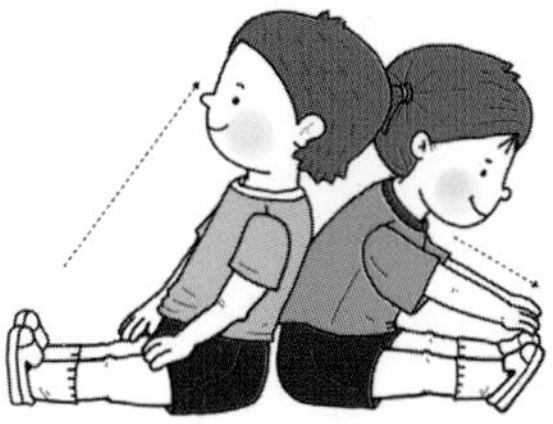	등을 대고 앉아 앞으로 구부린다.

〈출처: 교육과학기술부, 2013〉

1. 유치원과 친구

활동 11. 친구하고 마주 보고

주요대상연령			활동형태	활동유형
3세	4세	5세	소집단	신체
	○			

활동목표	• 친구와 함께 노래에 맞춰 율동할 때 즐거움을 경험한다. • 노랫말에 따라 자신의 신체를 인식하고 적절하게 표현한다.
누리과정 관련 요소	• 신체운동 · 건강: 신체활동에 참여하기-자발적으로 신체활동에 참여하기-신체활동에 자발적이고 지속적으로 참여한다. • 신체운동 · 건강: 신체 인식하기-신체를 인식하고 움직이기-신체 각 부분의 특성을 이해하고 활용하여 움직인다.
창의 · 인성 관련 요소	• 창의성: 동기적 요소-몰입 • 인성: 협력-긍정적인 상호의존성

활동방법

- 노래를 들으며 신체를 서로 부딪쳐 내는 소리를 찾아본다.
  - 노래에서 어떤 소리들을 들었니?
  - '똑딱'이라는 소리는 어떻게 낼 수 있는 소리일까?
- 노래를 들으며 노랫말에 맞춰 신체를 부딪쳐 본다.
  - 음악을 천천히 들려줄게. 천천히 부딪쳐 볼까?
  - 음악을 빠르게 들려줄게. 빠르게 부딪쳐 볼까?
- 두 개의 원형으로 서로를 마주 보고 서서 돌아가며 다른 친구들과 율동을 한다.
- 노래에 맞춰 몸을 부딪치며 소리 내어 본 느낌을 이야기해 본다.

활동평가

- 친구와 함께 노래에 맞춰 율동을 할 때 즐겁게 참여하였는지 평가한다.
- 노랫말에 따라 신체를 인식하고 적절하게 표현할 수 있었는지 평가한다.

번호	가사	동작	설명
1	친구하고 마주 보고 짝짝짝		친구와 마주 보고 손뼉 친다.
2	뒤돌아서 엉덩이를 통통통		뒤돌아서 엉덩이를 친다.
3	친구하고 마주 보고 짝짝짝		친구하고 마주 보고 손뼉 친다.
4	짝 그대로 멈춰라		손뼉 치고 멈춘다.

〈출처: 교육과학기술부, 2013〉

2. 나와 가족

활동 1. 내가 내가 할게요

주요대상연령			활동형태	활동유형
3세	4세	5세	소집단	신체
		○		

활동목표	• 내가 스스로 할 수 있는 일을 찾아보고 실천한다. • 가족을 위해 도울 수 있는 일을 알고 실천한다.
누리과정 관련 요소	• 예술경험: 예술적 표현하기–움직임과 춤으로 표현하기–움직임과 춤으로 자신의 생각과 느낌을 표현한다. • 신체운동 · 건강: 신체조절과 기본운동하기–신체조절하기–신체 각 부분을 협응하여 움직임을 조절한다.
창의 · 인성 관련 요소	• 창의성: 성향적 요소–독립성 • 인성: 경로효친–부모에 대한 효

활동방법

- 집안일을 도와준 경험에 대해 이야기 나눈다.
  - 엄마를 위해 어떤 일을 도와드렸니?
  - 내가 엄마를 위해 할 수 있는 일은 무엇이 있을까?
- 그림을 보면서 어떻게 집안일을 도울 수 있는지 알아본다.
  - 여러 집안일 중 어떤 일을 도와드리고 싶니?
  - 장난감 정리는 어떻게 하면 좋을까?
  - 밥상의 수저는 어떻게 놓을까?
- 노랫말에 맞추어 신체를 표현해 보자.

활동평가

- 내가 스스로 할 수 있는 일을 찾아보고 실천할 수 있는지 평가한다.
- 내가 할 수 있는 일을 알고 실천할 수 있는지 평가한다.

번호	가사	동작	설명
1	내가 내가 할게요		저요 저요 저요 저요 저요
2	엄마가 말씀하기 전에		오른쪽으로 양손을 밀고 박수 한 번, 반대로 반복한다.
3	내가 먼저 내가 먼저 으흥		1번 반복 박수 네 번
4	장난감도 내 손으로 으흥	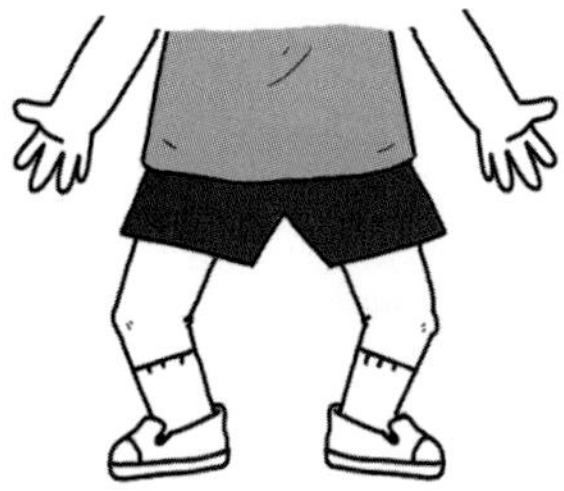	개다리 춤을 추다가 손바닥을 위로 편 후 좌우로 흔든다. 박수 네 번

5	밥상에 수저는		큰 네모 모양을 그린 후 검지와 중지로 숟가락, 젓가락을 나타낸다.
6	내 손으로 놓지요		엄지로 나를 가리킨다.
7	내가 먼저 내가 먼저		2번 동작을 반복한다.
8	내가 내가 할게요		1번 동작을 반복한다.

3. 우리 동네

활동 1. 우리 동네

주요대상연령			활동형태	활동유형
3세	4세	5세	소집단	신체
		○		

활동목표	• 우리 동네에 대해 알고 지속적인 관심을 가질 수 있다. • 친구와 손뼉을 맞춤으로써 협동심을 기를 수 있다.
누리과정 관련 요소	• 신체운동 · 건강: 신체조절과 기본운동하기–신체조절하기–눈과 손을 협응하여 소근육을 조절해 본다. • 신체운동 · 건강: 신체활동에 참여하기–자발적으로 신체활동에 참여하기–다른 사람과 함께하는 신체활동에 참여한다.
창의 · 인성 관련 요소	• 창의성: 성향적 요소–개방성 • 인성: 배려–이웃에 대한 배려
초등교육 과정 관련	• 슬기로운 생활: 마을–우리 동네–동네에 있는 것들 • 즐거운 생활: 마을–우리 동네–동네 모습 표현

활동방법

• 내가 사는 동네 이름에 대해 이야기 나눈다.

–◯◯이는 어느 동네에 사니?

–우리 동네에는 무엇이 있니?

• '우리 동네' 노랫말을 생각하며 다양한 방법으로 노래를 불러 본다.

–반주에 맞추어 '라' 음으로 노래를 불러 볼까?

• '라' 음에 맞추어 손뼉놀이를 해 본다.

활동평가

• 우리 동네에 대해 알고 지속적인 관심을 가질 수 있는지 평가한다.

• 친구와 손뼉을 맞춤으로써 협동심을 기를 수 있었는지 평가한다.

확장활동

【신체-왈츠스텝을 밟아 보아요】

- 왈츠스텝을 하면서 앞, 뒤, 좌, 우로 움직인다.
- 앉아서 3박자에 맞추어 박자 개념을 익힐 수 있다.

번호	가사	동작	설명
1	우리 동네 이름은		마주 보고 앉아 손뼉 한 번 치고 오른손 손등 손바닥 반대로 반복
2	파란동인데		손바닥 한 번 치고 한 손씩 치면서 올라가서 손뼉 3번 친다.
3	아주 아주 좋아요 정말 좋아요		1, 2번 동작 반복
4	커다란 네거리엔 뭐든지 다 있어요		1, 2번 동작 반복

5	병원도 있고 은행도 있고 인형가게도 있죠		1, 2번 동작 반복
6	우리 동네 이름은 노란동인데		1, 2번 동작 반복
7	아주 아주 좋아요 정말 좋아요		1, 2번 동작 반복

우리 동네

김성균 요 · 곡

3. 우리 동네

활동 2. 그런 집 보았니?

주요대상연령			활동형태	활동유형
3세	4세	5세	소집단	신체
	○			

활동목표	• 우리 동네에 있는 기관이 하는 일에 관심을 가진다. • 특정 장소나 기관에서 들을 수 있는 소리나 모습을 어휘로 알아본다.
누리과정 관련 요소	• 신체운동 · 건강: 신체조절과 기본운동하기–기본운동하기–제자리에서 몸을 다양하게 움직인다. • 예술경험: 아름다움 찾아보기–음악적 요소 탐색하기–다양한 소리, 음악의 셈여림, 빠르기, 리듬 등에 관심을 갖는다.
창의 · 인성 관련 요소	• 창의성: 인지적 요소–사고의 확장 • 인성: 존중–생명과 환경에 대한 존중

활동방법

- 다양한 직업 그림을 보면서 직업에 대해 이야기 나눈다.
  - 이 사람은 무엇을 하고 있는 것 같니?
  - 이 사람의 직업은 무엇이라 부를까?
- 다양한 직업을 몸으로 표현하고 맞추는 활동을 한다.
  - (직업 그림을 보며) 그림 속 직업을 몸으로 표현해 보자.
  - ○○이가 몸을 어떻게 움직였니?
  - 어떤 일을 하는 사람인 것 같니? 왜 그렇게 생각하니?
  - 또 다른 방법으로 표현해 볼 수 있겠니?

활동평가

- 우리 동네에 있는 기관이 하는 일에 관심을 가졌는지 평가한다.
- 특정 장소나 기관에서 들을 수 있는 소리나 모습을 어휘로 나타낼 수 있는지 언어적 상호작용을 통해 평가한다.

번호	가사	동작	설명
1	우리 동네 많은 집들 중에서		오른 손바닥, 왼 손바닥, 어깨를 실룩실룩
2	높은 집 짓고 빨간 자동차들이		한 손씩 올린 다음 네모 모양을 그린다.
3	매일매일 살고 있는 집 보았니?		안경 모양으로 망원경을 만들어 돌려 본다.
4	그럼요 그럼요 멋진 집이죠		박수 두 번 치고 이마를 뒤로 훔친다.
5	윙윙윙 윙~~~~~~		왼손을 올려 반짝반짝
6	소방서		네모 모양을 그린다.

그런 집 보았니

김성균 작사 · 곡

3. 우리 동네

활동 3. 졸졸졸 콸콸콸

주요대상연령			활동형태	활동유형
3세	4세	5세	소집단	신체
	○			

활동목표	• 주변의 소리에 대해 알고 지속적인 관심을 가질 수 있다. • 우리 동네에 있는 다리의 모양에 관심을 가진다.
누리과정 관련 요소	• 신체운동 · 건강–신체조절과 기본운동하기–신체조절하기–공간, 힘 시간 등의 움직임 요소를 활용하여 움직인다. • 신체운동 · 건강–신체조절과 기본운동하기–기본운동하기–제자리에서 몸을 다양하게 움직인다.
창의 · 인성 관련 요소	• 창의성: 성향적 요소–개방성 • 인성: 협력–집단 협력

활동방법

• 여러 가지 모양의 강을 보여 주며 이야기 나눈다.
  – (사진을 보여 주며) 이런 다리를 본 적 있니?
  – 왜 다리를 만들었을까?
  – 육교와 다리는 어떤 점이 다를까?
• 강물의 소리에 대해 이야기 나눈다.
  – 큰 강물은 어떤 소리를 낼까?
  – 작은 강물은 어떤 소리를 낼까?
• 강물의 소리를 친구의 등에 표현해 본다.
  – 큰 강물(작은 강물)의 소리는?
• 다 함께 노래하면서 소리를 표현한다.

활동평가

• 주변의 소리에 대해 알고 지속적인 관심을 가질 수 있는지 평가한다.

• 소리의 크고 작음에 대해 알고 표현할 수 있는지 평가한다.

번호	가사	동작	설명
1	졸졸졸졸 졸졸졸 콸콸콸콸 콸콸콸		양손으로 작게 두드린다. 양손으로 크게 두드린다.
2	졸졸졸졸 졸졸졸 콸콸콸콸 콸콸콸		1번 동작을 반복한다.
3	맑은 물이 졸졸졸졸 맑은 물이 콸콸콸콸		손뼉 치고 작게 두드린다. 손뼉 치고 크게 두드린다.
4	맑은 물이 졸졸졸졸 맑은 물이 콸콸콸콸		3번 동작을 반복한다

※ '호호 아줌마'의 음에 맞추어 노래한다.

4. 동식물과 자연

활동 1. 오리가 여섯

<table>
<tr><td colspan="3">주요대상연령</td><td rowspan="2">활동형태</td><td rowspan="2">활동유형</td></tr>
<tr><td>3세</td><td>4세</td><td>5세</td></tr>
<tr><td></td><td>○</td><td></td><td>소집단</td><td>신체</td></tr>
</table>

활동목표	• 오리의 움직임을 신체로 표현할 수 있다. • 노랫말에 따라 움직인다.
누리과정 관련 요소	• 신체운동 · 건강: 신체조절과 기본운동하기–신체조절하기–다양한 자세와 움직임에서 신체균형을 유지한다. • 예술경험: 예술적 표현하기–움직임과 춤으로 표현하기–신체를 이용하여 주변의 움직임을 자유롭게 표현한다.
창의 · 인성 관련 요소	• 창의성: 인지적 요소–문제해결력 • 인성: 존중–생명과 환경에 대한 존중

활동방법

- '오리가 여섯' 음악을 감상하고 생각과 느낌을 이야기 나눈다.
  - 반복되는 부분은 어떤 부분일까?
  - 어떤 오리들이 나왔니?
  - 냇물에 놀러가는 오리는 어떻게 표현해 볼까?
- 다양한 방법으로 노래를 불러 본다.
  - '빰'으로 노래를 불러 볼까?
- 가사에 맞추어 동작을 연결 지어 본다.
  - 오리 여섯 마리는 어떻게 무리 지어 다닐까?
  - 모두 정다운 오리가 되어 표현해 보자.
- 노랫말에 맞추어 신체활동을 해 본다.

활동평가

- 오리의 움직임을 신체로 표현할 수 있는지 평가한다.

• 노랫말에 따라 움직일 수 있는지 관찰과 언어적 상호작용을 통해 평가한다.

번호	가사	동작	설명
1	오리가 여섯 있었죠		오른쪽 왼쪽 번갈아 가며 뒤꿈치를 옆으로 찍는다.
2	뚱뚱한 놈에		양손을 벌려 큰 원을 만든다.
3	마른 놈		양손을 앞으로 모아서 가슴 앞에 모은다.
4	그중 꽁무니 예쁜 털이 달린 놈 있죠~		오른 손목을 돌려 입에, 왼 손목을 돌려 엉덩이에 놓는다.

5	모두들 정다웁게 꽥꽥꽥		4번 동작으로 오른쪽 한 바퀴 돌아 다리를 벌려 살짝 앉는다.
6	꽥꽥꽥 꽥꽥꽥		다리를 벌려 깊게 앉는다.
7	모두들 정다웁게 꽥꽥꽥		5번 동작을 왼쪽으로 실시한다.

4. 동식물과 자연

활동 2. 초록색 털실

주요대상연령			활동형태	활동유형
3세	4세	5세	소집단	신체
		○		

활동목표	• 색깔에 어울리는 사물을 창의적으로 표현한다. • 친구와 함께 몸으로 표현한다.
누리과정 관련 요소	• 신체운동 · 건강: 신체활동에 참여하기−자발적으로 신체활동에 참여하기−신체활동에 자발적이고 지속적으로 참여한다. • 신체운동 · 건강: 신체조절과 기본운동하기−신체조절하기−눈과 손을 협응하여 소근육을 조절해 본다.
창의 · 인성 관련 요소	• 창의성: 성향적 요소−개방성
초등교육 과정 관련	• 즐거운 생활: 학교−나−나의 몸, 감각, 느낌 표현

활동방법

- 색깔을 보며 관련 동물이나 과일, 사람에 대해 이야기 나눈다.
  - 이 색깔하면 떠오르는 사물은 무엇이 있을까?
  - 또 다른 것은 어떤 것일까?
- 색과 관련 있는 동물이나 사물을 다 함께 표현한다.
  - 초록색은 악어를 표현해 보자꾸나.
  - 노란색은 레몬을 표현해 보자꾸나.
  - 빨간색은 햇님이 되어 보자.
- 세 개의 팀으로 나누어 두 가지씩 동물의 색깔을 표현해 본다.
- 가사를 감상한다.
- 노래에 맞추어 색깔을 표현한 것을 창의적으로 움직여 본다.

활동평가

- 색깔에 어울리는 사물을 창의적으로 표현하는지 평가한다.
- 친구와 함께 몸으로 표현할 수 있는지 평가한다.

번호	가사	동작	설명
1	나는 나~는 나~는		손을 양쪽으로 흔든다.
2	초록색 털실		오른손 왼손을 차례로 위로 든다.
3	멋진 나무도 됐다가		멋진 나무를 만든다.
4	울퉁불퉁 악어도 되지요		악어가 되어 본다.
5	나는 나~는 나~는		손을 양쪽으로 흔든다.

6	빠알간 털실		오른손 왼손을 차례로 위로 든다.
7	반짝반짝 햇님도 됐다가		햇님을 표현한다.
8	예쁜 꽃도 되지요		예쁜 꽃을 표현한다.
9	나는 나~는 나~는		손을 양쪽으로 흔든다.
10	노오란 털실		오른손 왼손을 차례로 위로 든다.
11	나풀나풀 나비도 됐다가		나비가 된다.
12	길쭉길쭉 바나나도 되지요		바나나가 된다.

4. 동식물과 자연

활동 3. 다람쥐

주요대상연령			활동형태	활동유형
3세	4세	5세	소집단	신체
	○			

활동목표	• 동물을 표현하는 의성어와 의태어에 대해 안다. • 동물의 움직임에 관심을 가지고 창의적으로 표현할 수 있다.
누리과정 관련 요소	• 신체운동 · 건강: 신체조절과 기본운동하기–기본운동하기–제자리에서 몸을 다양하게 움직인다. • 신체운동 · 건강: 신체활동에 참여하기–자발적으로 신체활동에 참여하기–신체활동에 자발적이고 지속적으로 참여한다.
창의 · 인성 관련 요소	• 창의성: 동기적 요소–호기심/흥미 • 인성: 배려–동식물에 대한 배려

활동방법

• 다람쥐를 본 경험에 대하여 이야기 나눈다.
 –다람쥐를 어디서 보았니?
 –다람쥐가 무엇을 하고 있었니?
• 다람쥐가 살고 있는 모습에 대하여 이야기 나눈다.
 –다람쥐는 어떻게 움직일까?
 –다람쥐는 무엇을 먹고 살까?
• 다람쥐의 알밤 까는 모습을 표현해 보자.
• '다람쥐'의 내용에 맞추어 표현해 보자.

활동평가

• 동물을 표현하는 의성어와 의태어에 대해 아는지 평가한다.
• 동물의 움직임에 관심을 가지고 창의적으로 표현할 수 있는지 평가한다.

번호	가사	동작	설명
1	사각 사각 사각 알밤 까고		오른쪽에서 알밤 까는 흉내를 낸다.
2	사각 사각 사각 알밤 까고		왼쪽에서 알밤 까는 흉내를 낸다.
3	맛있게도 냠냠냠냠		흉내 낸 양손을 입에 댄 후 손가락을 오므렸다 폈다 한다.
4	빙그르르 신나게 춤추세요		다람쥐가 물레방아 도는 흉내를 낸다.
5	다람쥐 그만!		동작 그만!

4. 동식물과 자연

활동 4. 거북이

주요대상연령			활동형태	활동유형
3세	4세	5세	소집단	신체
	○			

활동목표	• 거북이의 특징을 안다. • 관찰하고 생각한 것을 말로 표현할 수 있다.
누리과정 관련 요소	• 신체운동 · 건강: 신체조절과 기본운동하기−신체조절하기−눈과 손을 협응하여 소근육을 조절해 본다. • 예술경험: 예술적 표현하기−움직임과 춤으로 표현하기−신체를 이용하여 주변의 움직임을 자유롭게 표현한다.
창의 · 인성 관련 요소	• 창의성: 동기적 요소−호기심/흥미 • 인성: 배려−동식물에 대한 배려

활동방법

- 거북이 그림을 보면서 이야기 나눈다.
  - 어떤 동물일까?
  - 무엇처럼 생겼니?
- 거북이의 특징에 대하여 이야기 나눈다.
- 손을 이용하여 거북이를 표현해 본다.
- 리듬에 맞추어 거북이 손유희를 다 함께 해 본다.

활동평가

- 거북이의 특징을 알 수 있었는지 언어적 상호작용을 통해 평가한다.
- 관찰하고 생각한 것을 말로 표현할 수 있는지 언어적 상호작용을 통해 평가한다.

번호	가사	동작	설명
1	여기 거북이가 있어요		오른손으로 주먹을 쥔 상태에서 왼손을 얹는다.
2	거북이는 딱딱한 껍질 속에 살아요		왼손으로 오른손을 두드린다.
3	거북이는 그곳을 아주 좋아하지요		왼손으로 오른 손등을 쓰다듬어 준다.
4	무언가 먹고 싶을 때는 고개를 앞으로 쭈욱 내밀고		오른손 검지를 쭈욱 내밀고

5	자고 싶으면 다시 고개를 쏘옥 들여 놓지요		내민 손가락을 다시 집어넣는다.
6	잘 자거라 거북아~		오른손을 토닥토닥
7	잠에서 깨어나라 얏~		양손을 바닥에 탁 친다.

4. 동식물과 자연

활동 5. 사과

주요대상연령			활동형태	활동유형
3세	4세	5세	소집단	신체
	○			

활동목표	• 나무의 성장과 변화에 대해 관심을 가진다. • 식물의 성장과정을 안다.
누리과정 관련 요소	• 신체운동 · 건강: 신체활동에 참여하기-자발적으로 신체활동에 참여하기-신체활동에 자발적이고 지속적으로 참여한다. • 예술경험: 예술적 표현하기-움직임과 춤으로 표현하기-움직임과 춤으로 자신의 생각과 느낌을 표현한다.
창의 · 인성 관련 요소	• 창의성: 인지적 요소-유추/은유적 사고 • 인성: 배려-동식물에 대한 배려

활동방법

- 나무의 생김새를 살펴보고 나무의 이름 및 종류에 대해 이야기 나눈다.
  - (사진을 보며) 이 나무를 본 적 있니?
  - 어디에서 보았니?
- 사과 노래를 감상한다.
- 노래를 듣고 이야기해 본다.
- 다양한 방법으로 신체활동을 한다.
  - 손가락을 이용하여 사과 씨를 어떻게 표현해 볼까?

활동평가

- 나무의 성장과 변화에 대해 관심을 가질 수 있는지 평가한다.
- 식물의 성장과정을 알게 되었는지 언어적 상호작용을 통해 평가한다.

번호	가사	동작	설명
1	작은 사과 씨를		새끼손가락을 보여 준다.
2	땅을 파고 심었어요		땅을 파는 척한다.
3	물을 주고 토닥토닥토닥 토닥토닥토닥		물 뿌리는 척한 후, 한 손씩 손등을 두드린다.
4	하루 이틀 사흘 나흘 많이 많이 많이 많이		양 손가락으로 수를 센다.

5	햇빛 쨍쨍 비추고 주룩주룩 빗물 먹고 나니		반짝반짝 위로 큰 원을 그린 후 흔들면서 내린다.
6	하나 둘 셋		박수를 세 번 친다.
7	사과가 많이 많이 열렸어요		손바닥으로 큰 원을 그린다.

4. 동식물과 자연

활동 6. 애벌레의 일생

주요대상연령			활동형태	활동유형
3세	4세	5세	소집단	신체
		○		

활동목표	• 애벌레가 나비가 되는 성장과정을 안다. • 관찰하고 생각한 것을 표현해 볼 수 있다.
누리과정 관련 요소	• 예술경험: 예술적 표현하기–극놀이로 표현하기–경험이나 이야기를 극놀이로 표현한다. • 신체운동 · 건강: 신체조절과 기본운동하기–신체조절하기–신체 각 부분을 협응하여 움직임을 조절한다.
창의 · 인성 관련 요소	• 창의성: 인지적 요소–사고의 확장 • 인성: 존중–생명과 환경에 대한 존중
초등교육 과정 관련	• 바른생활: 봄–봄 동산–생명 존중 • 즐거운 생활: 봄–봄 동산–동식물 표현

활동방법

- 나비의 성장과정 동영상을 보며 이야기 나눈다.
  - –알은 어떤 모양이었니?
  - –알에서 무엇으로 변했니?
- 나비의 성장과정을 몸으로 표현해 본다.
  - –우리 몸을 알처럼 보이게 만들어 보자.

    (애벌레, 번데기, 나비도 이야기 나누면서 몸으로 표현해 본다.)
- 나비의 성장과정을 가사에 맞추어 표현해 본다.

활동평가

- 애벌레가 나비가 되는 성장과정을 알 수 있는지 평가한다.
- 관찰하고 생각한 것을 표현할 수 있는지 언어적 상호작용을 통해 평가한다.

확장활동

【음악-코다이 음계놀이】

- 코다이 손기호를 이용하여 음계놀이를 할 수 있다.
- 피아노 음정에 맞추어 손유희를 즐길 수 있다.

번호	가사	동작	설명
1	예쁜 나비가 나뭇잎에 조그만 알을 낳았어요		두 손으로 나비를 만든 후 오른 손바닥에 왼손으로 알을 만든다.
2	알에서 애벌레가 기어 나와		엄지와 검지로 작은 원을 만든 후 검지를 이용하여 아래에서 위로 기어간다.
3	나뭇가지 위로 올라가서 이리저리 세상을 보았어요		양손을 올려 이마에 대고 살핀다.
4	그 후, 애벌레는 누에고치를 만들어		손뼉 한 번, 엄지가 아래로 향하게 주먹을 쥔다.
5	그 속에서 잠을 자고 나니		손을 포개어 잠자는 모습을 한다.

6	예쁜 나비가 되었어요		손으로 나비 모양을 표현한다.
7	훨~ 훨~ 세상을 날아다니다		나비가 나는 모습을 한다.
8	나뭇잎에 또~ 조그만 알을 낳았어요		오른 손바닥으로 나뭇잎을 표현하고 왼손으로 알을 만든다.

4. 동식물과 자연

활동 7. 달팽이

주요대상연령			활동형태	활동유형
3세	4세	5세	소집단	신체
○				

활동목표	• 달팽이의 특성을 안다. • 노래를 즐겨 부른다.
누리과정 관련 요소	• 신체운동 · 건강: 신체활동에 참여하기–자발적으로 신체 활동에 참여하기–다른 사람과 함께하는 신체활동에 참여한다. • 예술경험: 예술적 표현하기–움직임과 춤으로 표현하기–신체를 이용하여 주변의 움직임을 자유롭게 표현한다.
창의 · 인성 관련 요소	• 창의성: 성향적 요소–개방성 • 인성: 협력–집단 협력

활동방법

- 달팽이 관련 동영상을 보여 주며 이야기 나눈다.
  - 달팽이는 어떤 모양이었니?
  - 달팽이가 기어가는 모습을 표현해 보자.
- '달팽이집' 노래를 다 함께 불러 본다.
- 양손을 잡고 동그라미를 만들어 '달팽이집' 가사에 맞추어 춤을 춰 보자.
- 양손을 잡고 한 줄로 서서 리더가 앞장서면 따라다녀 보자.

활동평가

- 달팽이의 특성을 알 수 있었는지 언어적 상호작용을 통해 평가한다.
- 노래를 즐겨 부를 수 있는지 언어적 상호작용을 통해 평가한다.

확장활동

【신체–멍석말이 놀이】

• 원 대형에서 멍석 말듯이 점점 안으로 들어간다.
• 원 대형에서 멍석 풀듯이 점점 밖으로 뒷걸음으로 풀어 간다.

번호	가사	동작	설명
1	달팽이집을 지읍시다		양손을 잡고 원을 만들어 돈다.
2	어여쁘게 지읍시다		1번 동작을 반복한다.
3	점점 작게 점점 작게 점점 작게 점점 작게		원 안으로 들어간다.
4	달팽이집을 지읍시다		1번 동작을 반복한다.
5	어여쁘게 지읍시다		1번 동작을 반복한다.

• 원 대형에서 다 함께 손을 잡고 리더가 멍석 말듯이 점점 안으로 들어간다.
• 원 대형에서 다 함께 손을 잡고 멍석 풀듯이 점점 밖으로 뒷걸음하며 풀어 간다.
• 다 함께 손을 잡고 리더가 여러 방향으로 노래에 맞춰 걸어 다닌다.

4. 동식물과 자연

활동 8. 작은 씨앗

주요대상연령			활동형태	활동유형
3세	4세	5세	소집단	신체
	○			

활동목표	• 씨앗이 자랄 수 있는 환경에 대해 안다. • 자연을 소중히 여기는 태도를 갖는다.
누리과정 관련 요소	• 신체운동 · 건강: 신체활동에 참여하기–자발적으로 신체활동에 참여하기–신체활동에 자발적이고 지속적으로 참여한다. • 예술경험: 아름다움 찾아보기–미술적 요소 탐색하기–자연과 사물의 색, 모양, 질감 등에 관심을 갖는다.
창의 · 인성 관련 요소	• 창의성: 동기적 요소–호기심/흥미 • 인성: 존중–생명과 환경에 대한 존중

활동방법

- 식물의 성장에 대하여 이야기 나눈다.
  - 싹은 어떻게 날까?
  - 씨앗이 자랄 수 있게 하려면 어떻게 해야 할까?
- 씨앗이 자랄 수 있는 환경에 대하여 이야기 나눈다.
  - 돌과 흙이 우리 생활에 이용되는 곳은 어디일까?
- 좋은 환경과 나쁜 환경에 대하여 이야기 나눈다.
- 노랫말에 맞추어 신체활동을 해 본다.

활동평가

- 씨앗이 자랄 수 있는 환경에 대해 알 수 있었는지 평가한다.
- 자연을 소중히 여기는 태도를 가질 수 있었는지 평가한다.

번호	가사	동작	설명
1	작은 씨앗 하나		새끼손가락을 반짝이며 위로 올린다.
2	길가에 뿌렸어요		씨 뿌리는 흉내를 낸다.
3	싫어 싫어		양쪽 어깨를 흔든다.
4	작은 씨앗 하나 돌밭에 뿌렸어요		1번 반복한 후 양손을 빙글빙글 돌린다.
5	안 돼요 안 돼		한 손씩 흔든다.

6	작은 씨앗 하나 가시밭에 뿌렸어요		1번 반복한 후 검지를 이용하여 찌른다.
7	허윽 따가워		어깨를 움츠린 후 양손에 주먹을 쥐고 흔든다.
8	작은 씨앗 하나 좋은 밭에 심었어요		1번 반복한 후 손바닥을 편편하게 한다.
9	좋아요 좋아		박수를 두 번 친다.

5. 건강과 안전

활동 1. 밖으로 나가 놀자

주요대상연령			활동형태	활동유형
3세	4세	5세	소집단	신체
	○			

활동목표	• 달리기, 호핑, 미끄러지기를 즐겁게 참여해 본다. • 친구와 함께 즐겁게 놀이한다.
누리과정 관련 요소	• 신체운동 · 건강: 신체활동에 참여하기–자발적으로 신체활동에 참여하기–신체활동에 자발적이고 지속적으로 참여한다. • 신체운동 · 건강: 신체활동에 참여하기–바깥에서 신체활동하기–규칙적으로 바깥에서 신체활동을 한다.
창의 · 인성 관련 요소	• 창의성: 성향적 요소–독립성 • 인성: 질서–기초질서

활동방법

- 유치원 바깥놀이터 사진을 보여 주며 할 수 있는 놀이에 대해 이야기 나눈다.
- 마당, 텃밭, 화단에서 놀이할 다양한 요소를 찾아본다.

활동평가

- 바깥놀이의 중요성을 알 수 있었는지 언어적 상호작용을 통해 평가한다.
- 여러 가지 바깥놀이 기구를 사용하여 즐겁게 놀이하였는지 평가한다.

번호	가사	동작	설명
1	밖으로 나가 놀~자 시원한 바람 솔솔솔 밖으로 나가 놀~자 모두 즐겁게 놀자		호핑을 하면서 다 함께 노래 부른다.
2	이번에 발을 비비자 바닥에 발을 비비자		양발을 땅에 비빈다.
3	다 함께 발을 비비자 정말 재미가 있구나		트위스트하면서 발을 비빈다.
4	이번엔 미끄러지자 이번엔 미끄러지자		미끄러진다.
5	다 함께 미끄러지자 정말 재미가 있구나		다시 일어나 미끄러진다.

5. 건강과 안전

활동 2. 온몸을 흔들흔들

주요대상연령			활동형태	활동유형
3세	4세	5세	소집단	신체
	○			

활동목표	• 몸의 각 부분에 관심을 가지고 움직일 수 있다. • 몸을 다양하게 움직여 봄으로써 유연성과 순발력을 키울 수 있다.
누리과정 관련 요소	• 신체운동 · 건강: 신체 인식하기–신체를 인식하고 움직이기–자신의 신체를 긍정적으로 인식하고 움직인다. • 신체운동 · 건강: 신체조절과 기본운동하기–신체조절하기–신체 각 부분을 협응하여 움직임을 조절한다.
창의 · 인성 관련 요소	• 창의성: 성향적 요소–개방성 • 인성: 협력–집단협력

활동방법

• 몸을 다양한 방법으로 움직일 수 있는 것에 대하여 이야기 나눈다.
  – 손가락, 발가락은 어떻게 움직일 수 있을까?
  – 어깨는 어떻게 움직일 수 있을까?
  – 머리는 어떻게 움직일 수 있을까?
  – 머리에서 발끝까지 모두 흔들어 보면 어떨까?
• 이젠, 그만 멈추세요.
  – 잠시 멈추니까 어떤 기분이 들어요?
• 활동을 해 본 느낌을 이야기한다.

활동평가

• 몸의 각 부분에 관심을 가지고 움직일 수 있었는지 평가한다.
• 몸을 움직여 봄으로써 유연성과 순발력을 키울 수 있었는지 평가한다.

번호	가사	동작	설명
1	손가락을 까닥까닥		손가락을 공중에서 까닥거린다.
2	발가락을 꼼지락 꼼지락	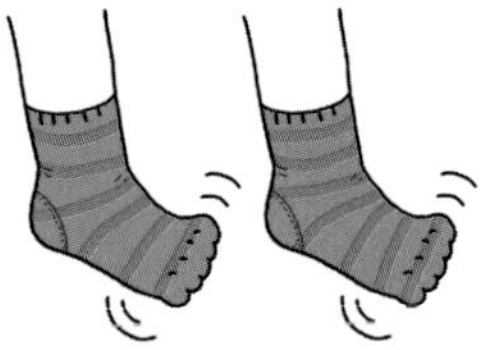	발가락을 꼼지락거린다.
3	어깨를 들썩들썩		어깨를 들썩인다.
4	머리를 흔들흔들		머리를 흔든다.
5	머리에서 발끝까지 폭풍이 몰아쳐요		온몸을 계속 많이 흔든다.
6	그만, 조용히 눈을 감으세요		그만 정지한 후 느낀다.

5. 건강과 안전

활동 3. 어린이 체조

주요대상연령			활동형태	활동유형
3세	4세	5세	소집단	신체
	○			

활동목표	• 노랫말에 따라 체조를 해 본다. • 다 함께 즐겁게 참여하면서 기본 운동능력을 기를 수 있다.
누리과정 관련 요소	• 신체운동 · 건강: 신체활동에 참여하기–자발적으로 신체활동에 참여하기–신체활동에 자발적이고 지속적으로 참여한다. • 신체운동 · 건강: 신체조절과 기본운동하기–신체조절하기–다양한 자세와 움직임에서 신체균형을 유지한다.
창의 · 인성 관련 요소	• 창의성: 인지적 요소–문제해결력 • 인성: 협력–긍정적인 상호의존성

활동방법

- 건강을 지킬 수 있는 방법에 대해 이야기 나눈다.
  - 건강하다는 것은 어떤 것일까?
  - 몸을 건강하게 만드는 방법에는 어떤 것이 있을까?
- 노래를 감상해 본다.
  - 노래 가사 내용에서 제시한 신체를 인식해 보자.
  - 모두 일어서 점프를 해 보자.
- 노랫말에 따라 다 함께 움직여 본다.
- 팀을 나누어 반복해 보면서 기본 운동능력을 키운다.

활동평가

- 노랫말에 따라 체조를 할 수 있는지 평가한다.
- 다 함께 즐겁게 참여하였는지 평가한다.

번호	가사	동작	설명
1	오른손, 왼손 오른손, 왼손		오른손, 왼손을 번갈아 가면서 흔든다.
2	왼발, 오른발 왼발, 오른발		왼발, 오른발을 번갈아 가면서 내민다.
3	어깨를 올려 으쓱으쓱		어깨를 올리고 으쓱으쓱한다.
4	허리를 돌려 빙글 빙글 빙글		허리에 손을 올려 허리를 빙글빙글 돌린다.

5	한 바퀴 돌아서		한 바퀴를 돈다.
6	하늘 높이 짝		손을 높이 들고 점프한다.
7	오른손, 왼손 오른손, 왼손		오른손, 왼손을 번갈아 가며 내민다.

5. 건강과 안전

활동 4. 고무줄놀이

주요대상연령			활동형태	활동유형
3세	4세	5세	소집단	신체
		○		

활동목표	• 고무줄놀이에 관심을 가진다. • 고무줄놀이에 즐겁게 참여한다.
누리과정 관련 요소	• 신체운동 · 건강: 신체조절과 기본운동하기–기본운동하기–제자리에서 몸을 다양하게 움직인다. • 사회관계: 다른 사람과 더불어 생활하기–친구와 사이좋게 지내기–친구와 협동하며 놀이한다.
초등교육 과정 관련	• 즐거운 생활: 학교–학교와 친구–친구와의 놀이

활동방법

- 고무줄을 따라 걷는다.
  - 줄을 밟으며 앞으로 걸어 보아요.
  - 줄을 사이에 두고 S자로 오른쪽, 왼쪽으로 걸어 보아요.
- 고무줄 위로 박자 맞추어 뛰어 본다.
  - 한발씩 뛰뛰며 해 보아요.
  - 양발을 뛰어 고무줄을 밟아 보아요.
- '즐겁게 춤을 추다가' 노래를 개사하여 불러 본다.
- 개사한 노랫말에 맞추어 움직여 본다.
- 얼음 가사에는 창의적인 움직임을 유도해 본다.

활동평가

- 고무줄놀이에 관심을 가졌는지 평가한다.
- 고무줄놀이에 즐겁게 참여하였는지 평가한다.

번호	가사	동작	설명
1	쭈욱쭉 고무줄로 모양을 만들자		고무줄 안에서 오른쪽 원으로 돌다가 얼음
2	쭈욱쭉 고무줄로 모양을 만들자		고무줄 안에서 왼쪽 원으로 돌다가 얼음
3	안으로 들어가면 작은 동그라미		원 안으로 들어간다.
4	밖으로 나오면 큰 동그라미		원 밖으로 나온다.
5	쭈욱쭉 고무줄로 모양을 만들자		오른쪽 원으로 돌다가 얼음

5. 건강과 안전

활동 5. 훌라후프를 굴려 보아요

주요대상연령			활동형태	활동유형
3세	4세	5세	소집단	신체
		○		

활동목표	• 피하기 활동을 통하여 민첩성을 기른다. • 이동운동을 하면서 융통성을 키울 수 있다.
누리과정 관련 요소	• 신체운동 · 건강: 신체활동에 참여하기–자발적으로 신체활동에 참여하기–신체활동에 자발적이고 지속적으로 참여한다. • 신체운동 · 건강: 신체조절과 기본운동하기–신체조절하기–공간, 힘, 시간 등의 움직임 요소를 활용하여 움직인다.
창의 · 인성 관련 요소	• 창의성: 인지적 요소–사고의 확장 • 인성: 협력–집단협력
초등교육 과정 관련	• 즐거운 생활: 학교–학교와 친구–친구와의 놀이

활동방법

- 후프를 가지고 공간을 마음껏 탐색하게 한다.
- 누가 후프를 오랫동안 돌릴 수 있나 해 본다.
- 후프 피하기 게임을 설명한다.
  –후프를 동시에 굴려 서로 부딪치지 않고 피해 보자.
- 후프를 바닥에 눕혀 한 사람씩 자연스럽게 이동운동을 해 본다.

활동평가

- 후프를 피하면서 민첩성을 기를 수 있는지 평가한다.
- 이동운동을 하면서 융통성을 키울 수 있었는지 평가한다.

5. 건강과 안전

활동 6. 풍선을 날려 보아요

주요대상연령			활동형태	활동유형
3세	4세	5세	소집단	신체
	○			

활동목표	• 손과 눈의 협응력을 기른다. • 자리를 이동하면서 균형감을 키운다.
누리과정 관련 요소	• 신체운동 · 건강: 신체조절과 기본운동하기–신체조절하기–신체 각 부분을 협응하여 움직임을 조절한다. • 신체운동 · 건강: 신체활동에 참여하기–기구를 이용하여 신체활동하기–여러 가지 기구를 이용하여 신체활동을 한다.
창의 · 인성 관련 요소	• 창의성: 동기적 요소–몰입 • 인성: 협력–긍정적인 상호의존성

활동방법

- 풍선을 각자 하나씩 불어 탐색하며 가지고 논다.
- 신체 부분을 이용하여 튕겨 본다.
  - 손가락으로 날려 보자.
  - 주먹으로 날려 보자.
- 원을 만들어 풍선을 가지고 땅에 떨어지지 않을 때까지 해 본다.
- 원 안에 풍선 두 개를 이용해서 날려 보다.

활동평가

- 손과 눈의 협응력을 길렀는지 평가한다.
- 자리를 이동하면서 균형감을 키울 수 있는지 평가한다.

5. 건강과 안전

활동 7. 공을 전달해 보아요

주요대상연령			활동형태	활동유형
3세	4세	5세	소집단	신체
	○			

활동목표	• 친구에게 공을 전달할 수 있다. • 다양한 방법으로 공놀이를 할 수 있다.
누리과정 관련 요소	• 신체운동 · 건강: 신체활동에 참여하기–자발적으로 신체활동에 참여하기–신체활동에 자발적이고 지속적으로 참여한다. • 신체운동 · 건강: 안전하게 생활하기–교통안전 규칙 지키기–교통수단을 안전하게 이용한다.
창의 · 인성 관련 요소	• 창의성: 인지적 요소–문제해결력 • 인성: 배려–친구에 대한 배려

활동방법

- 원으로 둘러앉아 눈을 보며 옆 친구에게 공을 전달한다.
- 다양한 방법으로 공놀이를 한다.
  - 공을 힘껏 밀어 앞 친구에게 보낸다.
  - 서서 공을 튕겨 내가 주고 싶은 친구에게 보낸다.
  - 원 안으로 한 명이 들어가 공을 피하는 놀이를 해 본다.

활동평가

- 눈을 보며 친구에게 공을 전달할 수 있는지 평가한다.
- 다양한 방법으로 공놀이를 할 수 있는지 평가한다.

5. 건강과 안전

활동 8. 이를 닦자

주요대상연령			활동형태	활동유형
3세	4세	5세	소집단	신체
	○			

활동목표	• 깨끗하게 이를 닦는 방법에 관심을 가진다. • 스스로 깨끗이 하는 습관을 가진다.
누리과정 관련 요소	• 신체운동 · 건강: 건강하게 생활하기–몸과 주변을 깨끗이 하기–손과 이를 깨끗이 하는 방법을 알고 실천한다. • 예술경험: 예술적 표현하기–움직임과 춤으로 표현하기–도구를 활용하여 다양한 움직임으로 표현한다.
창의 · 인성 관련 요소	• 창의성: 성향적 요소–독립성 • 인성: 존중–다른 사람들과 다른 문화에 대한 존중

활동방법

- 이의 생김새와 구성에 대하여 이야기 나눈다.
  – 이는 어떤 모양으로 생겼니?
  – 이를 만져 보니 어떤 느낌이 드니?
- 충치에 대하여 이야기 나눈다.
- 이 닦는 방법에 대하여 이야기 나눈다.
- 가사에 맞추어 이를 닦아 본다.

활동평가

- 깨끗하게 이를 닦는 방법에 관심을 가졌는지 언어적 상호작용을 통해 평가한다.
- 스스로 깨끗이 하는 습관을 가질 수 있는지 언어적 상호작용을 통해 평가한다.

번호	가사	동작	설명
1	이를 닦자 이를 닦자		칫솔 모형을 쥐고 아래위로 닦는 시늉을 한다.
2	깨끗이 깨끗이~		어금니를 빠르게 닦는다.
3	치카치카치카 치카치카치카		앞니를 빠르게 닦는다.
4	깨끗이 깨끗이~		2번 동작을 반복한다.

※ '우리 서로 학교 길에'의 음에 맞추어 노래한다.

5. 건강과 안전

활동 9. 리본 춤을 춰 보아요

주요대상연령			활동형태	활동유형
3세	4세	5세	소집단	신체
	○			

활동목표	• 음악의 느낌을 리본으로 다양하게 흔들 수 있다. • 몸의 각 부분을 활용하여 신체발달을 돕는다.
누리과정 관련 요소	• 신체운동 · 건강: 신체활동에 참여하기–자발적으로 신체활동에 참여하기–신체활동에 자발적이고 지속적으로 참여한다. • 신체운동 · 건강: 신체조절과 기본운동하기–신체조절하기–눈과 손을 협응하여 소근육을 조절해 본다.
창의 · 인성 관련 요소	• 창의성: 성향적 요소–개방성 • 인성: 협력–집단협력

활동방법

- 리본 흔드는 방법에 대해 이야기 나눈다.
  - 리본을 ㄴ자로 흔들어 보자.
  - 리본으로 마음껏 흔들어 보자.
- 음악을 듣고 이야기 나눈다.
  - 음악이 어떤 느낌이 드니?
  - 느리게 또는 빠르게 흔들어 보자.
- 리본을 흔들며 이동을 하면서 움직여 본다.
- 음악에 맞추어 대형도 만들어 본다.

활동평가

- 음악의 느낌을 리본으로 다양하게 흔들 수 있는지 평가한다.
- 몸의 각 부분을 활용하여 다양하게 움직이는지 평가한다.

번호	가사	동작	설명
1	울퉁불퉁 멋진 몸매에		팀원이 일직선으로 서서 리본을 위아래로 돌린다.
2	빨강 옷을 입고		왼쪽으로 돌면서 돌린다.
3	새콤달콤 향기 풍기는		오른쪽으로 돌면서 돌린다.
4	멋쟁이 토마토		정면으로 보며 ∞ 모양으로 돌린다.
5	나는야 주스 될 거야		한 줄 기차를 만들고 리본을 위로 돌린다.
6	꿀꺽		리본을 앞으로 내린다.

7	나는야 케첩 될 거야		한 줄 기차를 만들고 리본으로 크게 원을 그린다.
8	찌익		앞으로 리본을 내린다.
9	나는야 춤을 출 거야		V자 모양을 만들고 리본을 아래로 돌린다.
10	멋쟁이 토마토 토마토 짠~		다시 원으로 만들고 서서 리본을 위로 던지고 받는다.

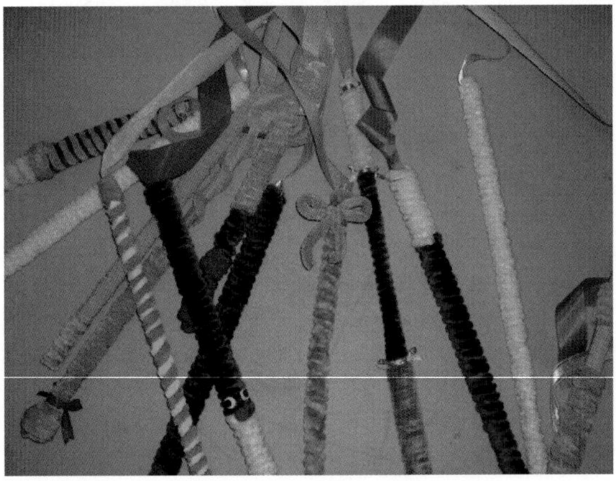

5. 건강과 안전

활동 10. 예쁜 손 미운 손

주요대상연령			활동형태	활동유형
3세	4세	5세	소집단	신체
	○			

활동목표	• 주변을 깨끗이 하는 방법을 알고 실천한다. • 교실을 깨끗이 하는 방법을 안다.
누리과정 관련 요소	• 신체운동 · 건강: 건강하게 생활하기–몸과 주변을 깨끗이 하기–주변을 깨끗이 하는 습관을 기른다. • 신체운동 · 건강: 신체인식하기–신체를 인식하고 움직이기–자신의 신체를 긍정적으로 인식하고 움직인다.
창의 · 인성 관련 요소	• 창의성: 성향적 요소–독립성 • 인성: 배려–친구에 대한 배려

활동방법

- 쓰레기 분리수거함을 보며 이야기 나눈다.
  - 무엇에 사용하는 통일까?
  - 분리수거를 왜 해야 할까?
- 주변을 깨끗하게 할 수 있는 방법에 대해 이야기 나눈다.
- 가사에 맞추어 신체활동을 하면서 창의적으로 표현해 본다.
- 두 사람씩 마주 보고 활동을 한다.

활동평가

- 주변을 깨끗이 하는 방법을 알고 실천할 수 있는지 평가한다.
- 교실을 깨끗이 하는 방법을 알 수 있었는지 언어적 상호작용을 통해 평가한다.

번호	가사	동작	설명
1	내 손은 내 손은 예쁜 손		오른손 먼저 내밀고 왼손을 내민 다음 박수 두 번 친 후 “짠!” 하고 내민다.
2	반갑게 반갑게 악수하는 손		옆 친구와 악수한다.
3	내 손은 내 손은 미운 손		1번 동작을 반복한다.
4	아무데나 쓰레기를 버리는 손		쓰레기 버리는 흉내를 낸다.
5	떽~		손을 ‘탁!’ 친 후 미안한 표정을 짓는다.

6. 생활도구

활동 1. 맛있는 요리

주요대상연령			활동형태	활동유형
3세	4세	5세	소집단	신체
	○			

활동목표	• 요리과정에 즐겁게 참여한다. • 유치원에서 도와주시는 분에 대해 감사하는 마음을 가진다.
누리과정 관련 요소	• 신체운동 · 건강: 건강하게 생활하기–바른 식생활하기–음식을 골고루 먹는다. • 신체운동 · 건강: 신체조절과 기본운동하기–기본운동하기–제자리에서 몸을 다양하게 움직인다.
창의 · 인성 관련 요소	• 창의성: 동기적 요소–호기심/흥미 • 인성: 나눔–나눔에 참여하기

활동방법

- 유치원에서 우리를 도와주시는 분에 대해 이야기 나눈다.
  - 간식을 만들 때 가장 큰 도움을 주는 사람은 누구일까?
  - 조리사 님은 언제 가장 기쁠까?
- 요리 순서도를 보면서 이야기 나눈다.
- 요리 시 지켜야 할 약속에 대해 이야기 나눈다.
- 간단한 손유희 '맛있는 요리'를 함께해 본다.

활동평가

- 요리과정에 즐겁게 참여하였는지 평가지를 통해 평가한다.
- 유치원에서 도와주시는 분에 대해 감사하는 마음을 가질 수 있는지 평가한다.

번호	가사	동작	설명
1	맛있는 요리를 착착착착착		양손 바닥이 각각 하늘로 보이게 한 후 흔들다가 도마에 칼질한다.
2	챠우챠우 챠우챠우 쩝쩝쩝쩝쩝		양손을 앞으로 내어 손등과 바닥을 번갈아 낸 후 먹는 흉내를 낸다.
3	바우바우 바우바우		배를 두들긴다.
4	아이! 맛있다		손뼉을 치고 입을 쓰윽 닦는다.

6. 생활도구

활동 2. 시계

주요대상연령			활동형태	활동유형
3세	4세	5세	소집단	신체
	○			

활동목표	• 건전지로 움직이는 시계에 관심을 가진다. • 도구와 기계를 움직이는 힘에 관심을 가진다.
누리과정 관련 요소	• 예술경험: 아름다움 찾아보기–음악적 요소 탐색하기–다양한 소리, 음악의 셈여림, 빠르기, 리듬 등에 관심을 갖는다. • 예술경험: 예술적 표현하기–움직임과 춤으로 표현하기–도구를 활용하여 다양한 움직임으로 표현한다.
창의 · 인성 관련 요소	• 창의성: 성향적 요소–독립성 • 인성: 협력–개인적 책임감

활동방법

- 시계를 발명한 갈릴레이의 이야기를 들려준다.
  - 시계가 없었을 때 옛날 사람들은 무엇을 보고 시간을 알았을까?
  - 시계가 없었다면 어땠을까?
  - 시계가 있어서 편리한 점은 무엇일까?
  - 시계는 어떻게 움직일까?
  - 시계는 무엇의 힘으로 움직일까?
- 건전지를 이용하여 움직이는 기계에 대하여 이야기 나눈다.
- 시계의 움직이는 소리를 듣고 느낌을 이야기해 본다.
- 시계의 리듬과 박자를 손유희로 활동해 보자.
- 다 함께 노래에 맞추어 신체활동을 한다.

활동평가

- 건전지로 움직이는 시계에 관심을 가질 수 있었는지 평가한다.

• 도구와 기계를 움직이는 힘에 관심을 가질 수 있었는지 평가한다.

번호	가사	동작	설명
1	똑딱 똑딱 똑딱 똑딱 우리 시계는 똑딱 똑딱 똑딱 똑딱 잘도 가지요		검지를 펴서 좌우로 흔들흔들 손바닥을 펴서 좌우로 흔들흔들
2	리듬 박자 잘 맞고		오른손 펴고 왼손 펴고 오른쪽으로 모아서 짝짝짝
3	음정 화음 잘 맞고		왼손 펴고 오른손 펴서 왼쪽에서 짝짝짝
4	똑딱 똑딱 똑딱 똑딱 우리 시계는 똑딱 똑딱 똑딱 똑딱 잘도 가지요		1번 동작을 반복한다.

6. 생활도구

활동 3. 전기

주요대상연령			활동형태	활동유형
3세	4세	5세	소집단	신체
		○		

활동목표	• 생활도구를 움직이는 힘의 종류에 대하여 관심을 가진다. • 에너지를 절약하는 방법에 관심을 가진다.
누리과정 관련 요소	• 신체운동 · 건강: 안전하게 생활하기–안전하게 놀이하기–TV, 인터넷, 통신기기 등의 위해성을 알고 바르게 사용한다. • 신체운동 · 건강: 신체활동에 참여하기–자발적으로 신체활동에 참여하기–신체활동에 자발적이고 지속적으로 참여한다.
창의 · 인성 관련 요소	• 창의성: 인지적 요소–사고의 확장 • 인성: 나눔–나눔에 참여하기
초등교육 과정 관련	• 바른생활: 여름–여름맞이–절약

활동방법

- 풍력발전기 사진 자료를 보며 이야기를 나눈다.
  - 풍력발전기를 본 적 있니?
  - 풍력발전기는 어떤 일을 할까?
- 풍력발전기의 원리와 활용에 대하여 이야기 나눈다.
- 전기를 아끼는 방법에 대해 알아본다.
  - 전기가 없다면 어떤 일이 일어날까?
  - 전기를 아끼기 위해서는 무엇을 해야 할까?
- 가사를 이해하며 신체활동을 창의적으로 만든다.
  - 가사를 익힐 수 있도록 다양한 방법으로 불러 보아요.
  - 노랫말에 어울리는 신체활동을 만들어 볼까?

활동평가

- 생활도구를 움직이는 힘의 종류에 대해 평가한다.
- 에너지를 절약하는 방법에 대해 평가한다.

번호	가사	동작	설명
1	물의 힘으로 만든 전기		양손을 둥글게 돌린다.
2	환한 빛 만들죠		양손을 올리고 반짝거린다.
3	전기 없으면 정말 불편해		한 손씩 위로 올려 반짝거린다.
4	소중한 전기		박수를 세 번 친 후 양손을 반짝거린다.

전 기

이국휘 작사 · 곡

물 의힘 으로 만든전 기 환 한빛 만들 죠
석 탄석 유로 만든전 기 맛 난요 리하 네
전 기없 으면 정말불편해 소 중한 전 – 기
전 기없 으면 정말불편해 모 두아 껴써 요

6. 생활도구

활동 4. 노래하는 세탁기

<table>
<tr><th colspan="3">주요대상연령</th><th>활동형태</th><th>활동유형</th></tr>
<tr><td>3세</td><td>4세</td><td>5세</td><td rowspan="2">소집단</td><td rowspan="2">신체</td></tr>
<tr><td></td><td>○</td><td></td></tr>
</table>

활동목표	• 전기의 힘으로 움직이는 세탁기에 관심을 가진다. • 세탁기가 움직이는 모습에 관심을 가진다.
누리과정 관련 요소	• 예술경험: 예술적 표현하기-움직임과 춤으로 표현하기-움직임과 춤으로 자신의 생각과 느낌을 표현한다. • 예술경험: 예술적 표현하기-통합적으로 표현하기-음악, 움직임과 춤, 미술, 극놀이 등을 통합하여 표현한다.
창의 · 인성 관련 요소	• 창의성: 동기적 요소-호기심/흥미 • 인성: 경로효친-부모에 대한 효

활동방법

- 세탁기에 대한 수수께끼를 풀면서 세탁기에 관심을 가지게 한다.
  - 나는 하얀색에 네모난 모양이야.
  - 나는 더러운 것을 깨끗하게 만들 수 있어.
  - 버튼을 누르면 움직일 수 있어.
  - 세탁기는 무슨 힘으로 돌아갈까?
- 빨래를 해 보았던 경험에 대하여 이야기 나눈다.
- 빨래가 되어 몸으로 표현해 본다.
- '노래하는 세탁기' 노래에 맞추어 창의적으로 신체활동을 해 본다.

활동평가

- 전기의 힘으로 움직이는 세탁기에 관심을 가질 수 있었는지 평가한다.
- 세탁기가 움직이는 모습에 관심을 가질 수 있었는지 평가한다.

번호	가사	동작	설명
1	세탁기가 윙윙 돌아갑니다		양손으로 크게 원을 만든 후 돌린다.
2	엄마 아빠 아기 옷이 서로 모여서		가슴 앞에서 오른손 위로 손뼉 네 번, 왼손 위로 손뼉 네 번, 한 번씩 번갈아 가며 손뼉을 친다.
3	어깨동무하며		한 손씩 어깨동무한다.
4	뱅뱅뱅 돌다가		3번 동작을 하고 오른쪽, 왼쪽으로 어깨를 흔든다.
5	띵동띵동 소리 들리면		오른쪽 귀와 왼쪽 귀에 손을 대고 소리를 듣는다.

6	차례차례 빨랫줄로 떠나갑니다		양손을 흔들면서 걷는 모습을 한다.

노래하는 세탁기

남인석 작사 · 곡

〈출처: 교육과학기술부, 2010〉

6. 생활도구

활동 5. 열심히 컴퓨터 하다가

주요대상연령			활동형태	활동유형
3세	4세	5세	소집단	신체
		○		

활동목표	• 컴퓨터를 스스로 적절하게 조절하여 사용할 수 있다. • 인터넷을 사용할 때 약속을 지킬 수 있다.
누리과정 관련 요소	• 신체운동 · 건강: 안전하게 생활하기–안전하게 놀이하기–TV, 인터넷, 통신기기 등의 위해성을 알고 바르게 사용한다. • 신체운동 · 건강: 안전하게 생활하기–안전하게 놀이하기–놀이기구나 놀잇감, 도구의 바른 사용법을 알고 안전하게 사용한다.
창의 · 인성 관련 요소	• 창의성: 성향적 요소–독립성 • 인성: 질서–기초질서
초등교육 과정 관련	• 슬기로운 생활: 학교–학교와 친구–친구 관계

활동방법

- 컴퓨터에 관해 이야기 나눈다.
  - 컴퓨터를 하다가 엄마에게 혼난 적 있었니?
  - 왜 혼났을까?
- 컴퓨터를 하다가 적절하게 조절하는 방법에 대해 이야기 나눈다.
- 가사에 맞게 동작을 하나씩 창의적으로 만들어 본다.
- 노래 부르면서 즐겁게 신체활동을 해 본다.

활동평가

- 컴퓨터를 스스로 적절하게 조절하여 사용할 수 있는지 평가한다.
- 인터넷을 사용할 때 약속을 지킬 수 있는지 언어적 상호작용을 통해 평가한다.

번호	가사	동작	설명
1	열심히 컴퓨터 하다가 그대로 멈춰라		키보드 자판 치는 흉내를 내다가 멈춘다 (두 번 반복)
2	마우스도 그만		오른손으로 마우스를 잡고 돌리는 흉내를 낸다.
3	키보드도 그만		키보드 자판 치는 흉내를 낸다.
4	모니터도 그만		양손 검지로 네모 모양을 그린다.
5	쳐다보지 마		손뼉 세 번치고 고개를 휙 돌린다.
6	열심히 컴퓨터 하다가 이제는 그만해		키보드 자판 치는 흉내를 내다가 양손으로 × 모양을 한다.

※ '그대로 멈춰라' 의 음에 맞추어 노래한다. 〈출처: 교육과학기술부, 2010〉

6. 생활도구

활동 6. 어떻게 할까?

주요대상연령			활동형태	활동유형
3세	4세	5세	소집단	신체
		○		

활동목표	• 일하는 자동차에 대하여 관심을 가지고 하는 일을 안다. • 일하는 자동차의 움직이는 모양을 몸으로 표현할 수 있다.
누리과정 관련 요소	• 신체운동 · 건강: 신체조절과 기본운동하기–신체조절하기–공간, 힘, 시간 등의 움직임 요소를 활용하여 움직인다. • 신체운동 · 건강: 신체조절과 기본운동하기–기본운동하기–제자리에서 몸을 다양하게 움직인다.
창의 · 인성 관련 요소	• 창의성: 인지적 요소–사고의 확장 • 인성: 협력–긍정적인 상호의존성
초등교육 과정 관련	• 슬기로운 생활: 봄–봄맞이–봄철 생활 도구

활동방법

- 그림카드를 보며 일하는 교통기관의 움직임에 대해 이야기 나눈다.
  - 카드를 보며 어떤 교통기관이니?
  - 어떻게 움직이면서 일을 할까?
- 일하는 교통기관의 움직임에 대하여 표현해 본다.
- 움직임을 비디오카메라로 촬영하고 함께 보며 이야기 나눈다.
- 노래 부르면서 다 함께 신체활동을 한다.

활동평가

- 일하는 자동차에 관심을 가지고 하는 일을 알 수 있었는지 평가한다.
- 일하는 자동차의 움직이는 모양을 몸으로 표현할 수 있는지 평가한다.

번호	가사	동작	설명
1	굴삭기를 보았니		양손 엄지와 검지를 모아 안경 모양을 한다.
2	어떻게 할까?		생각하는 척한다.
3	땅을 파고 흙을 담아		땅을 파고(땅 파는 모습) 흙을 담아서
4	나르고 있구나		나른다.

어떻게 할까

정상녀 작사 · 곡

〈출처: 교육과학기술부, 2010〉

7. 교통기관

활동 1. 불이 나면 어떻게 해야 할까?

주요대상연령			활동형태	활동유형
3세	4세	5세	소집단	신체
	○			

활동목표	• 불이 났을 때 안전하게 대처하는 방법을 안다. • 사고 발생 시 침착하고 안전하게 행동할 수 있다.
누리과정 관련 요소	• 신체운동 · 건강: 안전하게 생활하기–비상시 적절히 대처하기–재난 및 사고 등 비상시 적절하게 대처하는 방법을 알고 행동한다. • 신체운동 · 건강: 안전하게 생활하기–안전하게 놀이하기–안전한 장소를 알고 안전하게 놀이한다.
창의 · 인성 관련 요소	• 창의성: 인지적 요소–사고의 확장 • 인성: 질서–기초질서

활동방법

- 화재 관련 동영상을 본 후 이야기를 나눈다.
  - 불이 나면 어떤 일들이 일어날까?
  - 우리가 가장 먼저 해야 할 일은 무엇이 있을까?
- 대피요령에 대하여 이야기 나눈다.
  - 불이 났을 때 어떤 자세로 걸어야 할까?
- 유치원의 평면도를 보면서 불이 났을 때 어떻게 하는지 대하여 이야기 나눈다.
- 가사에 맞추어 실제로 실천해 본다.

활동평가

- 불이 났을 때 안전하게 대처하는 방법을 알 수 있었는지 평가한다.
- 사고 발생 시 침착하고 안전하게 행동할 수 있는지 평가한다.

번호	가사	동작	설명
1	불이 나면 불이야 불이야!		입에 양손을 모아 큰 소리로 외친다.
2	119로 신고해요		손가락으로 119를 나타낸다.
3	왜앵 왜앵 화재경보기가 울리면		오른손을 들고 손을 반짝거린다.
4	선생님께 달려가요		달려가는 동작을 한다.
5	교실에 연기가 들어오면		양손바닥을 모아 앞으로 S자로 나아간다.

6	몸을 낮추어 낮게 엎드리고		몸을 낮게 낮춘다.
7	무릎으로 기어 밖으로 나와야 되죠		무릎으로 기어간다.

8. 우리나라

활동 1. 우리나라는 사계절이 있어요

주요대상연령			활동형태	활동유형
3세	4세	5세	소집단	신체
	○			

활동목표	• 우리나라는 일 년이 사계절로 구성되어 있음을 안다. • 사계절은 서로 다른 특징이 있음을 안다.
누리과정 관련 요소	• 신체운동 · 건강: 신체활동에 참여하기–자발적으로 신체활동에 참여하기–신체활동에 자발적이고 지속적으로 참여한다. • 신체운동 · 건강: 신체조절과 기본운동하기–신체조절하기–눈과 손을 협응하여 소근육을 조절해 본다.
창의 · 인성 관련 요소	• 창의성: 성향적 요소–개방성 • 인성: 존중–생명과 환경에 대한 존중

활동방법

- 지구본을 활용하여 추운 나라와 더운 나라에 대해 이야기 나눈다.
  – 우리나라에는 어떤 계절이 있을까?
  – 지금은 어떤 계절이지?
- 『추운 나라도 있고 더운 나라도 있어』 동화를 듣는다.
  – 추운 나라 사람들은 어떻게 살까?
  – 어떤 집에서 살까? 어떤 옷을 입고 살까? 어떤 음식을 먹을까?
- 노래를 듣고 이야기 나눈다.
- 가사에 맞는 동작을 창의적으로 표현해 본다.

활동평가

- 우리나라는 일 년이 사계절로 구성되어 있음을 아는지 평가한다.
- 사계절은 서로 다른 특징이 있음을 아는지 언어적 상호작용을 통해 평가한다.

번호	가사	동작	설명
1	우리 우리나라는 정말 아름다와요		한 손씩 가슴에 엇갈리게 댄 후 큰 원을 그린다.
2	우리 우리나라는 정말 좋아요		한 손씩 가슴에 엇갈리게 댄 후 양손을 돌리면서 위로 올린다.
3	봄은 꽃나라		양손을 뿌리면서 얼굴에 받친다.
4	여름은 별나라		양손을 높이 들어 반짝반짝
5	가을은 숲나라		양손을 높이 들고 좌우로 흔든다.
6	그리고 추운 겨울은 하얀 눈나라		벌벌 떨다가 펑펑 눈이 내리는 흉내를 낸다.

우리나라

김성균 요 · 곡

〈출처: 김성균 동요집〉

8. 우리나라

활동 2. 아리랑

주요대상연령			활동형태	활동유형
3세	4세	5세	소집단	신체
	○			

활동목표	• 우리나라 가락에 관심을 가진다. • 민요에 맞추어 창의적으로 표현할 수 있다.
누리과정 관련 요소	• 예술경험: 예술적 표현하기–음악으로 표현하기–리듬악기를 연주해 본다. • 예술경험: 예술적 표현하기–움직임과 춤으로 표현하기–신체를 이용하여 주변의 움직임을 자유롭게 표현한다.
창의 · 인성 관련 요소	• 창의성: 성향적 요소–독립성 • 인성: 존중–자신과 전통문화에 대한 존중

활동방법

- '아리랑' 노래를 듣고 나서 이야기 나눈다.
  - 이 노래를 들어 본 적 있니?
  - 이 노래를 들으니 어떤 느낌이 나니?
- 세마치장단을 연습해 본다.
- (한복을 입고) 이 음악에 맞추어 한국무용을 춰 본다.
- 다 함께 노래 부르며 한국무용을 창의적으로 표현해 본다.
- 비디오로 찍어서 다른 유아와 함께 감상해 본다.

활동평가

- 우리나라 가락에 관심을 가졌는지 언어적 상호작용을 통해 평가한다.
- 민요에 맞추어 창의적으로 표현할 수 있는지 평가한다.

확장활동

- 한삼을 끼고 음악에 맞추어 흔들어 본다.

• 양손으로 반짝반짝 하면서 아리랑 노래에 맞춘다.

번호	가사	동작	설명
1	아리랑 아리랑 아라리요		오른손은 배꼽 앞에 왼손은 등 뒤로 네 번 반복한다.
2	아리랑 고개로 넘어간다		왼손을 머리 위로 오른손을 머리 위로 두 번 반복한다.
3	나를 버리고 가시는 님은		양손을 어깨 위로 올려 오른쪽으로 돈다.
4	십 리도 못가서 발병 난다		3번을 반대로 반복하면서 큰절한다.

8. 우리나라

활동 3. 강강술래

주요대상연령			활동형태	활동유형
3세	4세	5세	소집단	신체
	○			

활동목표	• 장단에 맞추어 강강술래 가락과 춤을 경험한다. • 강강술래를 통해 공동체 의식과 단결심을 기른다.
누리과정 관련 요소	• 예술경험: 예술적 표현하기–음악으로 표현하기–전래동요를 즐겨 부른다. • 신체운동 · 건강: 신체조절과 기본운동하기–기본운동하기–걷기, 달리기, 뛰기 등 다양한 이동운동을 한다.
창의 · 인성 관련 요소	• 창의성: 인지적 요소–문제해결력 • 인성: 협력–집단협력

활동방법

- 강강술래에 대하여 이야기 나눈다.
  - 강강술래를 해 본 적 있니?
  - 강강술래는 어떤 장단일까?
- 놀이방법에 대하여 알아본다.
  - 양손을 잡고 원 대형을 만든다.
- 강강술래에 맞추어 놀이한다.

활동평가

- 친구와 협력하여 활동에 참여할 수 있었는지 평가한다.
- 신체활동을 통해 긴장감을 해소할 수 있었는지 평가한다.

확장활동

【신체–대문놀이】

- 강강술래가 잘되면 대문놀이, 청어놀이, 남생이놀이 등을 한다.

8. 우리나라

활동 4. 대문놀이

주요대상연령			활동형태	활동유형
3세	4세	5세	소집단	신체
	○			

활동목표	• 친구와 협력하여 활동에 참여한다. • 신체활동을 통해 긴장감을 해소한다.
누리과정 관련 요소	• 예술경험: 예술적 표현하기–음악으로 표현하기–전래동요를 즐겨 부른다. • 신체운동 · 건강: 신체조절과 기본운동하기–기본운동하기–걷기, 달리기, 뛰기 등 다양한 이동운동을 한다.
창의 · 인성 관련 요소	• 창의성: 인지적 요소–문제해결력 • 인성: 협력–집단협력

활동방법

- 대문놀이에 대하여 이야기 나눈다.
  - 대문놀이를 해 본 적 있니?
  - 대문놀이를 했을 때 기분은 어땠니?
- 놀이방법에 대하여 알아본다.
- 먼저 대문놀이 노래를 다양한 방법으로 익힌다.
- 대문놀이 노래에 맞추어 놀이한다.

활동평가

- 친구와 협력하여 활동에 참여할 수 있었는지 평가한다.
- 신체활동을 통해 긴장감을 해소할 수 있었는지 평가한다.

확장활동

【신체–꼬리잡기놀이】

- 대문놀이 후 한 줄이 되었으면 꼬리잡기놀이를 연결 지어 할 수 있다.

번호	가사	동작	설명
1	문지기 문지기 문 열어라~ 열쇠 없어 못 열겠네		원 안을 보고 한 명이 선창하여 노래 부른다. 친구들이 화답하여 노래 부른다.
2	어떤 대문에 들어갈까~ 동대문에 들어가		두 명이 대문을 만들면 선두가 고개 숙여 대문을 지나간다.
3	문지기 문지기 문 열어라~		대문을 나와 두 명씩 다시 대문을 만든다.
4	열쇠 없어 못 열겠네 어떤 대문에 들어갈까~ 서대문에 들어가		모든 대문이 만들어지면 한 줄씩 다시 원을 만든다.
5	덜커덩 텅 열렸네		원으로 마주 보며 대문놀이를 마친다.

9. 세계 여러 나라

활동 1. 올림픽 개막식 행진놀이

주요대상연령			활동형태	활동유형
3세	4세	5세	소집단	신체
	○			

활동목표	• 여러 나라 사람들과 함께 올림픽에 관심을 가진다. • 신체활동에 즐겁게 참여한다.
누리과정 관련 요소	• 예술경험: 예술적 표현하기–움직임과 춤으로 표현하기–다양한 도구를 활용하여 창의적으로 움직인다. • 예술경험: 예술적 표현하기–미술활동으로 표현하기–협동적인 미술활동에 참여한다.
창의 · 인성 관련 요소	• 창의성: 성향적 요소–개방성 • 인성: 나눔–나눔에 참여하기

활동방법

- 올림픽 기간 중 전날 경기 소식에 대해 이야기 나눈다.
  - 개막식을 보니 기분이 어땠니?
  - 올림픽이란 무엇일까?
- (개막식 사진을 보며) 여러 나라 사람들이 올림픽을 같이하는 이유에 대해 이야기 나눈다.
  - 개막식 때 사람들은 무엇을 들고 있었니?
- 세계 여러 나라 국기를 들고 개막식 음악에 맞추어 행진하면서 입장해 본다.

활동평가

- 여러 나라 사람들과 함께 올림픽에 관심을 가졌는지 평가한다.
- 신체활동에 즐겁게 참여했는지 평가한다.

확장활동

【미술-세계 여러 나라 국기 만들기】

- 세계 여러 나라 국기를 만들어 본다.
- 세계 여러 나라 국기를 들고 행진해 본다.

번호	가사	동작	설명
1	깃발 들고 앞으로 출발~! 하나 둘 하나 둘		깃발을 들고 교실을 행진한다.
2	힘차게 부르는 씩씩한 행진		깃발을 흔들면서 교실을 행진한다.
3	산으로 돌진~!		깃발을 높이 들고 행진한다.
4	계곡 밑으로 내려갓~!		깃발을 들고 무릎을 낮게 행진한다.
5	하나 둘 하나 둘 땀을 뻘뻘 흘리네		깃발을 들고 행진한다.

9. 세계 여러 나라

활동 2. 세계 여행 하자

주요대상연령			활동형태	활동유형
3세	4세	5세	소집단	신체
	○			

활동목표	• 세계 여러 나라 여행에 대해 관심을 갖는다. • 자신의 경험과 생각을 바른 태도로 말한다.
누리과정 관련 요소	• 신체운동 · 건강: 신체활동에 참여하기–자발적으로 신체활동에 참여하기–신체활동에 자발적이고 지속적으로 참여한다. • 신체운동 · 건강: 안전하게 생활하기–교통안전 규칙 지키기–교통수단을 안전하게 이용한다.
창의 · 인성 관련 요소	• 창의성: 인지적 요소–사고의 확장 • 인성: 질서–사회질서

활동방법

- 준비된 자료(세계 여러 나라의 배경 사진)를 보며 내가 여행하고 싶은 나라에 대하여 이야기 나눈다.
  - 내가 가고 싶은 나라는 어디일까?
  - 사람들은 왜 다른 나라를 여행하고 싶은 걸까?
- 가고 싶은 나라의 국기를 살펴본다.
- 노래를 익히고 국기를 흔들면서 노래를 부른다.
- 노래가 끝나면 어떤 나라 국기인지 설명하게 한다.
- 손유희를 하면서 다 함께 노래를 부른다.

활동평가

- 세계 여러 나라 여행에 대해 관심을 가질 수 있었는지 평가한다.
- 자신의 경험과 생각을 바른 태도로 말할 수 있는지 평가한다.

번호	가사	동작	설명
1	우리 모두 세계 여행 하자 우리 모두 세계 여행 하자 우리 모두 세계 여행 하자		양손을 앞으로 내밀어 좌우로 흔든다.
2	세계 최고 멋진 곳으로		손뼉 치고 오른손 위로 손뼉 치고 왼손 위로 뻗는다.

10. 환경과 생활

활동 1. 햇님이 돕니다

주요대상연령			활동형태	활동유형
3세	4세	5세	소집단	신체
○				

활동목표	• 해와 달에 대해 안다. • 해와 달의 움직임을 몸으로 표현할 수 있다.
누리과정 관련 요소	• 신체운동 · 건강: 신체조절과 기본운동하기–신체조절하기–공간, 힘, 시간 등의 움직임 요소를 경험한다. • 신체운동 · 건강: 신체조절과 기본운동하기–기본운동하기–걷기, 달리기 등 이동 운동을 한다.
창의 · 인성 관련 요소	• 창의성: 인지적 요소–사고의 확장 • 인성: 존중–생명과 환경에 대한 존중

활동방법

- 줄을 직선으로 놓고 줄을 밟으며 걷는다.
  - 앞으로, 뒤로, 보폭을 넓게, 좁게 걸어 보자.
  - 음악에 맞추어 걸어 보자.
- 원을 따라 걷는다.
  - 원을 따라 걸어 보자.
  - 걷다가 신호음이 들리면 원 안에 서 보자.
- 노랫말에 맞추어 신체활동을 한다.

활동평가

- 해와 달에 대해 알 수 있었는지 언어적 상호작용을 통해 평가한다.
- 해와 달의 움직임을 몸으로 표현할 수 있었는지 평가한다.

번호	가사	동작	설명
1	햇님이 돕니다 달님이 돕니다 모두 다 빙글 돌아요 빙글 돌아요		훌라후프 가장자리를 계속 돈다.
2	쿵!		훌라후프 안으로 폴짝 박자에 맞추어 뛴다.
3	조용히 앉아요 조용히 앉아요 모두 다 높이 뛰어서 해를 잡아요		훌라후프 안에 천천히 앉은 후 높이 뛰어 해를 잡는다.
4	쿵!		높이 뛰어 위로 손뼉 친다.

11. 봄 · 여름 · 가을 · 겨울

활동 1. 고기잡이

주요대상연령			활동형태	활동유형
3세	4세	5세	소집단	신체
	○			

활동목표	• 여름의 아름다움을 느끼고 즐긴다. • 여름에 즐기는 물놀이가 있음을 안다.
누리과정 관련 요소	• 신체운동 · 건강: 신체조절과 기본운동하기–신체조절하기–다양한 자세와 움직임에서 신체 균형을 유지한다. • 예술경험: 예술적 표현하기–움직임과 춤으로 표현하기–도구를 활용하여 다양한 움직임으로 표현한다.
창의 · 인성 관련 요소	• 창의성: 성향적 요소–독립성 • 인성: 협력–집단협력

활동방법

- 여름 날씨의 특징에 대해 이야기 나눈다.
  - 여름 날씨는 어떤지 이야기해 볼까?
  - 무더운 여름을 시원하게 지내고 싶을 때 생각나는 것들이 있니?
- 여름을 시원하게 보내는 방법에 대해 이야기 나눈다.
  - 시원하게 지낼 수 있는 방법은 무엇이 있을까?
- 노래 '고기잡이'를 익힌다.
- 다 함께 음악에 맞추어 창의적인 신체활동을 한다.

활동평가

- 여름의 아름다움을 느끼고 즐겼는지 평가한다.
- 여름에 즐기는 물놀이가 있음을 알았는지 평가한다.

번호	가사	동작	설명
1	고기를 잡으러 바다로 갈까나		두 줄을 만들어 앞 사람의 어깨를 잡고 엇갈리게 걷는다.
2	고기를 잡으러 강으로 갈까나		1번 동작을 반대 방향으로 실시한다.
3	이 병에 가득히 넣어 가지고서		손뼉을 치면서 원을 만든다.
4	랄랄랄랄 랄랄랄라 온다나		옆 친구 손을 잡고 원 안으로 뛰어가 손뼉 친다.

11. 봄 · 여름 · 가을 · 겨울

활동 2. 양털로

주요대상연령			활동형태	활동유형
3세	4세	5세	소집단	신체
	○			

활동목표	• 겨울철에 사용하는 물건의 이름을 안다. • 노래를 즐겁게 부른다.
누리과정 관련 요소	• 신체운동 · 건강: 신체조절과 기본운동하기–신체조절하기–다양한 자세와 움직임에서 신체균형을 유지한다. • 예술경험: 예술적 표현 하기–움직임과 춤으로 표현하기–움직임과 춤으로 자신의 생각과 느낌을 표현한다.
창의 · 인성 관련 요소	• 창의성: 인지적 요소–사고의 확장 • 인성: 협력–개인적 책임감

활동방법

- 겨울 날씨에 대하여 이야기 나눈다.
  - 추운 겨울날 감기에 걸리지 않으려면 어떤 옷을 입어야 할까?
  - 양털로 만들 수 있는 것은?
- 솜을 이용하여 양을 생각하며 느낌을 이야기 나눈다.
  - 솜을 만지니 어떤 느낌이지?
- 노랫말에 맞추어 신체활동을 만들어 본다.
- 노래를 부르며 귀엽게 율동을 한다.

활동평가

- 겨울철에 사용하는 물건의 이름을 알았는지 평가한다.
- 노래를 즐겁게 부를 수 있었는지 언어적 상호작용을 통해 평가한다.

번호	가사	동작	설명
1	보들 보들 보들 보들 양털로		양손을 가볍게 흔든 후 손뼉을 세 번 친다.
2	무얼 만들까 무얼 만들까		생각하는 척한다.
3	따뜻 따뜻 포근한 이불		양손으로 온몸을 감싸고 살짝 흔든다.
4	이불 만들기		아주 따뜻한 느낌으로 양손을 편히 벌려 자는 척한다.

제 8 장

그림책을 활용한 생활주제별 학습방법

1. 유치원과 친구

활동 1. 인사를 해요

<table>
<tr><td>생활 주제</td><td>유치원과 친구</td><td>주제</td><td>유치원의 환경</td><td>소주제</td><td>유치원에서 함께 지내는 사람들 알아보기</td><td>활동 일시</td><td></td></tr>
<tr><td>활동명</td><td>인사를 해요</td><td>활동 형태</td><td>대집단</td><td>활동 유형</td><td>신체</td><td>연령</td><td>4세</td></tr>
<tr><td>활동 목표</td><td colspan="7">• 신체활동을 즐기며 인사를 잘할 수 있다.
• 유치원에서 일하시는 어른에 대해 관심을 가진다.</td></tr>
<tr><td>4세 누리 과정 관련 요소</td><td colspan="7">• 신체운동 · 건강: 신체활동에 참여하기–자발적으로 신체활동에 참여하기–다른 사람과 함께 하는 신체활동에 참여한다.
• 사회관계: 다른 사람과 더불어 생활하기–공동체에서 화목하게 지내기–교사 및 주변 사람과 화목하게 지낸다.</td></tr>
<tr><td>창의 인성 관련</td><td colspan="7">• 창의성: 동기적 요소–호기심/흥미
• 인성: 협력–긍정적인 상호의존성</td></tr>
<tr><td>활동 자료</td><td colspan="7">유치원에서 일하시는 분들 PPT</td></tr>
<tr><td>활동 방법</td><td colspan="4">활동내용</td><td colspan="3">수업 연구</td></tr>
<tr><td>사전 활동</td><td colspan="4">【 동화–『왜 인사해야 돼?』】
• 『왜 인사해야 돼?』 동화책을 즐겁게 듣는다.
(의사소통: 듣기–이야기 듣고 이해하기–다른 사람의 이야기를 듣고 이해한다.)</td><td colspan="3">
글: 엘리센다 로카
출판사: 노란상상</td></tr>
<tr><td>도입</td><td colspan="4">• 수업시작 전 손유희로 주의 집중을 시킨다.
–'인사노래'를 다 함께 불러 보자.
–친구들의 이름을 넣어가며 인사노래를 부르자.</td><td colspan="3"></td></tr>
</table>

	• 『왜 인사해야 돼?』 동화 활동에 대해 이야기 나눈다. –조금 전에 들었던 동화책이 기억이 나니? –어떤 동화책이었니? –무엇에 관련된 동화책이었니? –부모님의 걱정은 무엇이었니? –이웃집 아저씨를 만나면 어떻게 했지? –엄마, 아빠에게는 어떻게 했을까? • 활동자료와 활동 명에 대해 이야기 나눈다. –(사진 카드를 보여 주며) 어떤 일을 하는 분일까? –유치원에서 지내면서 도움을 받은 적이 있니? –어떤 도움을 받았는지 소개해 줄 수 있니? –도움을 받았을 때 어떤 마음이 들었니?	〈인사노래〉 반가워요 안녕 안녕 안녕 반가워요 안녕 안~녕
전개	• 유아들이 활동할 내용에 대해 설명한다. –선생님이 준비한 사진을 보자. –(한 분씩 사진으로 소개하며) 이분은 누구실까? –이분을 어떻게 불러야 할까? –이분은 어디에 가면 만날 수 있을까? –이분은 어떤 일을 하실까? –이분이 안 계신다면 어떤 일이 생길까? –이분을 만나면 어떤 마음으로 인사를 하면 좋을까? • 표시해 놓은 자리에 앉아 지시에 따라 한다. –원 대형으로 앉아 보아요. –인사하듯 양손을 굽혀 흔들흔들 많이 흔들어요. –양손을 많이 비벼 보아요. –박수를 10번 쳐 보아요. –양손을 얼굴에 가까이 대고 기를 느껴 보아요. • 자리에 서서 지시에 따라 한다. –두 발을 온전히 땅에 닿게 하세요. –가장 편한 자세로 허리를 쭉 펴고 서 보아요.	 〈이야기 나누기 대형〉  〈원 대형〉

	–자유롭게 공간을 이동해 보아요. –친구와 부딪치지 않고 공간을 이동해 보아요. –이동하면서 친구를 만나면 손을 흔들고 인사해요. –엄마를 만났어요. –주방 선생님을 만났어요. –유치원 기사님을 만났어요. –옆 반 선생님을 만났어요. • 움직이다가 멈추게 한다. –음악에 맞추어 자유롭게 공간을 이동해요. –내 주변을 둘러보아요. –나는 어디에 있는지 생각해 보아요. –이동하면서 만나는 사람과 인사는 잘하였나요? –실수는 하지 않았나요? –어른에게 공손히 인사를 하였나요? –이제 정리하고 이야기 나누기 대형으로 모이세요.	 〈자유롭게 움직이기〉
마무리	• 오늘 한 활동에 대해 이야기 나눈다. –이동하면서 자신의 생각과 느낌을 말해 보아요. –사람들과 만날 때 어떤 기분이었나요? –인사를 하고 나니 기분이 어때요? • 다음시간에 할 활동에 대해 안내한다. –동시 짓기 활동을 할 거야. –종이와 쓰기 도구를 가지고 모둠별로 앉아 준비해보자.	
활동 평가	• 신체활동을 즐기며 인사를 잘할 수 있었는지 평가한다. • 유치원에서 일하시는 어른에 대해 관심을 가질 수 있었는지 평가한다.	**평가방법** 목표에 도달하였는지에 대한 평가를 할 수 있다.
확장 활동	【 동시–유치원의 하루 】 • '유치원의 하루'에 대해 동시를 지어 본다. (사회관계: 다른 사람과 더불어 생활하기–공동체에서 화목하게 지내기–다른 사람과 도움을 주고받고, 서로 협력한다.)	

2. 나와 가족

활동 2. 우리 가족을 표현해 보아요

<table>
<tr><td>생활 주제</td><td>나와 가족</td><td>주제</td><td>소중한 가족</td><td>소주제</td><td>가족이 하는 일 알기</td><td>활동 일시</td><td></td></tr>
<tr><td>활동명</td><td>우리 가족을 표현해 보아요</td><td>활동 형태</td><td>대집단</td><td>활동 유형</td><td>신체표현</td><td>연령</td><td>4세</td></tr>
<tr><td>활동 목표</td><td colspan="7">• 가족이 하는 일에 대해 안다.
• 몸을 이용하여 움직임을 조절할 수 있다.
• 가족의 움직임을 창의적으로 표현할 수 있다.</td></tr>
<tr><td>4세 누리 과정 관련 요소</td><td colspan="7">• 신체운동 · 건강: 신체조절과 기본운동하기−신체조절하기−신체 각 부분을 협응하여 움직임을 조절한다.
• 사회관계: 가족을 소중히 여기기−가족과 협력하기−가족 구성원의 역할에 대해 알아본다.</td></tr>
<tr><td>활동 자료</td><td colspan="7">사진(주전자, 이불, 요리, 청소기, 달리기, 운동, TV, 휴대폰, 자전거, 운전, 그림 그리기), 활동판</td></tr>
<tr><td>활동 방법</td><td colspan="4">활동내용</td><td colspan="3">수업 연구</td></tr>
<tr><td>사전 활동</td><td colspan="4">【동화−『주전자 엄마와 이불 아빠』】
• 『주전자 엄마와 이불 아빠』 동화를 읽고 이야기 나눈다.

(의사소통: 읽기−읽기에 흥미 가지기−읽어 주는 글의 내용에 관심을 가진다.)</td><td colspan="3">
글: 사토신/그림: 아카가와 아키라
출판사: 책과 콩나무</td></tr>
<tr><td>도입</td><td colspan="4">• 유아들의 주의집중을 위해 손유희를 한다.
−‘아빠별 엄마별’ 손유희를 다 함께 해 보자.

• 사전활동을 회상한다.
−(주전자 소리를 낸다.) 이 소리는 무슨 소리일까요?
−(코골이 소리를 낸다.) 이 소리는 무슨 소리일까요?</td><td colspan="3">〈아빠별 엄마별〉

엄마별이 올라갑니다. 반짝!
아빠별이 올라갑니다. 반짝!
하늘에서 만났습니다. 짠!
예쁘게 내려옵니다. 무릎 손!</td></tr>
</table>

	–『주전자 엄마와 이불 아빠』라는 동화를 읽어 보았는데, 우리 가족이 하는 일을 몸으로 표현해 볼 거예요.	
전개	• 우리 가족이 하는 일에 대해 이야기 나눈다. –우리 가족은 어떤 일을 잘하나요? –친구들은 어떤 일을 잘하나요? –활동판에 나와 가족이 하는 일을 찾아서 붙여 보자. • 우리 가족 구성원이 하는 일을 몸으로 표현한다. –우리 가족이 하는 일을 몸으로 표현해 볼까요? –아빠가 하는 일을 몸으로 표현해 보자. –엄마가 하는 일을 몸으로 표현해 보자. –언니가 하는 일을 몸으로 표현해 보자 –내가 잘하는 일을 몸으로 표현해 보자. • 우리 가족이 함께하는 일을 표현해 본다. –모둠을 나누어 가족의 역할을 정해 표현해 보자. –우리 가족이 잘하는 일을 어떻게 표현할 수 있을까요? –우리 가족이 마트 장보러 가는 일을 표현해 보자. –우리 가족이 동물원에 가는 날을 표현해 보자. • 모둠별로 나와 우리 가족이 하는 일을 몸으로 표현한다. –어떤 모둠이 나와서 표현해 볼까요? –(유아가 몸으로 표현한 후) 어떻게 움직였나요? –○○이가 무엇을 표현한 것 같나요? –또 다른 모둠이 나와서 몸으로 표현해 볼까요?	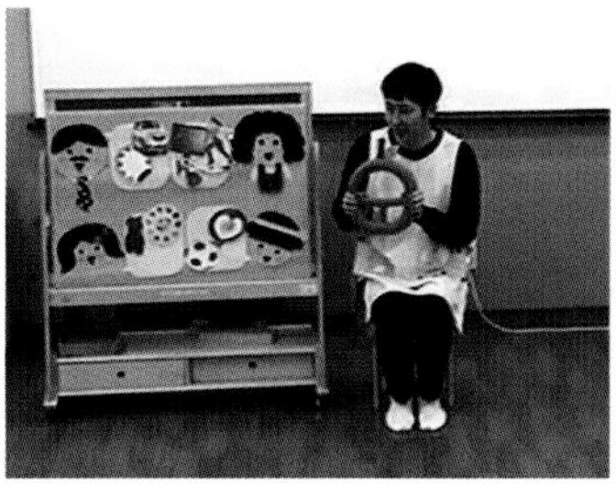 〈우리 가족을 표현해 보아요〉  〈이 악기는 누가 사용할까요?〉

마무리	• 오늘 한 활동에 대해 이야기 나눈다. – 오늘 어떤 활동을 했나요? – 우리 가족 중에서 누가 잘 표현했나요? – 우리 가족이 하는 일을 몸으로 표현해 보니 어땠나요? – 어떤 동작이 가장 기억에 남나요? – 왜 그 동작이 가장 기억에 남았나요? – 오늘 우리 다 같이 가족이 하는 일을 몸으로 표현해 봤는데 어떤 장면이 재미있었나요? • 확장활동에 대해 안내한다. – 다음 시간은 가족들에게 보낼 칭찬카드를 써 볼 거예요. – 그림카드와 사인펜을 들고 모둠별로 앉아 보자.	**활동 시 유의점** 유아들이 표현하는 모습을 사진으로 찍어서 교실 게시판에 전시한다.
활동 평가	• 가족이 하는 일에 대해 아는지 평가한다. • 몸을 이용하여 움직임을 조절할 수 있는지 평가한다. • 가족의 움직임을 창의적으로 표현하는지 관찰한다.	**평가방법** 목표에 도달하였는지에 대한 평가를 할 수 있다.
확장 활동	【언어–가족에게 칭찬카드 쓰기】 • 가족에게 보내는 칭찬카드를 만들어 가족의 소중함에 대해 안다. (의사소통: 쓰기–쓰기에 관심 가지기–말이나 생각을 글로 나타낼 수 있음을 안다.)	

3. 우리 동네

활동 3. 인사를 해요

생활주제	우리 동네	주제	우리 동네 사람들	소주제	우리 동네 사람들의 하는 일	활동일시	
활동명	나도 배려할 수 있어요	활동형태	대집단	활동유형	신체	연령	4세
활동목표	• 배려하는 마음을 친구와 자유롭게 표현해 본다. • 이웃에 대한 배려를 움직임으로 표현할 수 있다.						
4세 누리과정 관련요소	• 신체운동 · 건강: 신체활동에 참여하기-자발적으로 신체활동에 참여하기-다른 사람과 함께하는 신체활동에 참여한다. • 예술경험: 예술적 표현하기-움직임과 춤으로 표현하기-신체를 이용하여 주변의 움직임을 자유롭게 표현한다.						
창의 인성 관련	• 창의성: 동기적 요소-호기심/흥미 • 인성: 배려-이웃에 대한 배려						
활동자료	스토리텔링 인형, 그림자료(무거운 짐을 든 할머니, 버스를 탄 임산부, 다리가 불편한 할아버지)						
활동방법	활동내용				수업 연구		
사전활동	【 동화-『시골 마을 김장하는 날』】 •『시골 마을 김장하는 날』 동화책 읽기 활동을 통해 동화책을 즐겁게 듣는다. (의사소통: 듣기-이야기 듣고 이해하기-다른 사람의 이야기를 듣고 이해한다.)				 글: 이미애/그림: 문구선 출판사: 아람		
도입	• 수업시작 전 손유희로 주의 집중을 시킨다. -'이렇게 살아가래요' 노래를 다 함께 불러 보자.						

	• 『시골 마을 김장하는 날』 동화에 대해 이야기 나눈다. –조금 전에 들었던 동화책이 기억이 나니? –어떤 동화책이었니? –무엇에 관련된 동화책이었니? • 교사의 경험담을 이야기한다. 선생님이 오늘 무거운 짐을 들고 유치원에 오려고 버스를 기다리는데 한 남학생이 선생님 짐을 들어 주어서 편하게 버스를 탈 수 있었어. 그래서 선생님은 나를 도와준 남학생에게 엄청 고마움을 느꼈단다. • 유아들이 도움을 주고받은 경험에 대해 이야기 나눈다. –선생님처럼 도움을 받거나 도움을 준 적이 있니? –다른 사람에게 도움을 받았던 적 있니? –도움을 받았을 때 기분이 어땠니? –도움을 필요로 하는 사람들을 만난 적 있니? –그때 어떤 도움을 줄 수 있었니?	〈이렇게 살아가래요〉 풀잎 동요마을 나비 등을 타고 꽃밭에 갔더니 내게 꽃처럼 살아가래요 산새 등을 타고 숲속에 갔더니 내게 산처럼 살아가래요 그윽한 향기 뿌리고 방긋이 웃음 띠우며 무겁게 앉아 멀리 바라보고 푸르게 살아가래요
전개	• 그림 자료를 보여 주며 오늘 활동에 대해 이야기 나눈다. –(횡단보도에서 무거운 짐을 들고 가는 할머니를 보며) 할머니에게 어떤 어려움이 있는 것 같니? –이럴 때는 어떻게 해야 할까? –우리가 할머니 짐을 들어 드릴 수 있을까? –짐이 무거워서 들 수 없을 때는 어른들께 어떻게 이야기하며 도움을 요청할 수 있을까? (아저씨, 할머니를 도와주세요.) –친구들이 말한 방법으로 다 같이 이야기해 보자. • 버스 내부 그림을 보며 이야기 나눈다. –(버스에 탄 임산부 그림을 보며) 이렇게 아기를 가진 사람을 본 적 있니? –친구들이 임산부 자리에 앉아 있다면 어떻게 도울 수 있을까?	 〈무거운 짐을 든 할머니〉  〈버스를 탄 임산부〉

<table>
<tr>
<td></td>
<td>
• 육교 그림을 보며 이야기 나눈다.
-이렇게 몸이 불편한 사람을 본 적 있니?
-친구들은 어떻게 도와줄 수 있을까?

• 상황 극을 해 본다.
-팀별로 나누어 그림에 맞는 역할을 정하여 본다.
-도와주는 것을 한번 나와서 해 볼까요?
-(무거운 것을 제시하며) 이것을 들어 볼 친구 있나요?
-이 가방을 빨간 선이 있는 곳까지 옮겨 볼까요?
-혼자서 들어 보니 어떤가요?
-자, 그러면 누가 도와줄 수 있을까요?

• 상황 극을 감상해 본다.

• 활동을 정리하고 배려에 대하여 이야기 나눈다.
-배려가 무엇인지 알고 있니?
-도움이 필요한 사람을 만났을 때 도움을 줄 수 있겠니?
-친구들 약속할 수 있겠니?
-다 함께 약속해 보자.
-옆 친구와 새끼손가락을 걸고 "나는 도움이 필요한 사람을 도와줄 거예요." 하고 엄지 손도장을 찍어 보자.
</td>
<td>

〈다리가 불편한 할아버지〉

활동 시 유의점
• 골고루 활동할 수 있는 기회를 제공한다.
• 아이들이 먼저 생각할 시간을 제공한다.
</td>
</tr>
<tr>
<td>마무리</td>
<td>
• 오늘 한 활동에 대해 이야기 나눈다.
-도움 받았던 친구는 기분이 어땠나요?
-도움을 준 친구는 기분이 어땠나요?
-표현한 후 자신의 생각과 느낌을 말해 본다.
-어떤 모둠이 가장 기억에 남지?

• 다음 시간에 할 활동에 대해 안내한다.
-점심시간이니 손 씻고 맛있게 밥 먹을 준비하자.
-손 씻고 요리실로 한 줄 기차 해서 가자.
</td>
<td></td>
</tr>
</table>

활동 평가	• 배려하는 마음을 친구와 자유롭게 표현할 수 있었는지 평가한다. • 이웃에 대한 배려를 움직임으로 표현할 수 있는지 평가한다.	**평가방법** 목표에 도달하였는지에 대한 평가를 할 수 있다.
확장 활동	【 이야기 나누기-유니세프에 대해 알아보아요. 】 • '유니세프에 대해 알아보아요' 활동을 통해 유니세프 기관에 관심을 갖고 서로 협력해야 함을 안다. (사회관계: 다른 사람과 더불어 생활하기-공동체에서 화목하게 지내기-다른 사람과 도움을 주고받고, 서로 협력한다.)	

4. 동식물과 자연

활동 4. 동물농장의 동물이 되어 보아요

생활 주제	동식물과 자연	주제	궁금한 동식물	소주제	관심 있는 동식물 탐구하기	활동 일시	
활동명	동물농장의 동물이 되어 보아요	활동 형태	대집단	활동 유형	신체	연령	4세
활동 목표	• 오리, 양, 젖소, 닭의 움직임을 자유롭게 표현할 수 있다. • 오리, 양, 젖소, 닭의 울음소리와 움직임을 안다. • 유아들이 친구들과 함께 오리, 양, 젖소, 닭을 표현해 보는 신체활동에 참여한다.						
4세 누리 과정 관련 요소	• 예술경험: 예술적 표현하기–움직임과 춤으로 표현하기–신체를 이용하여 주변의 움직임을 자유롭게 표현한다. • 자연탐구: 과학적 탐구하기–생명체와 자연환경 알아보기–관심 있는 동식물의 특성을 알아본다. • 신체운동 · 건강: 신체활동에 참여하기–자발적으로 신체활동에 참여하기–다른 사람과 함께하는 신체활동에 참여한다.						
창의 인성 관련	• 창의: 동기적 요소–호기심/흥미 • 인성: 배려–동식물에 대한 공감과 배려						
활동 자료	역할 머리띠(오리, 양, 젖소, 닭), 궁금이 상자, 이야기 지문						
활동 방법	활동내용				수업 연구		
사전 활동	【동화–『옛날에 오리 한 마리가 살았는데』】 • 동화를 읽고 이야기 나눈다. (의사소통: 말하기–느낌, 생각, 경험 말하기–이야기를 지어 말한다.)				 글: 마틴 워델/그림: 헬렌 옥슨버리 출판사: 시공주니어		

도입	• 손유희를 통해 유아를 집중시킨다. –'여섯 마리 오리' 노래를 다 함께 불러 보자. •『옛날에 오리 한 마리가 살았는데』 동화를 회상한다. –동화책 영상물을 다 함께 본다. –어떤 동물들이 나왔지? –그 동물들의 움직임에서 어떤 동작이 기억에 남니? –동물 친구들은 어떻게 움직였을까? • 활동할 활동목표에 대해 이야기 나눈다. –'동물농장의 동물이 되어 보아요' 활동을 해 볼 거야. –어떤 활동일까? 먼저 동물들의 움직임에 대한 특징을 알아보자. –오리가 되어 뒤뚱뒤뚱 걸어 보자. –넓은 들판에서 풀을 뜯는 양이 되어 보자. –나는 젖소예요. –닭이 되어 걸어 보아요, 날아 보아요.	〈여섯 마리 오리〉 외국 동요 오리가 여섯 있었죠 뚱뚱한 놈에 작은 놈 그중 꽁무늬 예쁜 털이 달린 놈 있죠 모두 다 정다웁게 꽥꽥꽥 꽥꽥꽥 꽥꽥꽥 모두 다 정다웁게 꽥꽥꽥
전개	• 어떤 동물을 표현해 보고 싶은지 이야기 나눈다. –동물농장에 있는 동물이 되어 보는 신체표현 활동을 할 거야. 어떤 동물이 되고 싶은지 말해 볼까? • 궁금이 상자를 소개한다. –이 상자는 무엇일까? –무엇이 들었을 것 같니? –우리 한번 궁금이 상자 안에 있는 것을 꺼내 볼까? • 궁금이 상자 안에 있는 동물들을 보여 준다. –'동물 궁금이 상자' 안에는 오리, 양, 젖소, 닭이 있어. –궁금이 상자에는 머리띠도 있단다.	 〈동물 머리띠〉

<table>
<tr>
<td rowspan="2">전개</td>
<td>• 동물 그림을 역할 머리띠에 붙인다.
– 머리띠를 꺼내어 하나씩 준다.
– 친구들이 깨운 동물 친구들을 머리띠에 붙여 동물 친구들과 한 몸이 될 거야. 준비됐니?

• 동물농장의 동물 모습을 예비동작으로 표현해 본다.
– 닭이 푸드덕거릴 때는 어떻게 표현할 수 있을까?
– 젖소는 어떻게 헐레벌떡 뛰어갔을까?
– 오리는 어떻게 걸어 다니지?
– 양은 어떻게 걸어 다닐까?</td>
<td rowspan="2">
〈궁금이 상자〉

활동 시 유의점
• 친구들과 사이좋게 역할을 나눈다.
• 친구들과 활동 시 부딪히지 않게 한다.</td>
</tr>
<tr>
<td>• 머리띠를 쓰고 선생님 이야기에 맞춰 신체표현을 한다.

이곳은 동부산 농장이에요.
동물 친구들이 물을 마시기 위해 연못으로 하나둘씩 모이기 시작했어요. 오리 친구가 제일 먼저 뒤뚱뒤뚱 걸어왔어요. 그다음으로 닭 친구는 푸드덕 소리를 내며 오리 친구를 보고 달려왔어요. 젖소 친구는 먼저 와 있는 친구들을 보고 헐레벌떡 뛰어갔어요. 마지막으로 양 친구는 달려가는 친구를 보며 느긋하게 걸어갔어요.
모인 친구들이 연못에서 물을 마시기 시작했어요. 물을 마시기 시작하자마자 농부가 "안녕?"이라고 인사를 건넸어요. 농부가 인사를 하자 동물 친구들이 깜짝 놀라 오리 친구와 닭 친구는 푸드덕거렸고, 양 친구는 뿔을 세우며 제자리 계속 맴돌고, 젖소 친구는 펄쩍 펄쩍 뛰기 시작했어요. 동물 친구들은 정신이 번쩍 들어 농장으로 모두들 돌아갔어요.
농장으로 돌아갔더니 예쁜 꽃 친구가 맞이해 주었어요. 꽃 친구를 본 동물 친구들은 마음의 안정을 되찾았고 꽃 친구와 동물 친구들은 다 같이 춤을 췄어요.</td>
</tr>
<tr>
<td></td>
<td>• 오늘 한 활동에 대해 이야기 나눈다.
– 동물농장의 동물이 되어 신체표현을 해 봤는데 어땠어?
– 어떤 동물이 되어 보았니?
– 다음에는 어떤 역할을 맡고 싶어?</td>
<td></td>
</tr>
</table>

마무리	–선생님이 역할놀이 영역에 머리띠를 놔둘 테니까 다 같이 사용해 보자. • 다음 활동에 대해 이야기 나눈다. –다음 시간에 친구들과 함께 '동부산 동물원'에 직접 가 볼 거예요. –오늘 표현했던 동물을 함께 찾아보아요.	
활동 평가	• 오리, 양, 젖소, 닭의 울음소리와 움직임을 자유롭게 표현할 수 있었는지 관찰을 통해 평가한다. • 오리, 양, 젖소, 닭의 울음소리와 움직임을 알았는지 언어적 상호작용을 통해 평가한다. • 유아들이 친구들과 함께하는 신체활동에 참여할 수 있었는지 관찰을 통해 평가한다.	**평가방법** 목표에 도달하였는지에 대한 평가를 할 수 있다.
확장 활동	【현장체험–즐거운 동물원 체험】 • 현장체험을 통해 실제로 동물을 체험해 본다. (자연탐구: 과학적 탐구하기–생명체와 자연환경 알아보기–관심 있는 동식물의 특성을 알아본다.)	

5. 건강과 안전

활동 5. 사탕괴물을 도와줘요

<table>
<tr><td>생활 주제</td><td>건강과 안전</td><td>주제</td><td>깨끗한 나와 환경</td><td>소주제</td><td>질병 예방하기</td><td>활동 일시</td><td></td></tr>
<tr><td>활동명</td><td>사탕괴물을 도와줘요</td><td>활동 형태</td><td>대집단</td><td>활동 유형</td><td>신체</td><td>연령</td><td>4세</td></tr>
<tr><td>활동 목표</td><td colspan="7">• 치아와 충치의 특징에 대해 알 수 있다.
• 올바른 양치법을 알고 실천할 수 있다.
• 신체를 이용하여 자신의 생각을 표현할 수 있다.</td></tr>
<tr><td>4세 누리 과정 관련 요소</td><td colspan="7">• 신체운동 · 건강: 신체활동에 참여하기–자발적으로 신체활동에 참여하기–다른 사람과 함께하는 신체활동에 참여한다.
• 신체운동 · 건강: 건강하게 생활하기–질병 예방하기–질병을 예방하는 방법을 알고 실천한다.
• 예술경험: 예술적 표현하기–움직임과 춤으로 표현하기–움직임과 춤으로 자신의 생각과 느낌을 표현한다.</td></tr>
<tr><td>창의 인성 관련</td><td colspan="7">• 창의성: 인지적 요소–사고의 확장
• 인성: 나눔–나눔에 참여하기</td></tr>
<tr><td>활동 자료</td><td colspan="7">막대 사탕괴물 인형, 뽑기 통, 세 가지 역할이 그려진 종이, 세 가지 역할 머리띠, 칫솔</td></tr>
<tr><td>활동 방법</td><td colspan="5">활동내용</td><td colspan="2">수업 연구</td></tr>
<tr><td>사전 활동</td><td colspan="5">【동화–『사탕괴물』】
• 『사탕괴물』 동화를 듣고 충치가 생기는 이유에 대해 이야기 나눈다.

(의사소통: 듣기–동요, 동시, 동화 듣고 이해하기–동요, 동시, 동화를 다양한 방법으로 듣고 즐긴다.)</td><td colspan="2">
글 · 그림: 미우
출판사: 노란돼지</td></tr>
</table>

도입	• 사탕괴물 막대인형으로 유아들을 주의집중시킨다. – “친구들… 안녕…?” – “나야, 사탕괴물….” – “아이고 이야… 아이고 머리야… 너무 아파….” – “날 좀 도와줘….” • 『사탕괴물』에 대해 이야기를 나눈다. – 동화책 영상물을 다 함께 보기로 해요. – 사탕괴물이 왜 아픈 것 같아요? – 사탕괴물이 어디가 아픈 것 같지? • 어제 배운 ‘이를 닦자’ 손유희를 한다. – 다 함께 노래를 불러 보자.	〈이를 닦자〉 ‘안녕’ 노래 개사 이를 닦자 이를 닦자 깨끗이 깨끗이 치카치카 치카 치카치카 치카 깨끗이 깨끗이
전개	• 오늘의 활동을 소개한다. – 오늘은 우리 친구들이 직접 사탕괴물의 입안에 있는 치아와 세균이 되어 보고 세균을 잡아 건강한 치아가 되어 보는 활동을 해 볼 거예요. • 활동에 필요한 역할을 뽑기를 통해 정한다. – 친구들이 할 수 있는 역할에는 세 가지가 있어요. – 양치를 할 때는 어떤 것이 필요할까? – 맞아요. 칫솔이에요. – 친구들이 칫솔, 치아, 세균이 되어 볼 거예요. – 우리 역할은 어떻게 정하면 좋을까? – 선생님이 뽑기를 준비해 왔어요. – 뽑기에 있는 그림 중에 칫솔 그림이 있으면 칫솔 역할, 건강한 치아의 그림이 있으면 치아 역할, 새카만 치아의 그림이 있으면 충치 역할을 하는 거예요. • 유아들이 뽑기를 한다. – 하나씩만 뽑아서 선생님께 보여 주세요. – 같은 그림을 가지고 있는 친구를 찾아서 앉아 보자.	 〈사탕괴물 막대인형〉 활동 시 유의점 • 뽑기를 뽑을 때 한 장씩 뽑을 수 있도록 한다. • 칫솔로 친구를 세게 문지르지 못하도록 주의한다. 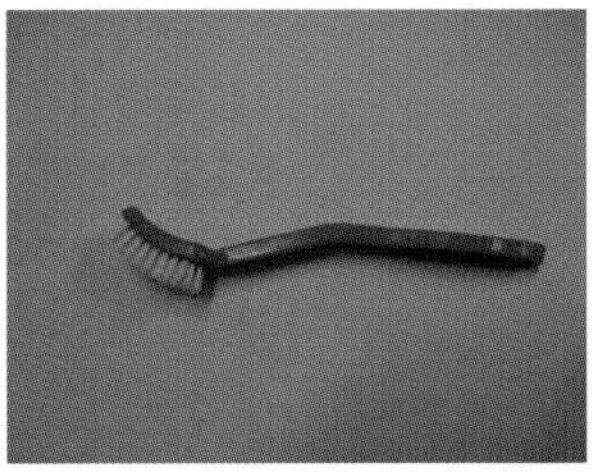 〈양치 칫솔〉

	-우리 칫솔 팀, 치아 팀, 세균 팀이 몇 명인지 세어 보자. -칫솔 팀은 두 명, 치아 팀은 여덟 명, 세균 팀도 여덟 명이에요. • 뽑기 후 역할에 맞는 신체표현을 해 본다. -세균을 어떻게 무찌를지 칫솔을 표현해 볼까? -치아 팀도 입안의 이를 표현해 볼까요? -건강한 치아는 어떻게 표현할 수 있을까? -아픈 치아는 어떻게 표현할 수 있을까? -세균 팀은 썩은 치아를 어떻게 표현할 수 있을까? • 두 팀으로 나누어 친구들 앞에서 표현해 보자. -칫솔은 세균을 어떻게 잡을 수 있을까? -치아는 옆에 세균이 있으면 어떨까? -세균은 칫솔을 어떻게 피할 수 있지? -세균이 치아를 괴롭힐 때는 살살 닦아 주세요. 세게 하면 안 돼요. -나머지 친구들도 해 보자. -우리 이제 이야기 자리에 앉아 보자. • 양치의 중요성에 대해 이야기한다. -사탕괴물처럼 이가 아프지 않기 위해 어떻게 해야 할까? -이가 썩지 않으려면 어떻게 해야 할까? • 양치를 올바르게 하는 방법에 대해 이야기한다. -칫솔은 어떻게 잡아야 하지? -이 닦는 순서는 어떻게 하면 좋을까? -입을 헹굴 때는 어떻게 해야 하지? • 다 함께 노래를 부르고 이 닦는 놀이를 하며 마무리한다.	 〈사탕괴물 이야기 나누기〉

마무리	• 오늘 한 활동에 대해 이야기 나눈다. – 사탕괴물 막대인형이 나타나며 말했어요. – “우아 친구들! 고마워! 너희가 나의 못된 세균들을 없애 줘서 나는 더 이상 이도 안 아프고 머리도 안 아프고 멀쩡해졌어!” “너희는 정말 착한 친구들이구나! 너희도 양치 열심히 하고 튼튼해야 해! 고마워.” – 치아와 충치가 뭐였지? – 양치하는 방법에 대해 이야기해 볼 친구? – 어떤 친구가 가장 재미있게 표현했지? • 다음 활동에 대해 이야기 나눈다. – 다음 주는 무슨 날일까요? – 가을 학예회예요. – 그날 우리는 사탕괴물 동화를 가지고 동극을 해 볼 거예요. – 내일부터는 동극을 연습해 봐요. • 전이활동으로 다음 시간을 안내한다. – 점심시간이니까 손 씻고 오세요. – 예쁘게 앉아 있는 친구부터 나가도록 해요.	 〈사탕괴물 막대인형〉
활동 평가	• 치아와 충치의 특징에 대해 아는지 관찰로 평가한다. • 올바른 양치법을 알고 실천할 수 있는지 언어적 상호작용으로 평가한다. • 신체를 이용하여 자신의 생각을 표현할 수 있는지 관찰로 평가한다.	평가방법 목표에 도달하였는지에 대한 평가를 할 수 있다.
확장 활동	【동극–‘사탕괴물’】 • ‘사탕괴물’ 동극활동을 통해 각자 맡은 역할을 협동적으로 극놀이에 참여해 본다. (예술경험: 예술적 표현하기–극놀이로 표현하기–소품, 배경, 의상 등을 사용하여 협동적으로 극놀이를 한다.)	

6. 생활도구

활동 6. 나는 나는 생활 도구

<table>
<tr><td>생활
주제</td><td>생활도구</td><td>주제</td><td>다양한
생활도구</td><td>소주제</td><td>생활도구
알아보기</td><td>활동
일시</td><td></td></tr>
<tr><td>활동
명</td><td>나는 나는
생활도구</td><td>활동
형태</td><td>소집단</td><td>활동
유형</td><td>신체</td><td>연령</td><td>4세</td></tr>
<tr><td>활동
목표</td><td colspan="7">• 신체 각 부분을 생활도구처럼 표현할 수 있다.
• 실생활에 사용되는 생활도구의 특징을 안다.</td></tr>
<tr><td>4세
누리
과정
관련
요소</td><td colspan="7">• 신체운동 · 건강: 신체조절과 기본운동하기–신체조절하기–신체 각 부분을 협응하여 움직임을 조절한다.
• 예술경험: 예술적 표현하기–움직임과 춤으로 표현하기–움직임으로 자신의 생각과 느낌을 표현한다.</td></tr>
<tr><td>활동
자료</td><td colspan="7">수업 내용의 PPT, 생활도구의 특징을 보여 주는 동영상, 다양한 음원 파일, 생활도구 모양 의상 및 머리띠</td></tr>
<tr><td>활동
방법</td><td colspan="4">활동내용</td><td colspan="3">수업 연구</td></tr>
<tr><td>사전
활동</td><td colspan="4">【현장체험–'미녀와 야수' 어린이 뮤지컬】
• 견학을 통해 뮤지컬에 나오는 주인공과 생활도구에 관심을 가진다.

(예술경험: 예술 감상하기–다양한 예술 감상하기–다양한 음악, 춤, 극놀이 등을 듣거나 보고 즐긴다.)</td><td colspan="3">
</td></tr>
<tr><td>도입</td><td colspan="4">• 손유희를 통해 주의를 집중시킨다.
–'주전자' 노래를 다 함께 불러 보자.

• 미녀와 야수 뮤지컬을 회상한다.
–우리 지난 시간에 어떤 뮤지컬을 보았죠?
–가장 기억에 남는 등장인물을 말해 보아요.

• 오늘 할 활동의 동영상 자료를 보고 이야기를 나눈다.
–영상 속에 어떤 생활도구가 나왔죠?
–어떤 생활도구가 가장 기억에 남아요?</td><td colspan="3">〈주전자〉

나는 작고 뚱뚱한 주전자
손잡이 있고 주둥이 있죠
보글보글 물이 끓으면
쭉 기울여 따라 주세요</td></tr>
</table>

전개	• 이번 시간에 할 활동에 대하여 설명한다. – 우리가 생활도구가 되어 볼 거예요. – 어떤 생활도구들이 될지 화면의 글을 읽어 보아요. • 생활도구 영상을 보고 자신의 생각이나 느낌에 대해서 이야기 나눈다. – 생활도구 동영상 자료를 몇 가지 보여 줄게요. – 먼저 양초가 나오는 영상을 보여 줄게요. – 양초가 어떤 모습을 하고 있는지 관찰해 보아요. – 촛불이 불과 만나면 어떤 모습이었죠? – 촛불이 손에 닿으면 어떤 느낌일까요? – 촛불에 불을 붙이면 주위는 어떻게 되었나요? • 주전자 영상을 보고 생각을 이야기 나눈다. – 두 번째로는 주전자와 컵이 나오는 영상을 보여 줄게요. – 주전자와 컵은 어떻게 쓰였어요? – 주전자와 컵이 물이 쏟아질 때는 어떤 모습이었어요? • 시계 영상을 보고 생각을 이야기 나눈다. – 세 번째로 시계가 나오는 영상을 보여 줄게요. – 시계는 어떤 모습이었어요? – 시계는 어떻게 움직였죠? • 옷장 영상을 보고 생각을 이야기 나눈다. – 마지막으로 옷장이 나오는 영상을 보여 줄게요. – 옷장은 어떤 모습이었죠? – 옷장은 어떻게 사용할까요? – 자, 생활도구를 다 살펴보았어요. – 이번에는 우리가 생활도구가 되어 볼 거예요. • 생활도구의 특징을 노래에 맞춰서 신체로 표현해 본다. – 각 도구들의 특징을 몸으로 표현해 볼까요? – 어떤 생활도구들이 있었죠?	신체표현 활동내용 • 첫 번째, 양초가 되어 보아요. • 두 번째, 주전자와 컵이 되어 보아요. • 세 번째, 시계가 되어 보아요. • 네 번째, 옷장이 되어 보아요. 활동 시 유의점 • 주전자, 촛불은 빠른 음악에 맞춰 표현한다. • 시계, 옷장은 느린 음악에 맞춰 표현한다.  〈생활도구 모양 의상〉

	–그 생활도구들은 어떠한 특징을 가지고 있었죠? • 빠른 노래와 느린 노래에 맞추어서 표현한다. –친구들이 몸으로 표현할 때 보글보글 끓는 주전자와 불을 붙이면 활활 타오르는 촛불은 빠른 노래를, 그리고 째깍째깍 시계와 옷을 넣어두는 옷장은 느린 음악을 들려줄 거예요. –음악에 맞추어 생활도구를 표현해 보아요. • 생활도구 모양의 옷과 가면을 쓰고 신체표현을 해 본다. –여기 생활도구 모양의 옷과 머리띠를 준비해 왔어요. –여러분이 입고 싶은 것을 하나 골라 가세요. –각자 입고 싶은 생활도구 옷과 가면을 골랐어요? –창의적인 신체표현을 해 보아요.	 〈옷을 입고 머리띠를 써요〉  〈신체표현을 해 보아요〉
마무리	• 오늘 한 활동에 대해 이야기 나눈다. –오늘 어떤 활동을 해 보았어요? –어떤 활동이 가장 기억에 남아요? –생활도구들을 표현할 때 어떤 느낌이 힘들었어요? –어떤 생활도구를 표현하는 것이 가장 재미있었어요? –생활도구 옷과 가면을 역할 영역에 둘 테니까 언제든지 생활도구를 표현하고 싶으면 입고 표현해 보세요. • 다음 시간에 할 활동에 대해 안내한다. –다음 시간에는 생활도구를 직접 가져와서 어떤 소리가 나는지 두드려 보아요.	 〈이야기 나누기〉
활동 평가	• 신체 각 부분을 생활도구처럼 표현할 수 있는지 평가한다. • 실생활에 사용되는 생활도구의 특징을 아는지 평가한다.	**평가방법** 목표에 도달하였는지에 대한 평가를 할 수 있다.

확장 활동	【음악-생활도구는 어떤 소리가 날까?】 • 다양한 생활도구를 두드려 보고 소리에 관심을 가진다. (예술경험: 아름다움 찾아보기-다양한 소리, 악기 등으로 음악의 셈여림, 빠르기, 리듬 등을 탐색한다.)	

7. 교통기관

활동 7. 교통기관을 신체로 표현해 보아요

<table>
<tr><td>생활 주제</td><td>교통기관</td><td>주제</td><td>고마운 육상 교통기관</td><td>소주제</td><td>일하는 육상 교통기관 알아보기</td><td>활동 일시</td><td></td></tr>
<tr><td>활동명</td><td>교통기관을 신체로 표현해 보아요</td><td>활동 형태</td><td>대집단</td><td>활동 유형</td><td>신체 · 운동</td><td>연령</td><td>4세</td></tr>
<tr><td>활동 목표</td><td colspan="7">• 교통기관의 역할과 움직임을 안다(지식).
• 서로 도움을 주고받으며 다양한 동작을 표현하는 태도를 갖는다(태도).
• 대, 소근육을 조절하여 균형감각을 키울 수 있다(기능).</td></tr>
<tr><td>4세 누리 과정 관련 요소</td><td colspan="7">• 신체운동 · 건강: 신체 인식하기-신체를 인식하고 움직이기-신체 각 부분의 특성을 이해하고 활용하여 움직인다.
• 신체운동 · 건강: 신체활동에 참여하기-자발적으로 신체활동에 참여하기-신체활동에 자발적이고 지속적으로 참여한다.
• 예술경험: 예술적 표현하기-통합적으로 표현하기-예술활동에 참여하여 표현과정을 즐긴다.</td></tr>
<tr><td>활동 자료</td><td colspan="7">교통기관 실물 사진, 동화책 교통기관 사진, 약속판</td></tr>
<tr><td>활동 방법</td><td colspan="4">활동내용</td><td colspan="3">수업 연구</td></tr>
<tr><td>사전 활동</td><td colspan="4">【동화-『커다란 자동차』】
• 『커다란 자동차』 동화를 들어 본다.

(의사소통: 읽기-읽기에 흥미 가지기-읽어 주는 글의 내용에 관심을 가진다.)</td><td colspan="3">

글: 베크 와드/그림: 앤드류 크로우슨
출판사: 비룡소</td></tr>
</table>

도입	• '간다간다' 노래를 불러 집중을 시킨다. – '간다간다' 노래를 다 함께 불러 보자. • 『커다란 자동차』 동화를 회상하며 이야기 나눈다. – 동화책 영상물을 다 함께 본다. – 동화 속에 어떤 교통기관들이 나왔니? (레미콘, 굴착기, 소방차, 덤프트럭, 트럭) – 실제 교통기관들을 본 적이 있니? – 교통기관이 어떤 일을 하고 있니? • 오늘 할 활동에 대해 안내한다. – 오늘은 교통기관을 신체로 표현해 보자.	〈간다간다〉 김성균 곡 간다간다간다간다 골목길로 간다간다간다간다 넓은 길로 간다간다간다간다 뛰뛰빵빵 랄라랄라 자동차 
	• 활동 전 지켜야 할 약속에 대해 이야기 나눈다. – 활동을 하기 전 지켜야 할 약속은 어떤 것들이 있을까? – 약속을 다 함께 말해 보아요. • 레미콘을 신체로 표현해 본다. – 우리 신체 중에서 레미콘처럼 돌아가는 부분은? ① 목을 돌려 보자. ② 어깨를 돌려 보자. ③ 손목을 돌려 보자. ④ 허리를 돌려 보자. ⑤ 무릎을 돌려 보자. ⑥ 발목을 돌려 보자. ⑦ 이번엔 친구들과 다 같이 손을 잡고 원을 만들어 돌자. • 굴착기를 신체로 표현해 본다. – 굴착기처럼 구부릴 수 있는 부분은 어디가 있을까? ① 손가락을 구부려 보자.	〈지켜야 할 약속〉 친구를 밀면 안 돼요. 안전하게 표현해요. 

<table>
<tr><td>전개</td><td>② 팔을 구부려 보자.
③ 허리를 (앞, 뒤, 옆으로) 구부려 보자.
④ 발가락을 구부려 보자.
⑤ 몸 전체를 구부려 보자.
⑥ 이번엔 친구들과 등을 맞대고 팔을 잡아 허리를 숙여 보자.

• 소방차를 신체로 표현해 본다.
– 소방차처럼 물을 쏘아 올리는 건 어떻게 표현해 볼까?
– 소방차의 사다리를 어떻게 표현해 볼 수 있을까?

• 교통기관을 다 함께 창의적으로 신체표현을 해 본다.
– 친구들과 함께 레미콘을 표현해 보아요.
– 친구들과 함께 굴착기를 표현해 보아요.
– 친구들과 함께 소방차를 표현해 보아요.
– 친구들과 함께 덤프트럭을 표현해 보아요.</td><td>활동 시 유의점
• 움직임에 제약이 없도록 충분한 공간을 제공한다.
• 표현하는 데 제약이 없도록 편안한 옷으로 갈아입는다.</td></tr>
<tr><td>마무리</td><td>• 오늘 한 활동에 대해 이야기 나눈다.
– 오늘 우리가 어떤 것들을 신체로 표현해 보았니?
– 교통기관의 특징을 살려 잘 표현해 보았니?
– 표현한 교통기관 중 가장 기억에 남는 것은?

• 다음 확장활동에 대해 안내한다.
– 다음 시간에는 '소방서 현장체험'을 갈 거야.</td><td></td></tr>
<tr><td>활동 평가</td><td>• 교통기관의 역할과 움직임을 아는지 평가한다.
• 서로 도움을 주고받으며 다양한 동작을 표현할 수 있는지 관찰을 통해 평가한다.
• 균형감각을 키울 수 있는지 관찰을 통해 평가한다.</td><td>평가방법
목표에 도달하였는지에 대한 평가를 한다.</td></tr>
</table>

확장 활동	【견학-부산 어린이 교통 안전 교육장 현장체험】 • 교통사고 예방과 교통 규칙, 안전의식을 기른다. (신체운동 · 건강: 안전하게 생활하기-교통 안전 규칙 지키기-교통 안전 규칙을 알고 지킨다.)	

8. 우리나라

활동 8. 탈춤을 추어요

<table>
<tr><td>생활
주제</td><td>우리나라</td><td>주제</td><td>우리나라의
놀이와 예술</td><td>소주제</td><td>우리나라의
노래와 춤
경험하기</td><td>활동
일시</td><td></td></tr>
<tr><td>활동명</td><td>탈춤을 추어요</td><td>활동
형태</td><td>대집단</td><td>활동
유형</td><td>신체</td><td>연령</td><td>5세</td></tr>
<tr><td>활동
목표</td><td colspan="7">• 우리나라 전통 무용에 대해 관심을 가질 수 있다.
• 적극적으로 참여하여 탈춤을 즐길 수 있다.</td></tr>
<tr><td>5세
누리
과정
관련
요소</td><td colspan="7">• 신체운동 · 건강: 신체활동에 참여하기–자발적으로 신체활동에 참여하기–신체활동에 자발적이고 지속적으로 참여한다.
• 예술경험: 예술 감상하기–전통예술 감상하기–우리나라의 전통예술에 관심을 갖고 친숙해진다.</td></tr>
<tr><td>창의
인성
관련</td><td colspan="7">• 창의성: 동기적 요소–호기심/흥미
• 인성: 존중–자신과 전통문화에 대한 존중</td></tr>
<tr><td>활동
자료</td><td colspan="7">탈, '탈춤을 추자' 음원, 탈춤 동영상, 한삼, 리듬막대</td></tr>
<tr><td>활동
방법</td><td colspan="4">활동내용</td><td colspan="3">수업 연구</td></tr>
<tr><td>사전
활동</td><td colspan="4">【 미술–탈을 만들어요 】
• '탈을 만들어요' 활동을 통해 우리나라 전통 탈에 대해 알 수 있다.
(사회관계: 사회에 관심 갖기–우리나라에 관심 갖고 이해하기–우리나라에 대해 자부심을 갖는다.)</td><td colspan="3"></td></tr>
<tr><td>도입</td><td colspan="4">• 사전활동인 '탈을 만들어요' 미술활동에 대해 회상한다.
– 미술시간에 만들었던 것이 무엇이었니?
– 네. 맞아요. 우리나라 전통 탈을 만들어 보았죠?
– 오늘은 '탈춤을 추어요' 활동을 해 볼 거예요.</td><td colspan="3">https://www.youtube.com/
watch?v=z2BBgG1c7oE
〈봉산탈춤 동영상〉</td></tr>
</table>

	• 탈춤 동영상을 보여 준다. –방금 본 동영상이 바로 탈춤이라고 해요. –탈춤을 보면서 어떤 기분이 들었어요? • 준비한 탈과 한삼에 대해 이야기 나눈다. –이것은 무엇일까요? –어떤 춤을 출 수 있을까요?	
전개	• 탈춤의 장단에 대해 이야기를 나눈다. –'덩 덩 덩덕쿵' 소리에 맞춰 합창을 해 보아요. –무릎을 치며 따라 해 보아요. –친구의 등을 치며 해 보아요. –리듬막대로 장단을 맞추어 보아요. • 한삼 사용방법에 대해 이야기를 나눈다. –양손에 하나씩 한삼을 끼워 보세요. –덩 장단에 한삼을 위로 뿌려 보세요. –외사위를 해 보아요. –일어나서 해 보아요. • 탈춤의 기본동작을 설명한다. –탈춤의 기본동작을 보여 줄게요. 잘 보고 따라해 봐요. –불림사위를 배워 보아요. –고개잡이를 배워 보아요. –다리들기를 배워 보아요. –황소걸음를 배워 보아요. –외사위를 배워 보아요. • 순서대로 탈춤을 춰 본다. –다 함께 순서대로 탈춤을 춰 보도록 해요. –팀별로 나누어 춰 보도록 해요. • 기본동작을 반복하여 탈춤을 춰 본다. – 선생님이 보여 준 동작을 이용해서 춤을 춰 보도록 해요. –선생님의 장구소리에 맞춰 탈춤을 춰 보도록 해요.	〈봉산탈춤〉 ① 전주곡에 맞추어 입장 한다. ② S자를 위에서 아래로 크게 그리면서 4번 반복한다(불림사위). ③ 오른쪽, 왼쪽으로 고개잡이를 2번 반복한다. ④ 다리들기를 오른쪽, 왼쪽 2번 반복한다. ⑤ 제자리에서 황소걸음하며 한 바퀴 돈다. ⑥ 외사위를 4번 한다. ⑦ 앉았다 서면서 외사위를 4번 한다. ⑧ 한 손씩 어깨에 매어 주면서 자리 이동을 한다.

	• 친구들의 탈춤을 감상한다. – 오늘 선생님이랑 함께 탈춤을 춰 보았는데 친구들한테 탈춤을 보여 주고 싶은 친구? –친구의 춤을 보니까 어떤 느낌이 들었니? –우리 함께 음악에 맞춰 춤을 춰 봐요.	
마무리	• 오늘 한 활동에 대해 이야기 나눈다. –탈춤을 표현한 후 자신의 생각과 느낌을 말해 본다. –탈춤장단은 어떻게 소리를 만들었죠? –탈춤을 추는 모습을 보고 나니 어떤 기분이었나요? –어떤 모둠이 가장 기억에 남지? –우리나라의 전통춤 중 무엇을 배웠지? • 다음 시간에 할 활동에 대해 안내한다. –화채를 만들어 보는 요리활동을 할 거야. –손 씻고 요리실로 한 줄 기차해서 가자.	
활동 평가	• 우리나라 전통 무용에 대해 관심을 갖는지 평가한다. • 적극적으로 참여하여 탈춤을 출 수 있는지 평가한다.	평가방법 목표에 도달하였는지에 대한 평가를 할 수 있다.
확장 활동	【 현장학습–탈춤감상 】 • '탈춤감상' 현장학습을 통해 전통무용에 대한 흥미를 느낄 수 있다. (예술경험: 예술 감상하기–다양한 예술 감상하기–다양한 음악, 춤, 미술작품, 극놀이 등을 듣거나 보고 즐긴다.)	

9. 세계 여러 나라

활동 9. 명화를 표현해요

<table>
<tr><td>생활 주제</td><td>세계 여러 나라</td><td>주제</td><td>세계 여러 나라 사람들의 생활</td><td>소주제</td><td>세계 여러 나라의 명화</td><td>활동 일시</td><td></td></tr>
<tr><td>활동명</td><td>명화를 표현해요</td><td>활동 형태</td><td>대집단</td><td>활동 유형</td><td>신체</td><td>연령</td><td>5세</td></tr>
<tr><td>활동 목표</td><td colspan="7">• 다양한 명화를 보고 자유롭게 신체표현을 해 본다.
• 명화를 감상하며 심미감을 느끼고 즐긴다.</td></tr>
<tr><td>5세 누리 과정 관련 요소</td><td colspan="7">• 신체운동 · 건강: 신체조절과 기본 운동하기–신체조절하기–신체 각 부분을 협응하여 움직임을 조절한다.
• 예술경험: 예술적 표현하기–통합적으로 표현하기–예술활동에 참여하여 창의적으로 표현하는 과정을 즐긴다.</td></tr>
<tr><td>창의 인성 관련</td><td colspan="7">• 창의성: 인지적 요소–사고의 확장
• 인성: 협력–집단 협력</td></tr>
<tr><td>활동 자료</td><td colspan="7">명화 PPT, 명화사진, 제비뽑기, 매직도어, 효과음의 음원(블루스, 비 오는 소리, 천둥소리, 새 소리, 바다 효과음, 신나는 분위기 음원)</td></tr>
<tr><td>활동 방법</td><td colspan="4">활동내용</td><td colspan="3">수업 연구</td></tr>
<tr><td>사전 활동</td><td colspan="4">【현장학습–미술관 견학】
• 미술관 견학을 통해 다양한 명화를 보고 즐긴다.
(예술경험: 예술 감상하기–다양한 예술 감상하기–다양한 음악, 춤, 미술작품, 극놀이 등을 듣거나 보고 즐긴다.)</td><td colspan="3">
〈미술관 견학〉</td></tr>
<tr><td>도입</td><td colspan="4">• 수업시작 전 손유희로 주의 집중을 시킨다.
–‘세계 여행하자’ 노래를 다 함께 불러 보자.

• ‘미술관’ 동영상을 보여 주며 활동에 대해 이야기 나눈다.
–동영상에서 본 곳은 어디일까요?
–그래요. 우리가 저번에 갔다 왔던 미술관이었어요!</td><td colspan="3">〈세계 여행하자〉

우리 모두 세계 여행하자
우리 모두 세계 여행하자
우리 모두 세계 여행하자
세계 최고 멋진 곳으로</td></tr>
</table>

	–미술관엔 뭐가 있었죠? –그래요. 유명한 그림을 명화라고 하죠. • 본 활동에 대해 소개한다. –명화를 감상하며 무엇을 해 볼 수 있을까요? –오늘은 우리가 명화 속 주인공이 되어 볼 거예요.	
전개	• 표시해 놓은 자리에 앉아 활동할 내용에 대해 설명한다. –선생님이 준비한 사진을 보자. –(춤 추기 좋아하는 사람을 보여 주며) 이 그림은 어떤 것인 것 같니? –명화 속엔 어떤 사람들이 보이나요? –다 함께 일어나서 명화 속 사람들을 따라 해 볼까요? • '잔잔한 블루스' 음악을 틀어 준다. –명화 속 사람들이 살아 움직이기 시작했어요! • 노래 '신나는 분위기'를 틀어 준다. –느낌대로 춤을 춰 보아요. • '파리의 거리 비 오는 날' 두 번째 명화를 보여 준다. –이번엔 명화 속엔 어떤 사람들이 보이나요? –다 함께 일어나서 명화 속 사람들을 따라 해 볼까요? • '비 오는 소리'를 틀어 준다. –명화 속 사람들이 살아 움직이기 시작했어요! –어, 갑자기 천둥이 치기 시작했어요! • '천둥 소리'를 틀어 준다. • '새소리'를 틀어 준다. –이제 비가 그쳤네요. 햇빛이 쨍쨍 비추고 새가 짹짹 노래하기 시작했어요.	 〈춤추기 좋아하는 사람〉  〈파리의 거리 비 오는 날〉

	• 모두 활동자리로 돌아가 앉아 볼까요? –자리 밑에 색깔 스티커가 보이죠~ 어떤 색이 보여요? –○○색이랑 ○○색이 보이죠. 색이 같은 친구끼리 한 조가 되어서 명화 속 주인공이 되어 볼 거예요. –짜잔! 뒤에 무엇이 보이나요. –(액자가 있어요.) 그렇죠. 우리가 액자 속에 들어가면 주인공이 될 수 있어요. • '바닷가에서'라는 찢어진 명화를 보여 준다. –이번 명화는 찢어져 있네요. 이 부분에는 어떤 장면이 그려져 있었을까요? –각 조별로 찢어진 부분을 채워서 아름다운 명화를 완성시키고 제목도 지어 보아요. –'바다 효과음'을 들으며 활동해 보아요. • 팀을 나누어 자유롭게 표현해 본다. • 정리노래를 틀고 교사는 매직도어 앞에서 이야기 나눈다. –모두들 선생님을 보고 모둠자리로 앉아 주세요. –모두 명화를 완성시켜 보았나요? –우리가 주인공이 된 명화를 미술관에 전시해 볼 거예요. • 유아들이 팀별로 완성한 명화를 발표한다. –○○조는 어떤 제목으로 지었나요? –액자 속에 들어가 주인공이 되어 볼까요?	 〈바닷가에서〉
마무리	• 오늘 한 활동에 대해 이야기 나눈다. –자유롭게 표현한 자신의 생각과 느낌을 말해 볼 친구는? –몸으로 표현해 본 명화는 무엇이 있었죠? –명화를 표현해 보았을 때 어떤 기분이었나요?	

	-어떤 모둠이 가장 기억에 남지? -무엇을 표현하는 것이 재미있었지? • 사진을 보여 준다. -친구들이 명화 속 주인공이 되었을 때 사진을 찍었어요. -우리가 완성한 명화를 볼까요? -이거는 어느 조가 표현한 명화였죠? -이 명화의 제목은 무엇이었죠? -○○조는 이 명화가 어떤 것을 표현한 것 같아요? -○○조는 무엇을 표현한 건가요? • 다음 시간에 할 활동에 대해 안내한다. -화채를 만들어 보는 요리활동을 할 거야. -손 씻고 요리실로 한 줄 기차해서 가자.	
활동 평가	• 다양한 명화를 보고 자유롭게 신체표현을 할 수 있는지 평가한다. • 명화를 감상하며 심미감을 느끼고 즐길 수 있었는지 평가를 한다.	**평가방법** 목표에 도달하였는지에 대한 평가를 할 수 있다.
확장 활동	【 미술-명화를 그려 보아요 】 • 명화를 보며 심미감을 느끼고 그림으로 표현해 본다. (사회관계: 다른 사람과 더불어 생활하기-공동체에서 화목하게 지내기-다른 사람과 도움을 주고받고, 서로 협력한다.)	

10. 환경과 생활

활동 10. 그림자 퀴즈

<table>
<tr><td>생활
주제</td><td>환경과 생활</td><td>주제</td><td>빛과
우리 생활</td><td>소주제</td><td>빛과 그림자
탐색하기</td><td>활동
일시</td><td></td></tr>
<tr><td>활동명</td><td>그림자 퀴즈</td><td>활동
형태</td><td>대집단</td><td>활동
유형</td><td>신체표현</td><td>연령</td><td>4세</td></tr>
<tr><td>활동
목표</td><td colspan="7">• 서로 협동하며 여러 가지 그림자를 표현할 수 있다.
• 그림자가 빛에 의해 만들어진다는 것을 알 수 있다.</td></tr>
<tr><td>4세
누리
과정
관련
요소</td><td colspan="7">• 신체운동 · 건강: 신체활동에 참여하기–자발적으로 신체활동에 참여하기–다른 사람과 함께하는 신체활동에 참여한다.
• 자연탐구: 탐구하는 태도 기르기–탐구과정 즐기기–주변 사물과 자연세계에 대해 지속적으로 호기심을 가진다.</td></tr>
<tr><td>활동
자료</td><td colspan="7">그림자 박스, 스탠드, 활동 음악</td></tr>
<tr><td>활동
방법</td><td colspan="5">활동내용</td><td colspan="2">수업 연구</td></tr>
<tr><td>사전
활동</td><td colspan="5">【동화–『그림자는 내 친구』】
• 동화를 다양한 방법으로 듣고 즐길 수 있다.

(의사소통: 듣기–동요, 동시, 동화 듣고 이해하기–동요, 동시, 동화를 다양한 방법으로 듣고 즐긴다.)</td><td colspan="2">
글: 박정선/그림: 이수지
출판사: 길벗어린이</td></tr>
<tr><td>도입</td><td colspan="5">• 손유희로 주의를 집중시킨다.
–‘무엇일까?’ 노래를 다 함께 불러 보자.

• 동화에 대해 이야기 나눈다.
–이전 시간에 그림자에 관한 동화를 들었지?
–동화책에서 어떤 그림자를 보았니?
–그림자가 만들어지려면 뭐가 필요했었지?</td><td colspan="2">〈무엇일까?〉
핑크퐁

이것은 무엇일까요?
맞혀 보세요
왼손 날아와 오른손 날아와
훨훨 나는 새 짹짹짹 짹짹짹짹</td></tr>
</table>

전개	• 그림자 박스에 대해 이야기를 나눈다. – 이게 무엇으로 보이니? – 선생님이 그림자 박스를 준비했어. – 우리 친구들은 그림자를 만들어 본 적이 있니? – ○○아, 뭘 만들었어? 앞에 나와서 만들어 볼래? – ○○이가 뭘 만들었는지 알겠니? – 그림자 만들어 보고 싶은 친구 있어요? – 다양한 그림자를 만들어 보자. • 오늘 할 활동에 대해 이야기를 나눈다. – 이번 시간에는 그림자 퀴즈 활동을 할 거야. – 선생님이 그림자를 만들어 볼게. 이것은 뭘까? – 또 다른 걸 보여 줄 친구 있니? – 두 명이 짝을 지어서 그림자를 만들어 볼 거야. • 선생님이 동물 카드를 준비했는데 두 친구가 앞에 나와서 그림자로 표현해 본다. – 두 친구가 어떤 동물을 표현했는지 알아맞혀 보자. – 또 다른 친구가 동물 카드를 표현해 보자. – ○○이와 ○○이는 무엇을 표현하고 있는 걸까? • 활동을 마무리한다.	**활동 시 유의점** 자유로운 표현을 할 수 있도록 한다.  〈그림자 박스 이야기 나누기〉
마무리	• 그림자 퀴즈에 대해 이야기 나눈다. – 그림자를 만들 때 무엇이 필요했니? – 다른 팀이 만든 그림자 중에서 만들어 보고 싶은 게 있었니? – 그러면 ○○이와 ○○이는 다른 팀이 했던 ○○○를 어떻게 표현해 보고 싶어? 나와서 만들어 볼까? • 다음 시간에 할 활동에 대해 안내한다. – 내일은 그림자 동극을 보러 가기로 했었지? – 선생님이 나누어 줬던 안내장의 준비물 꼭 챙겨 오자.	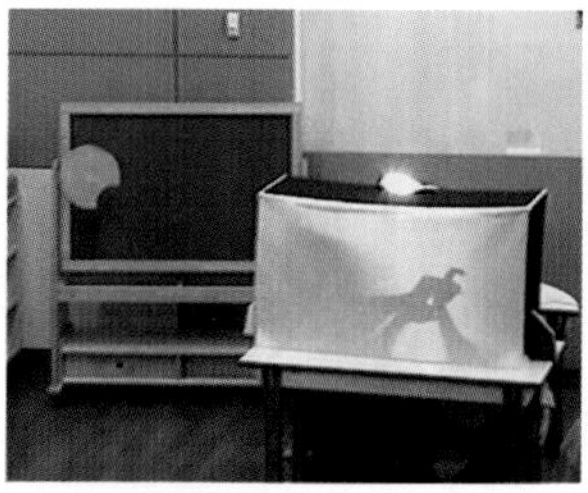 〈그림자 퀴즈〉

활동 평가	• 서로 협동하며 여러 가지 그림자를 표현할 수 있는지 관찰한다. • 그림자가 빛에 의해 만들어지는 점을 알 수 있었는지 평가한다.	평가방법 목표에 도달하였는지에 대한 평가를 할 수 있다.
확장 활동	【동극-그림자 연극을 감상해요】 그림자 동극을 보러 현장체험학습을 간다. (예술경험: 예술적 감상하기-다양한 예술 감상하기-다양한 음악, 춤, 미술 작품, 극놀이 등을 듣거나 보고 즐긴다.)	

11. 봄 · 여름 · 가을 · 겨울(겨울)

활동 11. 눈송이가 되었네요

<table>
<tr><td>생활 주제</td><td>봄, 여름, 가을, 겨울</td><td>주제</td><td>겨울</td><td>소주제</td><td>겨울 알아보기</td><td>활동 일시</td><td></td></tr>
<tr><td>활동명</td><td>눈송이가 되었네요</td><td>활동 형태</td><td>대집단</td><td>활동 유형</td><td>신체</td><td>연령</td><td>4세</td></tr>
<tr><td>활동 목표</td><td colspan="7">• 눈이 내리는 모습에 관심을 가진다.
• 눈 오는 날의 모습을 자유롭게 표현할 수 있다.
• 친구와 협동하는 태도를 기를 수 있다.</td></tr>
<tr><td>4세 누리 과정 관련 요소</td><td colspan="7">• 신체운동 · 건강–신체활동에 참여하기–자발적으로 신체활동에 참여하기–다른 사람과 함께하는 신체활동에 참여한다.
• 예술경험–예술적 표현하기–통합적으로 표현하기–예술활동에 참여하여 표현과정을 즐긴다.
• 사회관계–다른 사람과 더불어 생활하기–친구와 사이좋게 지내기–친구와 협동하며 놀이한다.</td></tr>
<tr><td>활동 자료</td><td colspan="7">눈 오는 날 PPT(동화 배경), 눈송이 장갑</td></tr>
<tr><td>활동 방법</td><td colspan="4">활동내용</td><td colspan="3">수업 연구</td></tr>
<tr><td>사전 활동</td><td colspan="4">【동화–『크리스마스 대소동』】
• 『크리스마스 대소동』을 읽고 이야기 나누기를 통해 겨울에 대해 알아본다.

(의사소통: 읽기–책 읽기에 관심 가지기–책에 흥미를 가진다.)</td><td colspan="3">
글: 밸러리 토머스
그림: 코키 폴
출판사: 비룡소</td></tr>
</table>

도입	• 유아들의 주의 집중을 위해 손유희를 한다. –'하얀 나라' 노래를 다 함께 불러 보자. •『크리스마스 대소동』 동화 내용을 회상하며 이야기 나눈다. –『크리스마스 대소동』은 어떤 동화책이었지? –가장 기억에 남았던 부분은 어디였니? –친구들은 겨울이 되면 무엇이 생각나니? –눈을 본 적이 있니?	〈하얀 나라〉 김성균 곡 나는 눈이 좋아서 꿈에 눈이 오나 봐 온 세상이 모두 하얀 나라였지 어젯밤 꿈속에 썰매를 탔죠 눈싸움 했죠 커다란 눈사람도 만들었죠
전개	• '눈이 오는 날' 영상을 보며 눈 내리는 모습을 관찰한다. –하늘에서 눈이 내리고 있구나. –눈이 내리는 모습은 어떠니? –눈을 만져 본 적이 있어? –'눈송이' 이야기를 들어 본다. • '눈송이' 이야기를 회상한다. –'눈송이'들이 구름 위에서 내려와 어떻게 했니? –빙글빙글 돌고, 가볍게 날고, 바람에 날아가고, 춤을 추었구나. –우리도 눈송이가 되어 볼까? • 눈송이 장갑을 탐색하며 이야기 나눈다. –이게 뭘까? 그래, 장갑이지? • 눈송이 장갑을 나누어 준다. –장갑에 무엇이 붙어 있지? –장갑을 끼고 눈송이가 되어 보자. –눈송이 장갑을 끼고 눈 오는 날을 표현해 보아요. • 장갑을 끼고 눈이 내리는 모양을 신체로 표현한다. –○○이가 장갑을 끼고 손을 흔드니 눈이 오는 것 같구나. –펄펄 눈이 옵니다. 하늘에서 눈이 옵니다. –또 어떻게 눈을 표현해 볼까?	 활동 시 유의점 • 유아 수에 맞게 눈송이 장갑을 준비한다. • 자유로운 표현을 할 수 있도록 한다. • 눈 내리는 날 직접 관찰하며 활동을 할 수 있다. 

	• 겨울 음악을 들으며 신체로 표현한다. – 음악에서 바람 소리가 나네. – 바람이 불면 눈이 어떻게 내릴까? – 눈이 기분이 좋으면 어떻게 내릴까? – 눈이 슬플 때는 어떻게 내릴까? – 눈이 화가 나면 어떻게 내릴까? – 그럼 눈이 졸릴 때는 어떻게 내릴까? • 선생님 이야기에 맞춰 창의적 신체표현을 한다. 눈송이 (이은화 옮김) 하늘 높은 곳에 눈송이들이 살고 있었습니다. 어느 날, 어여쁜 눈송이들은 구름 아저씨를 졸랐습니다. "구름 아저씨, 우리를 저 땅으로 데려다 주세요." 구름 아저씨는 아무 말 없이 한참 생각하시더니 "그래, 땅에 사는 아이들도 너희들을 만나면 무척 기뻐할 거야."라고 말씀하셨습니다. 구름 아저씨는 "모두 나를 꼭 붙잡아! 지금부터 저 땅으로 내려간다."라고 크게 소리쳤습니다. 눈송이들을 가득 실은 구름은 서서히 땅으로 내려옵니다. 눈송이들은 가볍게 하나둘씩 구름에서 뛰어내립니다. 빙글빙글 돌면서, 가볍게 날면서, 바람에 날리면서, 눈송이들은 춤을 추듯이 떨어집니다. "야! 눈이 온다!" 땅 위의 어린이들은 집 밖으로 뛰어나옵니다. 외투를 입으면서 모자를 쓰고, 장갑을 끼면서 눈송이들과 아이들은 함께 춤을 추기 시작합니다. 아이들은 눈송이를 손으로 잡으려고 하면서, 눈송이같이 가볍게 날면서 춤을 춥니다. 춤추는 잔치가 벌어졌습니다. 땅을 내려다보고 계신 구름 아저씨는, "눈송이들이 정말 아이들을 기쁘게 해 주는 구나!" 하시면서 빙그레 웃으셨습니다.	 〈이야기 나누기〉  〈눈송이 장갑〉
마무리	• 오늘 한 활동에 대해 이야기 나눈다. – 오늘 어떤 활동을 했었지? – 눈송이가 되어 보니 어떤 기분이었니? – 어려운 점은 있었니? – 어떤 친구가 가장 즐겁게 표현했었지?	

	• 다음 시간 계획에 대해 안내한다. – 내일은 어디로 가기로 했었지? – 그래, 눈썰매 타러 가기로 했지? – 선생님이 나누어 줬던 안내장에 적힌 준비물을 꼭 챙겨오자.	
활동 평가	• 눈이 내리는 모습에 관심을 가졌는지 평가한다. • 눈 오는 날의 모습을 자유롭게 표현할 수 있는지 관찰한다. • 친구와 협동하는 태도를 기를 수 있었는지 관찰한다.	**평가방법** 목표에 도달하였는지에 대한 평가를 할 수 있다.
확장 활동	【현장학습–눈썰매장에 가요】 • 현장학습을 통해 겨울에 대해 알아본다. (신체운동 · 건강: 안전하게 생활하기–안전하게 놀이하기–놀이기구나 놀잇감, 도구를 안전하게 사용한다.)	

11. 봄 · 여름 · 가을 · 겨울(여름)

활동 12. 바다로 떠나 보아요

<table>
<tr><td>생활
주제</td><td>봄, 여름,
가을, 겨울</td><td>주제</td><td>여름</td><td>소주제</td><td>더운
여름나기</td><td>활동
일시</td><td></td></tr>
<tr><td>활동명</td><td>바다로 떠나
보아요</td><td>활동
형태</td><td>대집단</td><td>활동
유형</td><td>신체</td><td>연령</td><td>4세</td></tr>
<tr><td>활동
목표</td><td colspan="7">• 바람과 비 등의 움직임을 몸으로 표현할 수 있다.
• 자유로운 신체표현 활동을 즐기는 태도를 기를 수 있다.</td></tr>
<tr><td>4세
누리
과정
관련
요소</td><td colspan="7">• 신체운동 · 건강: 신체조절과 기본운동하기–기본운동하기–제자리에서 몸을 다양하게 움직인다.
• 예술경험: 예술적 표현하기–움직임과 춤으로 표현하기–신체를 이용하여 주변의 움직임을 자유롭게 표현한다.</td></tr>
<tr><td>활동
자료</td><td colspan="7">큰 부채, 스카프, 선풍기, 코끼리 가면, 바다 사진, 모래 사진, 음악파일, 자리표</td></tr>
<tr><td>활동
방법</td><td colspan="4">활동내용</td><td colspan="3">수업 연구</td></tr>
<tr><td>사전
활동</td><td colspan="4">【동화–『여름휴가』】
• 『여름휴가』 동화책 읽기활동을 통해 휴가에 대해 이야기 나눈다.

(의사소통: 듣기–동요, 동시, 동화 듣고 이해하기–동요, 동시, 동화를 다양한 방법으로 듣고 즐긴다.)</td><td colspan="3">
글: 장영복/그림: 이혜리
출판사: 국민서관</td></tr>
<tr><td></td><td colspan="4">• 주의 집중을 위해 ‘코끼리와 거미줄’을 부른다.
(따로 발문 없이 바로 노래를 시작한다.)

• 사전활동을 회상한다.
–오전에 어떤 동화책을 들었는지 말해 볼 친구?
–○○이가 잘 기억하고 있었네.
–『여름휴가』라는 책을 들었지?
–이 책에 어떤 동물들이 나왔지?</td><td colspan="3"></td></tr>
</table>

도입	–그럼 코끼리 가족이 무엇을 했을까? • 막대인형을 이용하여 활동에 대한 흥미를 유발한다. –아빠 코끼리가 어떻게 코를 골았는지 기억나니? –우리 함께 따라 해 볼까? 시작! 드르렁 드르렁. –코끼리 가족이 물에서 어떻게 놀았지? –다 같이 흉내 내 볼까? 시작! 첨벙첨벙. –아빠 코끼리 인형을 들면 코를 고는 흉내를 내고, 엄마 코끼리 인형을 들면 물을 뿜는 소리를 내 보자. • 도입을 마무리하며 유아들이 집중하도록 유도한다. –지금부터 더 재미있는 활동을 할 건데 잘할 수 있지? –다 같이 코끼리가 되어 여름휴가를 떠나 보자.	〈코끼리와 거미줄〉 한 마리 코끼리가 거미줄에 걸렸네 신나게 그네를 탔다네 너무너무 재미가 좋아 좋아 랄랄라 다른 친구 코끼리를 불렀네
전개	• 활동에 사용할 재료들을 보여 주며 본시 활동을 소개한다. –코끼리가 되어 '바다로 떠나 보아요' 활동을 할 거야. –앞에 어떤 재료들이 보이니? –큰 부채, 색깔 스카프가 보이지? –살랑살랑, 세게 부는 바람, 비바람을 표현해 볼 거야. • 활동 시 지켜야 할 약속을 정한다. –활동하기 위해 지켜야 할 약속에는 무엇이 있을까? –○○이가 말한 것처럼 활동 간격을 맞추어야겠지? –바닥에 자리를 잘 알 수 있도록 스티커를 붙여 놓았어. –또 어떤 약속이 있을까? –맞아, 친구와 장난치면 안 되겠지? –친구들이 함께 정한 약속을 잘 지키면서 활동해 보자.	 〈활동 자료 소개〉

- 이 활동을 시작하기 전 유아들의 준비운동을 한다.
  - 어깨를 쭉, 쭉, 쭉, 쭉
  - 허리도 빙글, 빙글, 빙글, 빙글
  - 손목, 발목도 빙글, 빙글, 빙글, 빙글
  - 온몸을 흔들고 잠시 눈을 감자.

- 신체를 이용하여 자유롭게 움직이는 활동을 한다.
  - 아빠 코끼리가 드르렁 드르렁 코를 골고 있네.
  - 어? 콧바람이 나네?
  - 살랑살랑 부는 바람에 맞추어 몸을 움직여 볼까?
  - 아빠 코끼리가 코를 세게 골고 있어(큰 부채를 흔들며).
  - 센 바람에 맞추어 몸을 흔들어 볼까요?
  - 엄마 코끼리가 물을 뿜고 있어.
  - 엄마 코끼리가 뿜은 물이 비가 내리는 것 같네?
  - 비를 맞고 있는 코끼리를 표현해 볼까?
  - 비와 바람이 같이 불고 있어. 어떻게 해야 할까?
  - 옆에 있는 친구와 짝을 지어 자유롭게 움직여 볼까?

- 스카프를 나누어 주고 탐색하는 시간을 가진다.
  - 스카프를 이용해서 바람과 비를 표현해 볼 거야.
  - 먼저 천을 만져 볼까?
  - 천을 흔들흔들 흔들어 보자. 그~만.
  - 휙~ 던져 보자 그만.
  - 위에서 흔들어 보자, 아래에서 흔들어 보자. 그만.
  - 빠르게 흔들어 보자, 느리게 흔들어 보자. 그만.

- 천을 이용하여 자유롭게 움직이는 활동을 한다.
  - 살랑살랑 부는 바람에 움직여 보자.
  - 세게 부는 바람에 움직여 볼까?
  - 비가 오네? 비를 맞는 코끼리를 표현해 보자.
  - 비바람을 맞는 모습을 표현해 보자.
  - 옆에 있는 친구와 함께 표현해 볼까?

〈지켜야 할 약속〉
1. 친구와 사이좋게 활동해요.
2. 활동 간격을 넓게 서요.

〈스카프 활동〉

〈음원: 파도 소리〉

〈음원: 별이 떨어지는 밤〉

<table>
<tr><td></td><td>• 음악에 맞추어 자유롭게 표현한다.
– 이제는 밤이 되어서 바다에서 노는 모습을 음악에 맞추어 자유롭게 표현해 볼까?
(밤바다 PPT와 음악을 틀어 준다.)
– ○○이가 비를 맞고 있는 모습을 잘 표현했는데 다 함께 ○○이의 동작을 따라 해 볼까?
• 유아들이 사용한 천을 정리한다.
– 스카프 접기 활동을 한 후 정리통에 담아 보자.</td><td></td></tr>
<tr><td>마무리</td><td>• 활동 시 찍은 사진을 보며 이야기를 나눈다.
– ○○이는 어떤 바람이 부는 모습을 표현한 걸까?
– ○○이는 이렇게 표현했었구나.
– 우리가 오늘 어떤 바람들이 부는 모습을 표현했었지?
– 살랑살랑 바람, 세게 부는 바람, 비바람을 표현했지.
– 그리고 천으로 어떤 바다를 표현했었지?
– 맞아, 밤바다에서 노는 모습도 표현했었지.
– 가장 재미있게 표현한 친구는 누굴까?

• 다음시간에 할 활동에 대해 안내한다.
– 점심을 먹고 그림을 그려 보는 시간을 가질 거야.
– 한 줄 기차해서 손 씻고 밥 먹을 준비하자.</td><td>
〈이야기 나누기〉</td></tr>
<tr><td>활동
평가</td><td>• 바람과 비 등의 움직임을 몸으로 표현할 수 있는지 평가한다.
• 자유로운 신체표현 활동을 즐기는 태도를 기를 수 있었는지 평가한다.</td><td>**평가방법**
목표에 도달하였는지에 대한 평가를 할 수 있다.</td></tr>
<tr><td>확장
활동</td><td>【미술–음악을 듣고 그림을 그려 보아요】
음악을 듣고 떠오르는 생각을 그림으로 그린다.

(예술경험: 예술적 표현하기–미술활동으로 표현하기–협동적인 미술활동에 참여한다.)</td><td>〈음원: 드뷔스–바다〉</td></tr>
</table>

부록

부록 1. 교과목 프로파일, 강의계획서, 평가계획서

부록 2. 창의적 신체표현 관련 그림책 목록

부록 3. 그림책 관련 인터넷 사이트 목록

부록 4. 유아동작교육 수업의 평가

부록 5. 내용교수지식에 기초한 동작활동 구성

부록 1

교과목 프로파일, 강의계획서, 평가계획서

교과목 프로파일(현장 중심)

교과목 정보					
교과목명	유아동작교육	이수 구분	전공	시수	3
학년-학기	2-2	학점	3	이론/실습	1/2

직무명 및 책무			
직무명	책무	코드	학습모듈
유아교육	신체활동 지도하기		□유 / ■무

교육 목표	• 유아의 신체능력, 예술감각 및 심미감을 증진시키기 위하여 신체활동, 음률활동에 필요한 활동 자료를 준비함으로써, 유아의 흥미와 발달 수준에 적합한 신체활동과 음률활동을 익히고 예비 유아교사로서 지도하는 능력을 키운다.
장비 및 도구	• 컴퓨터, 수업자료 PPT, 행동분석실, 사진기, 스피커 • 교수매체(리본막대, 낙하산, 보자기, 리듬막대, 줄, 부채, 한삼, 마라카스 등)

교수·학습 방법	a	b	c	d	e	f	g	h
	○				○			
	a. 이론강의, b. 실습, c. 발표, d. 토론, e. 팀프로젝트, f. 캡스톤디자인, g. 포트폴리오(학습자/교수자), h. 기타							

교육 내용	I 부. 유아동작교육의 이론 제1장 유아동작교육의 이해 제2장 영·유아발달 특성과 동작능력의 발달 제3장 유아동작교육의 내용 제4장 유아동작교육의 교수·학습방법 제5장 유아교육과정과 동작교육 제6장 유아동작교육의 계획 및 평가 II부. 유아동작교육의 실제 제7장 3~5세 연령별누리과정에 기초한 활동의 실제 제8장 그림책을 활용한 생활주제별 학습방법

평가 방법	a	b	c	d	e	f	g	h	i	j	k	l	m
			○				○				○		
	a. 포트폴리오 b. 문제해결시나리오 c. 서술형시험 d. 논술형시험 e. 사례연구 f. 평가자 질문 g. 평가자 체크리스트 h. 피평가자 체크리스트 i. 일지/저널 j. 역할연기 k. 구두발표 l. 작업장평가 m. 기타												

교육 정보	• 팀 구성 조사표, 팀 학습에 대한 동료평가지, 팀학습에 대한 피드백 평가지, 개인성찰 평가지

관련 책무 및 작업 정보			
책무			코드
신체활동 지도하기			
작업		수행준거	지식 · 기술 · 태도
1	신체활동 계획하기	1.1 신체활동 관련 교과목에서 다루어야 할 교과지식을 고려하여 신체활동을 계획할 수 있다. 1.2 유아의 발달을 고려하여 신체활동을 계획할 수 있다.	【지식】 • 신체발달의 이해 【기술】 • 신체발달 증진을 위한 신체활동의 계획 【태도】 • 신체발달을 고려하여 신체활동을 계획하려는 태도
2	신체활동 교재 · 교구 준비하기	2.1 활동목표 도달에 적합한 교재 · 교구를 준비할 수 있다. 2.2 신체발달을 촉진할 수 있는 다양한 교재 · 교구를 준비할 수 있다.	【지식】 • 발달에 적합한 신체활동 교재 · 교구의 특징 이해 【기술】 • 발달에 적합한 신체활동 교재 · 교구 준비 【태도】 • 발달에 적합한 신체활동 교재 · 교구를 준비하려는 태도
3	신체활동 수행하기	3.1 유아의 운동능력 증진을 돕기 위한 상호작용을 할 수 있다. 3.2 유아의 개인차를 고려한 상호작용을 할 수 있다.	【지식】 • 발달에 적합한 신체활동 수행 이해 【기술】 • 발달에 적합한 신체활동 수행 【태도】 • 발달에 적합한 신체활동을 수행하려는 태도
4	신체활동 평가하기	4.1 유아가 학습목표에 도달하였는지 평가할 수 있다. 4.2 신체활동에 적합한 교수방법이었는지 평가할 수 있다.	【지식】 • 신체활동 평가 이해 【기술】 • 신체활동 평가 실행 【태도】 • 신체활동을 객관적으로 평가하려는 태도
5	신체활동 개선하기	5.1 평가 결과에 따라 신체활동의 개선방안을 제안할 수 있다. 5.2 평가 결과에 따른 개선방안을 추후 교육과정에 반영하도록 재구성할 수 있다.	【지식】 • 신체활동 개선 이해 【기술】 • 신체활동 개선방안을 적용 【태도】 • 신체활동 개선을 위한 효율적 태도

20○○학년도 ○학기 강의계획서					
교과목 정보					
교과목명	유아동작교육	이수구분	전공	담당교수	
학년-학기		학점	3	시수 (이론/실습)	3

직 무	능력단위/책무	능력단위코드
유아교육	신체활동 지도하기	

교육목표 (학습 목표)	• 유아의 신체능력, 예술감각 및 심미감을 증진시키기 위하여 신체활동, 음률활동에 필요한 활동자료를 준비하여, 유아의 흥미와 발달 수준에 적합한 신체활동과 음률활동을 익혀 예비유아교사로서 지도하는 능력을 키운다.

교수 · 학습 방법	이론 강의	실습	발표	토론	팀 프로젝트	캡스톤 디자인	포트폴리오	기타
			○		○			

교육장소 (시설)	일반강의실	전용 실습실	컴퓨터 실습실	외부 교육시설	기타
		○			

교재 (NCS 학습모듈)	구분	교재명	저자명	출판사	출판년도
	주교재	누리과정에 따른 유아동작교육	이경희	학지사	2017
	부교재	유아동작교육의 이론과 실제	김은심	창지사	2015
	참고 교재	유아동작교육의 이론과 실제	오연주 외 3인	창지사	2015

평가방법

A	B	C	D	E	F	G	H	I	J	K	L	M
		○				○				○		

A. 포트폴리오 B. 문제해결시나리오 C. 서술형시험 D. 논술형 시험 E. 사례연구 F. 평가자 질문 G. 평가자 체크리스트 H. 피평가자 체크리스트 I. 일지/저널 J. 역할연기 K. 구두발표 L. 작업장평가 M. 기타

※ 세부내용은 평가계획서에 기술됨

관련 능력단위요소 /작업	수행준거	지식 · 기술 · 태도
신체활동 계획하기	1.1 신체활동 관련 교과목에서 다루어야 할 교과지식을 고려하여 신체활동을 계획할 수 있다. 1.2 유아의 발달을 고려하여 신체활동을 계획할 수 있다.	【지식】 • 신체발달의 이해 【기술】 • 신체발달 증진을 위한 신체활동의 계획 【태도】 • 신체발달을 고려하여 신체활동을 계획하려는 태도
신체활동 교재 · 교구 준비하기	2.1 활동목표 도달에 적합한 교재 · 교구를 준비할 수 있다. 2.2 신체발달을 촉진할 수 있는 다양한 교재 · 교구를 준비할 수 있다.	【지식】 • 발달에 적합한 신체활동 교재 · 교구의 특징 이해 【기술】 • 발달에 적합한 신체활동 교재 · 교구 준비 【태도】 • 발달에 적합한 신체활동 교재 · 교구를 준비하려는 태도
신체활동 수행하기	3.1 유아의 운동능력 증진을 돕기 위한 상호작용을 할 수 있다. 3.2 유아의 개인차를 고려한 상호작용을 할 수 있다.	【지식】 • 발달에 적합한 신체활동 수행 이해 【기술】 • 발달에 적합한 신체활동 수행 【태도】 • 발달에 적합한 신체활동을 수행하려는 태도
신체활동 평가하기	4.1 유아가 학습목표에 도달하였는지 평가할 수 있다. 4.2 신체활동에 적합한 교수방법이었는지 평가할 수 있다.	【지식】 • 신체활동 평가 이해 【기술】 • 신체활동 평가 실행 【태도】 • 신체활동을 객관적으로 평가하려는 태도
신체활동 개선하기	5.1 평가 결과에 따라 신체활동의 개선방안을 제안할 수 있다. 5.2 평가 결과에 따른 개선방안을 추후 교육과정에 반영하도록 재구성할 수 있다.	【지식】 • 신체활동 개선 이해 【기술】 • 신체활동 개선방안 적용 【태도】 • 신체활동 개선을 위한 효율적 태도

주차별 학습내용			
주차	관련 능력단위요소	수업내용	비고
1	오리엔테이션	• 강의교재의 성격, 강의계획 및 과제, 평가 안내 • 팀 구성 조사표 작성/역할 정하기/규칙 정하기 • 유아동작교육의 이해/'친구하고 마주 보고' '안녕 인사해요'	• 전지, 포스트잇, 스카치 테이프 • 생활주제 정하기(팀별)
2	신체활동 계획하기	• 영 · 유아발달 특성과 동작능력의 발달 • '손을 씻자' '친구와 함께 율동을 해 보아요' '온몸을 만져 보아요' • 동화 선정하고 이야기 나누기	• PPT 수업자료 • 동화 선정(팀별) • 손유희 준비(개인별)
3	신체활동 계획하기	• 유아동작교육의 내용 • '안마를 해 보아요' '털기 체조' '누구일까요?' '말 뛰기' '어린이 체조' • 영상물 보고 배운 점, 느낀 점, 실천할 점 생각하기	• 사전활동발표 • 손유희 발표(개인별) • 영상물 감상「교사수업 연구」
4	신체활동 계획하기	• 유아동작교육의 교수-학습방법 • '말하면서 움직여 보세요' '오리가 여섯' '몸을 쭉 뻗어 보아요' '기본동작' '부채춤'	• 사전활동발표 • 손유희 발표(개인별)
5	신체활동 교재 · 교구 준비하기	• 유아동작교육의 계획과 평가 • '햇빛이 좋아요' '거북이' '맛있는 요리' '노래하는 세탁기' '우리 동네'	• 사전활동 발표 • 손유희 발표(개인별)
6	신체활동 교재 · 교구 준비하기	• 교사의 개입 유형과 유아동작 활동 • '농악놀이를 즐겨요' '쭉쭉 늘어나는 내 몸' '리본 춤을 추어요' '공 활동'	• 사전활동 발표 • 손유희 발표(개인별)
7	신체활동 교재 · 교구 준비하기	• 동작교육 활동과 유아, 교사 이야기 나누기 • '온몸을 흔들흔들' '한 줄 고무줄놀이를 해요' '풍선과 한 몸이 되어요' '신나는 탈춤'	• 사전활동 발표 • 손유희 발표(개인별) • 본시수업계획 과제 제출 (직무수행능력평가 1)
8	직무수행 능력평가 2	• 수업계획안에 따른 교재 · 교구	• 교재 · 교구 제출
9	신체활동 수행하기	• '사과' '애벌레의 일생' '전기' '대문놀이' '남생아 놀아라' '꼬리 따기'	• 수업계획안 피드백
10	신체활동 수행하기	• 본시수업계획안에 따른 행동분석 촬영 • 본시수업계획안에 따른 행동분석 피드백	• 행동분석 촬영
11	신체활동 수행하기	• 본시 수업계획안에 따른 행동분석 촬영 • 본시 수업계획안에 따른 행동분석 피드백	• 행동분석 촬영
12	신체활동 평가하기	• '누워서 굴러 보아요' '아리랑' '재미난 모양놀이' '초록색 털실' • 팀 학습에 대한 동료평가	• 동료평가
13	신체활동 평가하기	• 유치원 방문해서 공연하기/총 복습하기	• 동영상 CD 굽기
14	신체활동 개선하기	• 유아동작 활동에 대한 개인 성찰 • 유아동작 활동에 대한 팀 성찰	• 칭찬 릴레이
15	직무수행 능력평가 3	• 지필고사	

평가계획서

교과목명	유아동작교육	담당교수	○○○
직무명	유아교육	능력단위명/책무명 (능력단위코드)	신체활동 지도하기

평가개요	구 분	배점	능력단위요소/작업
	진단평가	–	
	출석평가	20%	• 대학의 출석 관련 규정 및 지침에 준함
	직무수행능력평가 1	20%	• 신체활동 계획하기
	직무수행능력평가 2	30%	• 신체활동교재 · 교구 준비하기, 신체활동 수행하기
	직무수행능력평가 3	30%	• 신체활동 평가하기, 신체활동 개선하기

평가항목	평가내용 및 방법
진단평가	• 평가내용 –교과목의 학습 성과 달성에 필요한 유아동작교육에 대한 사전 지식을 평가 • 평가시기: 1주차 첫 수업일 OT 후 1회 • 평가영역: 신체활동 계획하기, 신체활동 교재 · 교구 준비하기, 신체활동 수행하기 • 평가방법: 학습자 자가진단 체크 • 평가 시 고려사항: 성적에 포함되는 것이 아니므로 솔직하게 응답한다. • 평가결과 활용 계획: 평가결과에 따라 교수 · 학습계획을 수정 · 보완한다.
출석평가	대학의 출석 관련 규정 및 지침에 준함
직무수행 능력평가 1	(아래 표 및 내용)

평가영역 (능력단위요소/작업)	평가내용(수행 준거)	배점
신체활동 계획하기	1.1 신체활동 관련 교과목에서 다루어야 할 교과지식을 고려하여 신체활동을 계획할 수 있다. 1.2 유아의 발달을 고려하여 신체활동을 계획할 수 있다.	100
소계 80%		80
평가영역 (능력단위요소/작업)	**평가내용(지식/기술/태도)**	**배점**
신체활동 계획하기	【지식】 • 신체발달의 이해 【기술】 • 신체발달 증진을 위한 신체활동의 계획 【태도】 • 신체발달을 고려하여 신체활동을 계획하려는 태도	100
소계 20%		20
합계 100% (100점 만점)		

• 평가시기: 4주차
• 평가방법: 유아동작교육 본시수업계획안 작성하기
• 평가 시 고려사항
–교과지식에 따른 신체활동을 계획하였는지 평가한다.
–유아의 발달에 따라 도입–전개–마무리가 잘 기술되었는지 평가한다.

<table>
<tr><td rowspan="12">직무수행
능력평가 2</td><td>평가영역
(능력단위요소/작업)</td><td>평가내용(수행 준거)</td><td>배점</td></tr>
<tr><td rowspan="2">신체활동
교재 · 교구
준비하기</td><td>2.1 활동목표 도달에 적합한 교재 · 교구를 준비할 수 있다.</td><td rowspan="4">100</td></tr>
<tr><td>2.2 신체발달을 촉진할 수 있는 다양한 교재 · 교구를 준비할 수 있다.</td></tr>
<tr><td rowspan="2">신체활동
수행하기</td><td>3.1 유아의 운동능력 증진을 돕기 위한 상호작용을 할 수 있다.</td></tr>
<tr><td>3.2 유아의 개인차를 고려한 상호작용을 할 수 있다.</td></tr>
<tr><td colspan="2">소계 80%</td><td>80</td></tr>
<tr><td>평가영역
(능력단위요소/작업)</td><td>평가내용(지식/기술/태도)</td><td>배점</td></tr>
<tr><td>신체활동
교재 · 교구
준비하기</td><td>【지식】
• 발달에 적합한 신체활동 수행 이해
【기술】
• 발달에 적합한 신체활동 수행
【태도】
• 발달에 적합한 신체활동을 수행하려는 태도</td><td rowspan="2">100</td></tr>
<tr><td>신체활동
수행하기</td><td>【지식】
• 신체활동 평가 이해
【기술】
• 신체활동 평가 실행
【태도】
• 신체활동을 객관적으로 평가하려는 태도</td></tr>
<tr><td colspan="2">소계 20%</td><td>20</td></tr>
<tr><td colspan="3">합계 100%(100점 만점)</td></tr>
<tr><td colspan="3">• 평가시기: 8주차
• 평가방법: 수업계획안에 따른 교재 · 교구 제출하기, 행동분석 촬영하기
• 평가 시 고려사항
－활동목표에 적합한 교재 · 교구를 준비하였는지 평가한다.
－다양한 교재 · 교구를 준비할 수 있는지 평가한다.
－유아－교사 간의 상호작용을 할 수 있는지 평가한다.</td></tr>
</table>

<table>
<tr>
<td>직무수행
능력평가 3</td>
<td>
<table>
<tr><th>평가 영역
(능력단위요소/작업)</th><th>평가 내용(수행 준거)</th><th>배점</th></tr>
<tr><td></td><td></td><td rowspan="2">00</td></tr>
<tr><td></td><td></td></tr>
<tr><td colspan="2">소계 00%</td><td>00</td></tr>
<tr><th>평가 영역
(능력단위요소/작업)</th><th>평가 내용(지식/기술/태도)</th><th>배점</th></tr>
<tr><td>신체활동
평가하기</td><td>【지식】
• 신체활동 평가 이해
【기술】
• 신체활동 평가 실행
【태도】
• 신체활동을 객관적으로 평가하려는 태도</td><td rowspan="2">100</td></tr>
<tr><td>신체활동
개선하기</td><td>【지식】
• 신체활동 개선 이해
【기술】
• 신체활동 개선방안 적용
【태도】
• 신체활동 개선을 위한 효율적 태도</td></tr>
<tr><td colspan="2">소계 100%</td><td>100</td></tr>
<tr><td colspan="3">합계 100%(100점 만점)</td></tr>
</table>

• 평가시기: 14주차
• 평가방법: 서술형 시험(지필고사)
• 평가 시 고려사항
－유아동작교육의 이론적 개념을 고려하여 평가한다.
－유아의 흥미와 발달 수준에 따른 지도능력을 평가한다.
</td>
</tr>
<tr>
<td>향상/
심화계획</td>
<td>평가점수가 60점 미만인 성취 수준 미달자는 향상교육을 실시한 후 재평가</td>
</tr>
</table>

부록 2

창의적 신체표현 관련 그림책 목록

사탕괴물

글 · 그림: 미우 / 출판사: 노란돼지

아이들은 달콤한 것을 달라고 떼를 씁니다. 덜 달고 밋밋하고 색깔이 진하지 않으면 아이들은 금방 고개를 절레절레 흔든답니다. 입안에 단 것이 오랫동안 머물지 않게 해야 충치도 생기지 않는데, 왜 우리 아이들은 부모 마음도 몰라주고 저렇게 몸에 나쁜 단 것만을 찾을까요?

옛날에 오리 한 마리가 살았는데

글: 마틴 워델 / 그림: 헬렌 옥슨버리 / 출판사: 시공주니어

하루 종일 농장 일을 해야 하는 오리, 하루 종일 침대에서 뒹굴면서 오리를 계속 부려 먹는 게으름뱅이 농부, 그리고 가엾은 오리를 구하려는 의리 있는 동물 친구들이 이 책의 주인공들이다. 오리는 게으름뱅이 농부가 시키는 대로 쉴 새 없이 일을 한다.

주전자 엄마와 이불 아빠

글: 사토신 / 그림: 아카가와 아키라 / 출판사: 책과 콩나무

하루 종일 부글부글 화만 내는 주전자 엄마와 휴일이면 언제나 잠만 쿨쿨 자는 이불 아빠, 그리고 그런 부모님의 모습을 보며 속상해하고 외로워하는 아이의 이야기를 담은 그림책이다.

이 닦기 대장이야!

글: 이윤정 / 그림: 이지은 / 출판사: 웅진주니어

하마가 치즈 먹고 메롱~.
인체 과학 원리를 유머러스한 이야기와 그림으로 풀어냄으로써 아이들이 스스로 건강 생활 습관을 기르면서 튼튼하게 자라도록 도와준다.

그림자는 내친구

글: 박정선 / 그림: 이수지 / 출판사: 길벗어린이

오빠도 축구공도 의자도 모두 모두 따라다니는 그림자 친구를 재미있게 표현한 그림책이다. 그림자가 생기는 이유, 그림자를 숨길 수 있는 방법, 그림자가 생기는 방향 및 모양 등을 어린이들이 이해하기 쉽게 담았다.

여름휴가

글: 장영복 / 그림: 이혜리 / 출판사: 국민서관

일 년에 딱 한 번 있는 동물원 휴일을 맞아 코끼리네 가족이 즐거운 여름휴가를 떠나는 이야기로 구성된 그림책이다. 코골이라는 다소 엉뚱하고도 재미난 소재를 이용해 바닷가에서 즐거운 휴가를 보내는 동물 가족들의 모습을 재치 있게 그렸다.

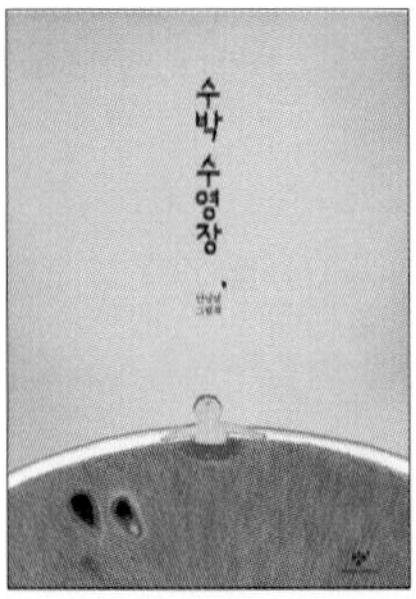

수박 수영장

글: 안녕달 / 출판사: 창비

어른, 아이 할 것 없이 모두가 모여 '수박 수영장'을 즐기며 여름을 시원하게 보낸다는 기발한 상상력의 이야기를 담았다. 붉고 청량한 수박물, 아이들의 웃음소리, 시원한 소나기 등 여름의 정취를 마음껏 느낄 수 있는 요소가 곳곳에 배치되어 있다.

친구야, 목욕하자!

글: 크리스티나 가렐리 / 출판사: 시공주니어

양치질하기 싫어하는 아이, 머리 깎기 싫어하는 아이, 목욕하기 싫어하는 아이들이 목욕하기까지의 과정을 담았다.

가족 나무 만들기

글 · 그림: 로렌 리디 / 옮김: 정선심 / 출판사: 미래 M&B

다양해진 가족 구성을 알아보고 촌수도 알아보는 책이다.

커다란 자동차

글: 베크 와드 / 그림: 앤드류 크로우슨 / 출판사: 비룡소

여러 가지 탈것을 움직여 보는 플랩북.
자동차와 비행기, 중장비 등 힘차고 흥미진진한 세계로 아이들을 데려다 줄 플랩북이다.

크리스마스 대소동

글: 밸러리 토머스 / 그림: 코키 폴 / 출판사: 비룡소

500만 부 이상 팔린 베스트셀러.
크리스마스 선물을 빨리 나눠 주어야 하는 산타는 위니와 윌버에게 도움을 청하는데… 위니와 윌버, 산타가 벌이는 아슬아슬 크리스마스 대소동!

엄마 아빠 결혼 이야기

글: 윤지회 / 출판사: 사계절 출판사

액자 같은 예쁜 표지를 열면 준이가 엄마 아빠처럼 여자 친구 지혜랑 결혼하겠다는 이야기. 준이는 결혼이 뭔지 알까요?

그림자놀이

글 · 그림: 이수지 / 출판사: 비룡소

온갖 물건들이 들어 있는 창고 방에서 한 소녀가 그림자를 만들어 신나게 노는 과정을 그림자 애니메이션처럼 역동적이고 생생하게 담아낸 글자 없는 그림책이다.

개구리야, 고마워

글 · 그림: 조형윤 / 출판사: 나무와 햇살

놀이와 책을 통해 청결의 중요성을 재미있게 인지시켜 늘 건강한 생활습관을 갖도록 해 주어야 한다는 내용의 그림책이다.

손부터 씻고!

글: 김세실 / 그림: 황미진 / 출판사: 베틀북

왜 손을 잘 씻어야 하는지, 어떻게 손을 씻어야 하는지를 아이들의 눈높이에 맞게 풀어낸다.

동물의 사육제

글: 존 리스고 / 출판사: 토토북 출판사

견학 수업 도중 같은 반 친구들과 떨어진 꼬마 올리브가 박물관 안에서 잠이 들고 만다. 온 세상이 동물원으로 바뀐 꿈속 세상, 흥미진진한 세계가 펼쳐진다.

치카치카 군단과 충치 왕국

글 · 그림: 이소을 / 출판사: 상상박스

올바른 양치 습관을 길러 주는 동화책으로, UFO를 타고 온 충치 세균들과 칫솔 우주전함의 모습을 통해서 아이들에게 양치가 왜 중요한지를 알려 준다.

그림자는 따라쟁이!

글 · 그림: 미야코시 아키코 / 옮김: 고향옥 / 출판사: 비룡소

캄캄한 밤, 손전등을 켜고 떠나는 형제의 탐험, 놀이로 빛과 그림자의 성질을 배우는 과학 그림책이다.

난 이렇게 해

글: 최혜영 / 그림: 조수진 / 출판사: 별똥별

유아는 '생활도구' 주제를 통해 주변의 다양한 도구와 기계들에 대한 기본 지식과 이해를 배우고, 도구를 탐색해 보면, 목적에 맞는 생활도구를 적절하게 선택하고 사용하는 능력을 키울 수 있다.

편식쟁이 마리

글 · 그림: 솔르다드 / 옮김: 강경화 / 출판사: 시공주니어

호박을 먹기 싫어하는 마리가 엄마의 설명을 듣고 편식 습관을 고치는 이야기. 마리는 키가 크기 위해서는 꼭 음식을 먹어야 함을 알게 된다.

성냥팔이 소녀

글: 한스 안데르센 / 그림: 전혜령 / 출판사: 지경사

작은 소녀가 추위에 떨면서 성냥을 팔고 있었다. 성냥을 팔지 않으면 아버지에게 혼났기 때문에 집에 갈 수 없다. 거리를 지나가는 사람들은 연달의 분주함 때문에 소녀를 무시하고 지나갔다. 그러나 소녀가 성냥불로 인해 할머니와 함께 천국에 가는 것은 누구도 알지 못했다.

치카치카 이를 닦아요

글: 와라베 키미카 / 옮김: 정인선 / 출판사: 미래키즈

유아가 이 닦기의 필요성과 즐거움을 느낄 수 있도록 구성했다. 단순하면서도 아기자기한 밝은 색감의 그림이 유아의 흥미를 이끌어 낸다.

사과가 쿵!

글: 다다 히로시 / 옮김: 정근 / 출판사: 보림

유아가 좋아하는 동물들이 등장하여 커다란 사과를 갉아먹는 단순한 구조 속에 맛깔스러운 의성어와 의태어를 담아냈다. 유아의 호기심을 불러일으키면서 어휘력을 풍부하게 발달시켜 준다.

세계 여행을 떠난 아기곰 무크

글 · 그림: 무크 부타방 / 옮김: 양진성 / 출판사: 대교

『세계 여행을 떠난 아기 곰 무크』를 듣고 아기 곰 무크가 어디로 어떻게 세계 여행을 떠났는지 알 수 있다.

밥 한 그릇 뚝딱!

글 · 그림: 이소을 / 출판사: 상상박스

음식을 골고루 먹을 수 있도록 지도해 주는 아주 훌륭한 책이며, 식습관 개선에 도움을 준다.

비행기 모자

글: 에르빈 모저 / 옮김: 김정회 / 출판사: 온누리

곤충과 동물에 대한 과학적 관찰을 바탕으로 재미있고 아름다운 우화를 써 온 천재적인 우화 작가 에르빈 모저가 들려주는, 들쥐 '마누엘'과 '디디'의 사계절 이야기로 구성되어 있다.

춤추고 싶어요

글 · 그림: 김대규 / 출판사: 비룡소

아프리카 초원을 배경으로 펼쳐지는 춤추는 사자와 피리 부는 소년의 감동적인 이야기. 춤을 추고 싶은 사자와 피리를 불고 싶은 소년이 주변과 세상의 시선을 무릅쓰고 꿈을 향해 나아가는 이야기를 담고 있다.

나도 나도

글 · 그림: 최숙희 / 출판사: 웅진주니어

동물을 관찰하고 인지하며, 그것을 모방해 달리고, 노래하고, 구르고, 먹고, 씻으며 즐거워하는 아기의 모습을 담았다. 아기는 자연을 보고, 동물을 보면서 신나게 놀기도 하고, 기본이 되는 생활 습관과 리듬도 배운다.

쌀 한톨 한톨

글 · 그림: 임정아 / 출판사: 보림

밥상 위에 밥이 올라오는 과정을 엄마, 아빠의 어릴 적 풍경 그림으로 표현했다. 벼농사의 일련의 과정이 담겨져 있다.

포동포동 소중한 우리 몸

글: 전미숙 / 그림: 임정아 / 출판사: 아이앤북

우리의 몸이 쉬지 않고 어떻게 활동을 하는지, 그리고 소중한 우리 몸을 건강하게 간직하기 위해 어떻게 해야 하는지 함께 여행해 보아요!

일곱 마리 눈먼 생쥐

글 · 그림: 에드 영 / 옮김: 최순희 / 출판사: 시공주니어

코끼리를 부분만 보고 아는 척하는 일곱 마리 생쥐가 결국 코끼리 전체를 보고 깨닫는다는 이야기이다. 참된 지혜는 전체를 보는 데서 나온다는 교훈을 어린이들에게 심어 준다.

어! 시장이 이상하네?

글 · 그림: 위승희 / 출판사: 보림

아이들은 엉뚱한 생각을 하며 또 하나의 세계를 본다. 무한하고 자유로운 상상의 세계를 보는 눈으로 기발한 가능성을 스스로 찾아 나가면, 우리가 사는 세상은 창의적이고 즐겁고 재미있는 세상이 될 수 있다고 생각한다. 여러분은 어떤 물건을 사고 싶은가?

이러면 얼마나 좋을까

글 · 그림: 카베야 후요우 / 옮김: 이유리 / 출판사: 산하

아이들은 무엇이든 상상한다. 그 상상의 세계를 어른이 어느 정도나 표현할 수 있을까?

말하는 남생이

글: 이용포 / 그림: 홍선주 / 출판사: 시공주니어

일확천금을 꿈꾸는 사람들에게 진정한 행복이 무엇인지를 깨닫게 해 주는 이야기로, 운율감이 살아 있는 글과 해학적 이미지가 잘 어우러져 읽는 동안 즐거움을 주는 그림책이다.

아주아주 많은 달

글: 제임스 서버 / 그림: 루이스 슬로보드킨 / 옮김: 황경주 / 출판사: 시공주니어

온갖 상상력을 동원해 멋지게 삶을 살아가는 것을 이 책을 통해 배울 수 있다.

꼬마 발레리나 타냐

글: 페트리샤리 고흐 / 그림: 이치카와 사토미 / 옮김: 장지연 / 출판사: 현암사

꼬마 타냐는 춤추는 것을 무척이나 좋아한다. 엘리스 언니가 발레 연습을 할 때는 언니를 따라서 같이 연습하곤 한다. 때로는 혼자서 춤추기도 한다. 그러나 엄마는 타냐가 너무 어리다며 발레 수업받는 것을 허락하지 않으신다.

혼자서도 잘해요

글: 김정란 / 그림: 박미애 / 출판사: 삼성출판사

책장을 요쪽 조쪽 넘기며 야옹이가 바뀌는 모습을 보면서 아이들은 재미있게 야옹이를 따라 무슨 일이든 혼자서도 잘하는 아이가 될 것이다.

개구쟁이 아치 7–목욕은 정말 싫어

글 · 그림: 기요노 사치코 / 옮김: 고향옥 / 출판사: 비룡소

아이들은 자기와 닮은 주인공들과 함께 울고, 웃고, 경험하면서 바른 생활 습관을 기를 수 있을 뿐 아니라 배려하는 마음과 상상력, 협동심 등을 배우면서 정서적 · 인지적으로도 성장해 나갈 것이다.

숟가락 들고 냠냠

글: 정은정 / 그림: 신진주 / 출판사: 비룡소

실생활에서 꼭 필요한 내용을 담고 있으며, 아기들이 좋아하는 소재와 도구들을 사용해 호기심과 재미를 더한다. 경쾌하고도 리듬감 있는 글은 짧고도 강해 아기들이 그림과 함께 쉽게 인지할 수 있으며, 다양한 의성어, 의태어를 통해 흥이 나면서도 단어가 주는 풍부한 맛을 느낄 수 있다.

부록 3

그림책 관련 인터넷 사이트 목록

http://www.sigongsa.com/junior/juniorMain.php (시공주니어)

www.arambook.net (아람)

http://www.bir.co.kr/ (비룡소)

http://www.jigyung.co.kr/ (지경사)

http://www.woongjin.com/ (웅진닷컴)

http://www.yukyoung.com/ (육영닷컴)

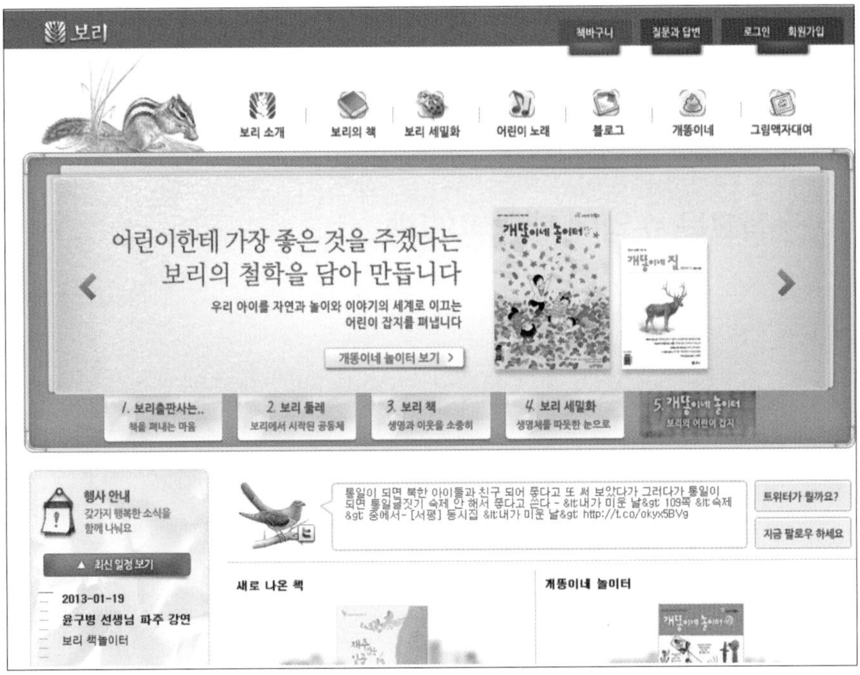

http://www.boribook.com/ (보리)

https://www.yearim.kr/main/index.php (예림당)

부록 4

유아동작교육 수업의 평가

1. 유아동작교육 수업에 대한 피드백

팀학습활동에 대한 피드백

▣ 학년:

▣ 이름:

▣ 그룹명:

구성원 이름	역할	관찰 결과	칭찬의 요지

2. 유아동작교육 수업에 대한 성찰

팀학습활동에 대한 성찰

▣ 학년:

▣ 이름:

▣ 그룹명:

▣ 개인 성찰

배운 점	느낀 점	실천할 점

3. 팀 학습에 대한 동료평가

팀 학습활동에 대한 동료평가 1

■ 교과목명: 유아동작교육

■ 학년:

■ 이름:

합계가 100점이 되도록 각각의 그룹 구성원들에게 점수를 배분해 주세요.

각각의 평가 이유도 적으시오.

■ 동료평가지

구성원 이름	평가 이유	점수

총점: 100점

〈추가 피드백〉

■ 가장 높은 점수를 주고 가장 낮은 점수를 준 이유에 대해서 간단히 기술해 주세요.

– 가장 높은 점수를

– 가장 낮은 점수를

팀 학습활동에 대한 동료평가 2

■ 교과목명: 유아동작교육

■ 학년:

■ 이름:

평가방법 안내

다음의 등급에 따라 소집단 구성원에 대해 평가해 보세요.

4=항상 소집단활동과 과제해결에 매우 적극적이다.
3=꾸준히 소집단활동과 과제해결에 매우 적극적이다.
2=때때로 소집단활동에 도움이 되는 경우가 있다.
1=노력이 거의 만족스럽지 못하다.

■ 동료평가지

평가문항	구성원 이름					
1. 할당된 과제를 만족스럽게 완성한다.						
2. 결과물을 조직하고 완성할 수 있도록 구성원에게 도움을 준다.						
3. 참고자료를 구하고 시간을 잘 활용한다.						
4. 소집단활동에 좋은 제안을 많이 한다.						
5. 프로젝트를 위해 매시간 협동학습에 참여한다.						
총 점						

4. 동작활동에 대한 교사의 평가

활동명:	이름:		
평가문항	아주 그렇다	그렇다	전혀 그렇지 않다
1. 연령에 적합한 활동이었는가?			
2. 유아들이 홍미롭게 즐기면서 참여할 수 있었는가?			
3. 활동을 계획한 시간 안에 끝마칠 수 있었는가?			
4. 활동목표에 도달하였는가?			
5. 도입활동이 유아에게 흥미를 줄 수 있었는가?			
6. 활동 속에 동작요소가 다양하게 구성되었는가?			
7. 활동 속에 기본 동작이 다양하게 구성되었는가?			
8. 환경 구성에서 자료들이 적당하게 배치되었는가?			
9. 동작의 진행 순서가 적절했는가?			
10. 정적인 활동과 동적인 활동이 조화롭게 구성되었는가?			
11. 교사의 언어적 자극이 유아의 표현을 확장할 수 있었는가?			

5. 자기평가

※ 해당란에 ○표 해 주세요.

활동명:	이름:		
평가문항	잘했음	보통임	잘못했음
1. 활동에 집중하며 열심히 참여하였니?			
2. 다른 친구들과 부딪히지 않고 움직일 수 있었니?			
3. 짝과 함께 혹은 집단으로 함께 움직일 수 있었니?			
4. 다른 친구들의 움직임을 관찰해 보았니?			
5. 다양한 모양을 만들어 보았니?			
6. 선생님의 지시에 잘 따를 수 있었니?			
7. 활동의 진행 순서에 따라 움직일 수 있었니?			
8. 활동 중에서 어느 부분이 가장 재미있었니?			
9. 활동 중에서 어느 부분이 가장 어려웠니?			
10. 오늘 해 본 활동을 그림으로 그려 보자.			

6. 팀별 칭찬 릴레이

칭찬 릴레이			
학년		조	조
조원 이름			

1. 포스트잇에 옆 친구의 장점 두 가지를 가독성 있게 적어 본다.

2. 본인에게 돌려주어 채점한다.

3. 칭찬을 적은 친구가 발표한다.

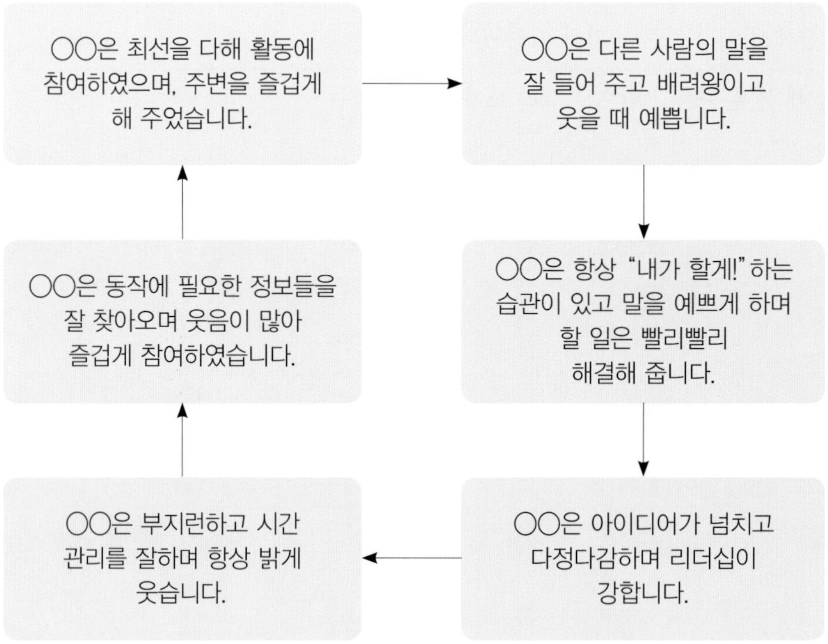

7. 유아동작교육 수업 후 느낀 점

유아동작교육 수업은

○○○○○○○○

라고 생각한다.

왜냐하면 ________________________

____

____

부록 5

내용교수지식에 기초한 동작활동 구성

1. 유아동작교육 수업 내용에 따른 교수방법

<table>
<tr><td rowspan="3">기본동작</td><td>이동 동작</td><td colspan="2">• 이동하며 움직이기는 한 장소에서 다른 장소로 옮겨 가는 것으로 몸을 이동하는 동작이다.
• 이동하며 움직이기는 기기(기어가기), 걷기, 달리기, 스키핑, 말 뛰기, 앙감질, 미끄러지기 등이다.</td></tr>
<tr><td>비이동 동작</td><td colspan="2">• 몸을 한 장소에 고정시킨 상태에서 만들어 내는 동작으로서 일명 ‘몸짓’으로 불리기도 한다.
• 제자리에서 움직이기는 뻗기, 구부리기, 떨기, 돌기, 흔들기, 꼬기, 밀고 당기기, 들어올리기 등이다.</td></tr>
<tr><td>조작적 동작</td><td colspan="2">• 사물의 조작적 활용을 포함하는 동작으로 손과 발, 눈과 손의 숙련된 협응능력을 요구한다.
• 도구 및 놀이시설 활용하기로는 던지기, 받기, 차기, 때리기 등이 있다.</td></tr>
<tr><td rowspan="2">동작의 요소</td><td rowspan="2">신체 인식</td><td>몸 전체의 행위</td><td>• 몸 전체에 의해 표현되는 움직임이다.
– 거울을 보고 움직이면서 신체의 움직임을 관찰하기
– 한 팔을 흔들다가 신호가 울리면 온몸을 흔들기</td></tr>
<tr><td>신체 부분의 행위</td><td>• 어떤 동작을 표현하기 위해 신체의 어느 부분을 움직여야 하는지에 관한 것이다.
– 노래는 부르지 않고 손가락 유희를 하면서 손이나 팔의 움직임을 살펴보기
– 파트너와 두 손을 잡고 밀고 당기면서 신체의 이끌림을 살펴보기
– 악기의 소리에 맞추어 다양한 동작을 하다가 멈춤 신호가 울리면 멈추고 신체 부분을 살펴보기</td></tr>
</table>

		신체 모양	• 몸으로 다양한 모양을 만들어 보는 것이다. –손 또는 팔을 마음대로 움직이다가 멈춤 신호가 울리면 그대로 멈추고 신체 모양을 살펴보기 –제자리에서 몸을 마음대로 움직이다가 멈춤 신호가 울리면 멈추고 신체 모양을 살펴보기
	공간 인식	개인 공간	• 자기 몸을 감싸고 있는 모든 공간 –신호가 울리면 머리, 배, 허리, 엉덩이 등을 마음대로 움직이기
		일반 공간	• 사람이 움직일 수 있는 모든 공간 –옆 사람과 부딪치지 않도록 방 안을 걸어 다니기
		수준	• 몸이 수직으로 어느 정도의 거리에 떨어져 있는가 –원하는 방향으로 걷다가 신호가 울리면 몸을 가능한 높은 또는 낮은 위치로 움직이기
		방향	• 방향, 즉 위아래, 왼쪽 · 오른쪽, 앞뒤로 움직이기 –게걸음으로 걸어 보기 –파트너와 같은 방향 또는 반대 방향으로 머리, 팔, 다리 등을 움직이기
		경로	• 몸이 공간에서 움직이는 동안 거쳐 가는 자리 –공중에 손가락, 팔, 팔꿈치, 다리로 원, 직선, 지그재그 모양을 그려 보기
		범위	• 동작의 크기(큰가 작은가, 넓은가 좁은가) –신호가 울리면 가능한 한 큰 동작으로 천천히 걷다가 신호가 울리면 작은 동작으로 걷기
	노력	시간	• 움직임의 간격과 속도에 변화를 주는 것 –빠르게, 보통, 느리게 치는 타악기 소리의 속도를 구별하기 –느리게 움직이는 동물들의 움직임을 관찰하고 따라해 보기
		힘	• 어떤 움직임에 담긴 메시지를 효과적으로 전달하기 위한 것 –소나기와 보슬비가 내리는 모습 관찰하기 및 몸으로 표현하기

		흐름	• 움직임의 힘을 조절하는 것(제한된 흐름, 자유로운 흐름) －리본을 잡고 자유롭게 흔들어 보기 －신호 소리의 수에 따라 손뼉 치기, 무릎 치기, 일어나기, 앉기
	관계	신체 부분들	• 신체 부분들 서로 간에 연합하여 다양한 움직임을 나타내는 것 －두 팔을 머리 위에 올리기 －등을 바닥에 맞대기
		파트너와 집단	• 집단의 구성원으로서 또는 파트너와 함께 연합하여 움직임을 나타내는 것 －모방, 거울, 메아리, 통일, 그림자, 대조, 만남
		환경에 있는 사물들	• 유아가 소품이나 도구와 관련하여 움직임을 나타내는 것 －소품과 도구로는 스카프, 지팡이 모자, 공, 후프, 풍선, 의자, 타이어, 매트, 상자가 있다.

2. 유아동작교육 구성하기

※ 해당란에 ◯표 해 주세요.

수업내용에 따른 교수방법 (내용교수지식)				
유아동작 교육의 구성	기본 동작	이동 동작		
		비이동 동작		
		조작적 동작		
	동작 요소	신체 인식	몸 전체의 행위	
			신체 부분의 행위	
			신체 모양	
		공간 인식	개인 공간	
			일반 공간	
			수준	
			방향	
			경로	
			범위	
		노력	시간	
			힘	
			흐름	
		관계	신체 부분들	
			파트너와 집단	
			환경에 있는 사물들	

3. 유아동작교육 계획하기

※ 해당란에 ○표 해 주세요.

수업내용에 따른 교수방법 (내용교수지식)				
유아동작 교육의 계획	공간 확보	충분한 공간을 확보하였는가?		
	공간 인식	개인 공간을 활용할 것인가?		
		일반 공간을 활용할 것인가?		
		수준	무릎 아래 낮은 수준	
			무릎과 어깨 사이 중간 수준	
			어깨 이상 높은 수준	
		방향	앞, 뒤, 위, 아래	
		경로	경로를 다양하게 활용할 것인가?	
		동작 크기	동작 크기를 다양하게 변화하도록 할 것인가?	
	안전에 대한 고려	신체표현 방향, 속도, 앞 유아와의 거리 등에 주의를 기울여 유아의 안전을 고려하는가?		
	집단 크기	소집단	동질집단	
			이질집단	
		대집단		
	도구의 사용	신체표현에 적절한 매체인가?		
		유아 수에 적절한 수인가?		
		종류가 다양한가?		
	음악의 사용	실제 악기를 사용하는가?		
		녹음된 음악 또는 효과음을 사용하는가?		
		음악을 사용하지 않는가?		
	개인차 고려	신체표현에 참여하고 싶지 않은 유아를 배려하고 있는가?		
		신체부자유한 유아에 대한 배려가 있는가?		
	사전활동	새로 배우려는 신체표현과 관련된 사전활동이 진행되었는가?		

4. 유아동작교육 실행하기

※ 해당란에 ◯표 해 주세요.

수업내용에 따른 교수방법 (내용교수지식)				
유아동작 교육의 실행	도입	노래 등 음악을 이용하여 도입하기		
		이야기 나누기 형식으로 도입하기		
		경험 회상으로 도입하기		
		자료 탐색으로 도입하기		
	전개	신체표현 활동의 목적에 따라 전개하기	음악 듣기/감상하기/느낌을 언어로 표현하기	
			감상한 음악에 대한 느낌을 몸으로 표현하기	
			음악에 동작을 알려 주는 노랫말이 있을 경우 노래 배우기	
			유아 혹은 교사가 동작 시범 보이기	
			유아가 자유롭게 표현하기	
		집단에 따라 전개하기	소집단으로 동작해 보기	
			대집단으로 함께 동작해 보기	
			개별로 느낌 표현하기	
	평가 후 확장하기	목표에 도달하였는지 평가하는가?		
		창의적으로 표현해 볼 기회를 제공하였는가?		
		표현되는 동작에 언어적 자극을 주었는가?		
		개별 유아별로 느낌을 표현해 볼 기회를 주었는가?		
		매체 및 도구를 사용하여 표현하였는가?		
		사용한 매체 및 도구를 정리할 시간을 충분히 주었는가?		
		평가 후 재표현해 볼 기회를 제공하는가?		
		확장활동을 공지하는가? (언어적 표상, 조형적 표상, 신체적 표상활동)		

참고문헌

고영자(2015). 따라 하기 쉬운 손유희 모음집. 경기: 아름솔.

교육과학기술부(2008). 2007 개정유치원 교육과정 해설서.

교육과학기술부(2010). 유치원 지도서 1~13. 서울: 두산동아(주).

교육과학기술부, 보건복지부(2012). 5세 누리과정 교사용 지침서.

교육과학기술부, 보건복지부(2013a). 3~5세 연령별 누리과정 교사용 지도서.

교육과학기술부, 보건복지부(2013b). 3~5세 연령별 누리과정 교사용 지침서.

교육과학기술부, 보건복지부(2013c). 3~5세 연령별 누리과정 해설서.

김은심(2004). 유아를 위한 동작교육. 서울: 창지사.

김은심(2007). 유아동작교육. 서울: 정민사.

김은심(2009). 영 · 유아를 위한 유아동작교육의 이론과 실제. 서울: 창지사.

김은심(2010). 출생부터 8세까지 유아를 위한 동작교육. 서울: 정민사.

김은심(2015). 유아동작교육의 이론과 실제. 서울: 창지사.

김지혜(2015). 영유아를 위한 동작교육과 다양한 실제. 경기: 공동체.

박대근(2005). 유아기 움직임의 개념 및 분류. 열린유아교육연구, 10(2), 169-192.

상지원(1996). 뮤직가튼 1단계~2단계. 서울: 뮤직가튼코리아.

송주승, 김민은(2013). 영유아 동작교육의 이론 및 실제. 서울: 동문사.

심미자(2009). 팀 기반 학습(Team-Based Learning) 전략. 한국대학교육협의회 고등교육연수원 자료집, 16(3), 57-60.

심성경, 이선경, 변길희, 김나림, 박주희(2015). 유아를 위한 동작교육의 이론과 실제(2판). 서울:

학지사.
심성경, 이희자, 이선경, 김경의, 이효숙, 변길희, 박주희(2008). 아동 음악과 동작교육. 경기: 양서원.
안덕선(2007). 팀 기반 학습(Team-Based Learning) Workshop 자료집. 고려대학교. Michaelsen L. K., Knight A, B., & Fink L. D. *Team-Based Learning: A Transformative Use of Small Groups in College Teaching*. Stylus Pub Llc. 97-183.
오연주(2001). 4, 5세 유아의 운동능력에 영향을 미치는 관련변인 연구. 한국유아교육학회지, 21(4), 45-65.
오연주, 김혜옥, 이경실, 권명희(2015). 유아동작교육의 이론과 실제. 서울: 창지사.
원용신, 윤용진(1998). 유아 및 아동을 위한 움직임 교육의 이론과 실제. 서울: 다음세대.
유아정책연구소(2012). 3~5세 연령별 누리과정 지원을 위한 시 · 도(교육)청 강사요원 중앙연수 자료집.
윤은영(2008). 무용 동작치료 프로그램이 유아의 정서적 자기조절능력에 미치는 영향. 한국유아체육학회지, 9(1), 27-39.
윤정진, 이경희(2008). 비만아를 위한 그림책을 활용한 유아체육프로그램 교수법 탐색. 아동교육, 17(1), 189-200.
이경희(2013). 예비유아교사를 위한 유아동작교육. 부산: 대한출판사.
이경희, 손은경(2012). 유아놀이지도에 대한 팀 기반 학습(Team-Based Learning)의 효과-학습태도, 학습동기, 학업적 자기효능감을 중심으로-. 대한사고개발학회, 8(2), 151-170.
이영민, 전도근(2008). 팀 기반 학습(Team-Based Learning). 서울: 학지사.
이영심(2009). 유아동작교육 프로그램. 서울: 양서원.
이영자, 이기숙, 이정욱(1999). 유아 교수-학습방법. 서울: 창지사.
이영자, 이기숙, 이정욱(2012). 유아 교수-학습방법(개정판). 서울: 창지사.
이은희(2009). 움직임 개념에 기초한 유아동작교육프로그램 개발 및 효과. 전남대학교 대학원 박사학위논문.
이희자, 김경의, 이효숙, 함은숙, 허은주, 안연경(2010). 영유아를 위한 동작교육. 경기: 공동체.
전성연, 김수동(2000). 교수-학습이론. 서울: 학지사.
정옥분(2011). 영유아발달의 이해. 서울: 학지사.

American College of Sports Medicine (2000). *ACSM's guidelines for exercise testing and prescription* (6th ed.). Philadelphia, PA: Lippincott Williams & Wikilns A Wolters Kluwer Company, 7-151.
Cherry, C. (1971). *Creative movement for the developing child*. Carthage, IL: Fearon.

Dennis, W. (1960). Causes of retardation among institutional children: Iran. *Journal of Genetic Psychology, 96*, 47-59.

Gabbard, C. (1998). Early childhood physical education: The essential elements. *Journal of Physical Education, Recreation and Dance*, *59*(7), 65-69.

Gallahue, D. L. (1976). *Motor development and movement experience for young children* (3~7). New York: John Wiley & Sons.

Gallahue, D. L. (1993). *Developmental physical education for today's children* (2nd ed.). USA, WM: C. Brown communications, Inc.

Gallahue, D. L., & Donnelly, F. (2003). *Developmental physical education for all children* (4th ed.). Champaign, IL: Human Kinetics.

Gallahue, D. L. & Ozmun, J. C. (1995). *Understanding motor development: Infants, children, adolescents, adults*. Madison, WI: Brown & Benchmark.

Gallahue, D. L., & Ozmun, J. C. (2002). *Understanding motor development: Infants, children, adolescents, adults* (5th ed.). Boston: McGraw-Hill.

Graham, G. (Ed.). (2001). Developmentally appropriate physical education for children. *Journal of Physical Education, Recreation and Dance*, *63*(6), 31-60.

Krough, S. (1990). *The integrated early childhood curriculum*. New York: McGraw-Hill Publishing Co.

Laban, R. (1963). *Modem educational dance* (2nd ed.). London: MacDonald & Evans.

Mathew, D. B., & Burnett, D. P. (1989). An achievement component. *The Journal of Humanistic Education and Deveiopment, 27*(3).

Mayesky, M. (1995). *Creative activities for young children*. New York: Delmar.

Michaelsen, L., Knight, A., & Fink, L. D. (2004). *Team-based learning: A transformative use of small groups in college teaching*. Sterling, VA: Stylus Publishing. 이영민, 전도근 공역(2009). 팀 기반 학습. 서울: 학지사.

Miller, G. A. (2006). An innovative PE activity program at texas A & M university. *Journal of physical Education, Recreation and Dance, 61*(5).

Morelli, G. A., Oppenheim, D., Rogoff, B., & Goldsmith, D. (1992). Cultural variation in infants'sleeping arrangements: Questions of independence. *Developmental Psychology, 28*, 604-613.

Mosston, M., & Ashworth, S. (1990). *The spectrum of teaching styles: From command to discovery*. New York: Longman.

NASPE(2004). *Moving into the future: National standards for physical education* (2nd ed.).

Reston, VA: NASPE publication.

Papalia, P. E., & Olds, S. W. (1995). *A child's world: Infancy through adolescence* (3rd ed.). McGraw-Hill.

Pica, R. (2004). *Experiences in Movement: Birth to Age 8*. Albany, NY: Delmar Publishers Inc.

Pollitt, E. (1994). Poverty and child development: Relevance of research in developing countries to the United States. *Child Development, 65*, 283-295.

Purcell, M. (1994). *Teaching children dance: becoming a master*. Campaign, IL: Kinetics.

Shirley, M. M. (1933). *The first two years: A study of 25 babies (Vol. 1), Postural and locomotor development*. Minneapolis: University of Minnesota Press.

Ulrich, D. A. (2000). *Test of gross motor development* (2nd ed.). Austin, TX: Pro-ed.

Weiler, V. B., Mass, J. M., & Nirschl, E. (1988). *A guide to curriculum planning in dance*. Madisson: Wisconsion Department of Public Instruction.

참고 사이트

위키백과, 2015년 검색, “루돌프 폰 라반”.

ko.wikipedia.org/wiki/%%ED%94%84_%ED%8F%BO_%EB%9D%BC%EB%BO%98

찾아보기

인 명

내 용

저자 소개

이경희(Lee Kyung-Hee)

동부산대학교 유아교육과 조교수
동부산대학교 교수학습지원센터 연구교수

• 학회활동
국제 유아체육지도자협회 이사
신라 영 · 유아교육연구회 이사
(사)창조예술 '솔' 부회장
대한사고개발학회 연구윤리위원회 위원

• 저서
예비유아교사를 위한 유아동작교육(대한출판사, 2013)
팀 기반학습 수업 전략(서림출판사, 2012)
유아동작교육(공저, 태영출판사, 2012)
운동생리학－아동의 운동 수행특성－(대진문화사, 2011)
유아의 다중지능개발을 위한 그림책 속 창의적 놀이(공저, 창지사, 2004)

• 논문
무용프로그램 참여에 따른 예비유아교사의 신체적 자기효능감 및 체력에 관한 연구
유아놀이지도에 대한 팀 기반 학습(Team-Based Learning)의 효과
예비유아교사의 팀기반학습(Team-Based Learning) 적용을 위한 개념적 탐색
비만아를 위한 그림책을 활용한 유아체육프로그램 교수법 탐색
유아의 체질량지수와 성별에 따른 Gallahue의 운동기능검사 연구
유아교사에 따른 창의적 동작교육 실태와 개선방안
12주간 발레프로그램이 취학 전 여자 아동의 체력에 미치는 영향
줄넘기와 스위스 볼 운동이 유아의 신체조성, 성장관련 인자 및 골대사 지표에 미치는 영향
유산소운동이 여자아동의 뇌세포 생성 관련인자에 미치는 영향
복합운동프로그램이 유아의 체력 및 ALP, CT, PTH에 미치는 영향
유아 비만도와 성별에 따른 Gallahue의 운동기능 비교연구
Comparative Study of Gallahue Movement Function According to the Childhood Obesity
Correlations of Body Composition and Bone Mineral Density According to 12-weeks Combined Exercise in Overweight and Obese Children

누리과정에 따른

유아동작교육

Early Childhood Movement Education
Apply to Nuri Curriculum

2017년 2월 15일 1판 1쇄 인쇄
2017년 2월 20일 1판 1쇄 발행

지은이 • 이경희
펴낸이 • 김진환
펴낸곳 • (주)학지사
04031 서울특별시 마포구 양화로 15길 20 마인드윌드빌딩
대표전화 • 02-330-5114 팩스 • 02-324-2345
등록번호 • 제313-2006-000265호

홈페이지 • http://www.hakjisa.co.kr
페이스북 • https://www.facebook.com/hakjisa

ISBN 978-89-997-1192-3 93370

정가 20,000원

이 도서의 국립중앙도서관 출판시도서목록(CIP)은 서지정보유통지원시스템 홈페이지(http://seoji.nl.go.kr)와 국가자료공동목록시스템(http://www.nl.go.kr/kolisnet)에서 이용하실 수 있습니다.
(CIP 제어번호: CIP2017022389)